Michael Schulte, 1941 in München geboren, lebt als freier Schriftsteller in Hamburg. Durch zahlreiche Veröffentlichungen hat sich der Autor als einer der besten Kenner Karl Valentins ausgewiesen.

Vollständige Taschenbuchausgabe
Droemersche Verlagsanstalt Th. Knaur Nachf. München
Lizenzausgabe mit freundlicher Genehmigung des
Hoffmann und Campe Verlags
© 1982 by Hoffmann und Campe Verlag, Hamburg
Umschlaggestaltung Adolf Bachmann, Reischach
Umschlagfoto Südd. Verlag, München
Druck und Bindung Ebner Ulm
Printed in Germany 5 4 3 2 1
ISBN 3-426-02339-3

Michael Schulte:
Karl Valentin

Eine Biographie

Mit 112 Abbildungen

ISBN 3-426-02339-3   980

Inhalt

Vorbilder und der schlechte Ruf der Au 6

Erste Engagements und die Schwabinger Boheme 22

Liesl Karlstadt oder Vom Flitterkleid zur Hose 47

Filmpech und Theaterglück 64

Valentin, Brecht und ein Meisterwerk aus Versehen 104

Die Raubritter und der Weg nach oben 124

Nur gut, daß der Edison kein Jude war 160

Schlechter kann's uns nimmer gehn 200

Anmerkungen 213

Zeittafel 217

Filmographie 219

Diskographie 221

Auswahlbibliographie 223

Register 226

Fotonachweis 231

Vorbilder und der schlechte Ruf der Au

Graf Alfréd von Schlieffen war ein vornehmer Mann. Den Sommer verbrachte er auf seinen Besitzungen in der Nähe von München, und während dieser Zeit hatte ein Stab gewissenhaft ausgewählter Handwerker die Etablissements in der Stadt für die winterlichen Lustbarkeiten vorzubereiten. Da galt es etwa, die Dekorationen für einen großen Kostümball anzubringen oder ganze Zimmerfluchten neu zu gestalten, denn der Graf liebte die Abwechslung. Zu den Handwerkern zählte auch ein gewisser Johann Valentin Fey.
Er war am 2. Juli 1833 in Darmstadt als Sohn des Gärtnermeisters Christoph Fey, der ebenfalls aus Darmstadt stammte, und dessen Frau Eva Margarethe zur Welt gekommen. Er erlernte das Tapeziererhandwerk und ging nach München, wo er in der Vorstadt Au bei dem Tapezierermeister Karl Falk angestellt wurde. Nachdem er die Tochter seines Arbeitgebers geheiratet hatte, wurde er Kompagnon der Firma, die fortan »Falk & Fey« hieß. 1868, nach zweijähriger Ehe, starb Elisabeth Fey im Alter von 28 Jahren.
Für den Tapezierermeister Johann Valentin Fey stand bereits fest, wer seine nächste Frau werden würde, hatte er doch schon vor geraumer Zeit ein Auge auf die Köchin des Grafen von Schlieffen geworfen. Sie hieß Maria Johanna Schatte und stammte, niemand konnte es überhören, aus Sachsen. Genauer gesagt, aus Zittau, wo sie am 3. Januar 1845 geboren wurde. Sie war die zweitälteste Tochter des Bäckermeisters Karl Eduard Schatte und seiner Frau Johanna Eleonore. Der Vater führte eine Bäckerei, die schon seit Generationen in Familienbesitz war, und brachte es sogar zum Innungsobermeister und Ratsherrn.
Johann Valentin Fey und Maria Johanna Schatte heirateten am 31. August 1869 in Zittau. Sie waren beide evangelisch, vielleicht der Grund, warum sie nicht im stockkatholischen München vor den Traualtar treten wollten. Aus der Ehe gingen vier Kinder hervor. Der jüngste Sohn kam am Sonntag, dem 4. Juni 1882 in der Münchner Vorstadt Au, Entenbachstraße 63 (jetzt Zeppelinstraße 41) zur Welt. Er wurde auf den Namen Valentin Ludwig getauft. Später legte er sich ein Pseudonym zu, unter dem er im ganzen deutschsprachigen Raum berühmt werden sollte: Karl Valentin.

Der Vater

REPORTER: *Was hatten Sie gleich nach der Geburt für einen Eindruck von der Welt?*
VALENTIN: *Als ich die Hebamme sah, die mich empfing, war ich sprachlos. – Ich hatte diese Frau in meinem ganzen Leben noch nicht gesehen.*[1]*

Seine Geschwister hatte Karl Valentin nie kennengelernt. Die 1870 geborene Schwester Elisabeth starb wenige Monate nach ihrer Geburt, der Bruder Karl starb im November 1882 im Alter von acht Jahren an der Diphtherie, nachdem der sechsjährige Max einen Monat zuvor derselben Krankheit erlegen war. Auch Va-

---

* Die hochgestellten Ziffern verweisen auf die Anmerkungen, S. 213 ff.

lentin Ludwig erkrankte zu dieser Zeit als Säugling an der Diphtherie, aber er überlebte, obwohl er vom Arzt bereits aufgegeben worden war.
Karl, der ältere Bruder, soll ein ungewöhnlich introvertiertes Kind gewesen sein, das in seinem kurzen Leben nur eine Leidenschaft kannte: Bilder zu zeichnen. Buchstäbliches Vorbild war ein Gemälde im elterlichen Wohnzimmer, ein Gemälde, das eine Kriegsszene darstellte. Und so zeichnete er ausschließlich Schlachten. Max hingegen war ein temperamentvolles Kind, das am liebsten mit Kasperlpuppen spielte und schon im Vorschulalter imstande war, kleine, improvisierte Szenen aufzuführen.
Valentin Ludwig ist, sieht man von seinen ersten Lebensmonaten ab, als Einzelkind aufgewachsen. Über seine Eltern berichtet Karl Valentin in den *Jugendstreichen*[2], einer Episodensammlung, die während des Zweiten Weltkriegs entstanden ist. Dieses kleine Werk verfügt zwar nicht annähernd über die literarischen Qualitäten der »Lausbubengeschichten« von Ludwig Thoma, aber es ist zuverlässiger im Autobiographischen. Valentin zeichnet seine Mutter als überängstliche, einfache Frau, die in ständiger Sorge um ihr einziges überlebendes Kind war; der Vater wird als gutmütiger, humorvoller Mann geschildert. Von Elternliebe ist zwar nicht die Rede, aber indirekt wird sie deutlich, wenn Valentin von seinen unglaublich sadistischen Streichen erzählt, die kaum je eine Bestrafung nach sich zogen. (Bei Thoma spielt in fast jeder Lausbubengeschichte die Bestrafung eine deftige Rolle.)
Wir wissen, daß Valentin im Lauf seines Lebens ein immer überzeugterer Misanthrop wurde, wir wissen, daß er als Kind außerordentlich lebhaft, extrovertiert und lebenslustig war. Aber eines hatten der junge und der alternde Valentin gemeinsam: den Sadismus. Im Alter wurde der Sadismus zu einer verbittert-ironischen Geste, wenn er von Atombomben als segensreicher Erfindung sprach, weil diese Bomben unseren Planeten durch die Vernichtung der Menschheit in ein friedliches Gestirn verwandeln könnten.
Valentin erinnerte sich gern an seine Kindheit. Das Elternhaus, die Vorstadt Au waren für ihn die heile Welt schlechthin, die auch dann nicht in ihrer Substanz angegriffen wurde, wenn sich in ihr sein ungehemmter, sadistischer Individualismus austobte. Seine menschenfeindlichen Aktionen konnten diese heile Welt nicht beschädigen, so festgefügt, so menschenfreundlich war sie. Der

Die Mutter

Sadismus als Belastungsprobe. Und was Valentin alles trieb, ging weit über das hinaus, was man üblicherweise unter Jugendstreichen versteht.

So erzählt er zum Beispiel, wie er seine Spielkameraden mit Nähnadeln tätowierte. *Nach jedem dritten Stich wurde mit einem dunkelweißen Bubentaschentuch das Blut abgewischt, damit man die Zeichnung sehen konnte. Schon während der Operation schwollen Arme und Hände oft mächtig an.*³ Das ist noch harmlos, vergleicht man diese Foltermethode mit folgendem reizenden Einfall: *Vom Taucher auf der Oktoberfestwiese hatten wir abgeschaut, wie man Tauchversuche macht. Aber der Einfachheit halber gingen wir damit nicht ins Wasser, sondern in unser Strohma-*

gazin. Mit ein wenig Phantasie, einem Gummischlauch und einem Blasebalg war die Taucherei dieselbe... Als aber mein Freund Emil in dem Strohozean versank, hörte ich einmal mit dem Blasen sekundenlang auf, und da ich wußte, daß er den Schlauch im Mund hatte, zog ich den Blasebalg heraus und goß in die Öffnung so eine Viertelflasche Terpentinöl, das dann meinem Freund [!] in den Rachen floß.[4] Detailfreudig schildert er, wie sie Sanitäter spielten. Da es an Verletzten mangelte, streuten sie auf den Wiesen, auf denen die Kinder am liebsten spielten, heimlich Glasscherben aus. An anderer Stelle beschreibt er, fast im Ton einer Gebrauchsanweisung, wie sie Türgriffe unter Strom setzten.

Voll Stolz berichtet er von seinen Patentpralinen eigener Erfindung[5], die nicht mit Likör gefüllt waren, sondern mit Lebertran. Die Liste dieser Beispiele ließe sich noch lange fortsetzen.

Nun mag der eine oder andere einwenden, die Authentizität dieser Sadismen sei schließlich nicht nachzuweisen, vielleicht habe Valentin sich das alles nur ausgedacht, möglicherweise habe er übertrieben oder fremde Erlebnisse zu seinen eigenen gemacht. Aber in diesem Fall ist der Wahrheitsgehalt gar nicht so wichtig. Allein die Tatsache, daß Valentin solche Episoden nicht nur für mitteilenswert hielt, sondern sie noch dazu in seinem Bericht genüßlich ausschmückte, spricht eine deutliche Sprache.

Bertl Böheim, die Tochter Valentins, erzählt in ihrem Erinnerungsbuch, wie sich ihr Vater in ihrem Poesiealbum verewigte. Ein liebes, selbstverfaßtes Gedicht unterschrieb er mit: *Dein schöner Pappa.* »Soweit wäre ja alles in Ordnung gewesen. Nur, daß mir mein ›schöner Pappa‹ ein Bühnenphoto, mit Kittnase, hautenger Komikerkleidung und Riesenstiefeln auf die gegenüberliegende Albumseite klebte – das war hart!« Natürlich war sie dem Spott ihrer Klassenkameradinnen ausgesetzt. »Ich brauche wohl nicht zu schildern, wie sehr ich damals litt.«[6]

Frau Böheim erzählte mir, daß ihr Vater sie einmal bat, ihm in der Apotheke sein Asthmapulver zu holen. Auf der Straße wurde sie von anderen Kindern abgelenkt, sie vergaß den Auftrag und erinnerte sich erst Stunden später wieder daran. Als sie endlich mit

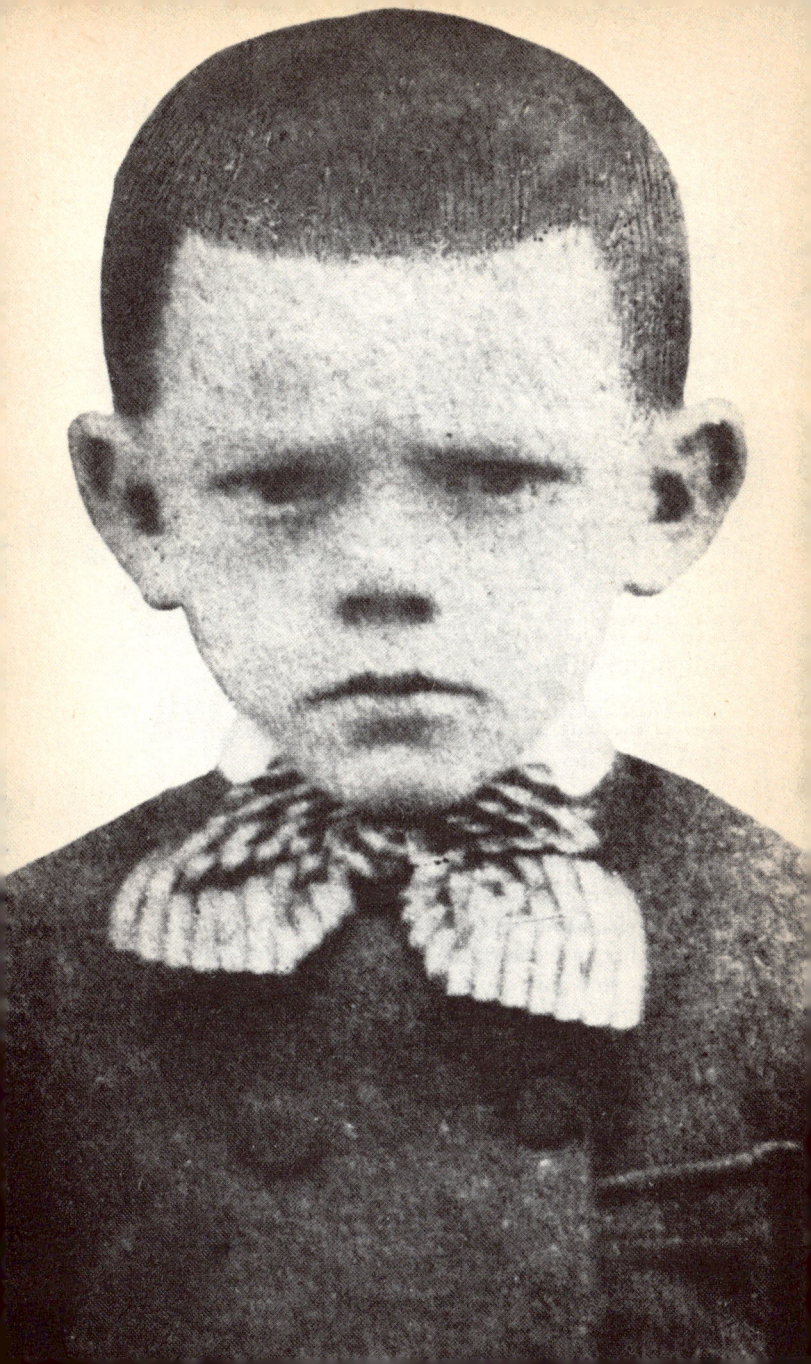

Nachrichten und Wappenbericht zum Geschlecht

Fey

Familien Wappen

Altes Geschlecht, das nach Auszug aus den Geschlechterbüchern schon um 12. Jahrhundert vorkommt, ursprünglich Schreibweise Vey auch Vay in Frankreich sowie in Lothringen und Elsaß begütert und zum Adel gehörend Johann Ulrich Fey kaiserlicher Kammerheizer † 1603 sein Sohn Johann Ulrich kaiserl Geflügelmayer erhielt vom Kaiser Rudolf II zu Prag 14. August 1610 einen Wappenbrief. Stammwappen: Im Schilde geteilt gold-schwarz, darin auf grünem Dreiberg zwei dreizipfige rot-silber, rot-silber geteilte Hirschhörner. Gekrönter Helm: die Hirschhörner wie im Schild. Decken: gold-schwarz rot-silber. Das Wappen ist enthalten im Siebmacher Wappenwerk. Band V. 8 Tafel 53 Seite 11

in den Wappensammlungen der Bayer. Staatshauptbibliothek und im Staats-Archiv. Eine Linie des Geschlechtes Fey erscheint mit Georg Fey Militär Invalide in Darmstadt, der den russischen Feldzug u. die Befreiungsschlacht bei Leipzig zuerst für und dann gegen Napoleon Bonaparte I. Kaiser der Franzosen mitmachte. Derselbe ist geboren 1780 † am 17. April 1830. Dessen Ehefrau Elisabeth geb. Kern, gebor. 1782 in Zwingenberg * 8. + 1.3.1818 in Darmstadt. In 2 Ehe mit Christine, gebor. Daum, geb. in Trebur † 10.2.1842 in Darmstadt deren Sohn Christoph Fey Bürlarmeister in Darmstadt, geb. 29 Okt. 1802 in Darmstadt, † am 10. Juli 1857, vermählt mit Eva Margareta geb. Eck, geb. am 3. Juli 1801 in Wilzenberg * am 1 am 31. 1. 1866 in Darmstadt. Deren Sohn: Valentin Fey, Tapezierer u. Möbeltransporteur in München, geb. am 2.7.1833 in Darmstadt † 7.10.1902 in München, vermählt mit Maria Johanna Schattle, geb. 31.1845 in Zittau † 24. 1.1923 in München. Deren Sohn u. jetziger Wappenträger

Valentin Ludwig Fey

genannt Karl Valentin, Komiker in München, geboren am 4. Juni 1882 in München, vermählt am 30. Juli 1911 in München mit Gisela Royes, geboren am 22. Januar 1881 in Kußhausen bei Regensburg. Deren Kinder: Gisela Fey, geb. am 9. Oktober 1905 in München, Berta Fey, · 21. Septemb 1910

Fey

der Medizin zu Hause eintraf, sagte Valentin ganz ruhig und freundlich, er habe inzwischen einen Asthmaanfall nach dem anderen gehabt und wäre beinahe gestorben, aber ihr würde es ja sicher nichts ausmachen, am Tod ihres Vaters schuldig zu sein, sonst hätte sie seinen Auftrag sofort erledigt.

Kommen in Valentins Stücken Kinder vor, wird ihnen durchweg übel mitgespielt. Daß er damit einem generellen Kinderhaß Ausdruck verleiht, ist offenkundig. Denken wir nur an die wenig liebenswürdige Behandlung des Babys in der Komödie *Brillantfeuerwerk:* Dem scheinheiligen *Wo ist er denn – Kuckuck dadadada* folgt unmittelbar die Regieanweisung: *Er legt das Kind auf den Boden und sticht ihm mit dem Säbel in den Bauch.* Darauf die verächtliche Feststellung: *Der ist aber wehleidig.* Nicht genug damit. Das »wehleidige« Geschöpf wird von einer Fliege belästigt,

und Valentin eilt hilfreich herbei: *Er schlägt mit der Mütze auf das Kind.* Den empörten Protest Liesl Karlstadts beschwichtigt er: *Ist gut, daß ich heut an Helm net aufghabt hab.*[7]
Noch drastischer ist die Schlußszene des *Ritter Unkenstein*. Die Eltern streiten um ihr uneheliches Kind, doch Recke Heinrich weiß Rat: *Ihr werdet euch doch net wegen dem kleinen Kind da streiten. (Er nimmt das Wickelkind, legt es auf den Tisch und schneidet es mit dem Schwert mitten auseinander.) Da hast du die Hälfte, und da hast du die Hälfte, und jetzt gebt's miteinander eine Ruh!*[8]
Im *Bittsteller* droht er dem Sohn des Geheimrats, ihm die Ohren auszureißen und ihn auf eine glühende Ofenplatte zu setzen, woraufder Geheimrat entsetzt feststellt: *..., das ist der Gipfel einer verruchten Phantasie.*[9]
Als letztes Beispiel noch ein Auszug aus dem Monolog *Der Feuerwehrtrompeter*:
Wir stehn vor dem brennenden Haus am Brandplatz, auf einmal kommt eine Frau aus dem brennenden Haus herausgestürzt und rennt ausgerechnet auf mich zu und sagt: ›Bittschön, Herr Feuerwehrmann, holen Sie mir mein kleines Kind herunter vom fünften Stock, das liegt in der Wiegn drinnen und muß sonst verbrennen.‹ – ›Liebe Frau‹, hab ich gesagt, ›das geht mich nichts an, das müssen Sie dem Feuerwehrmann sagen, ich bin der Trompeter; aber daß Sie sehen, daß ich tue, was in meinen Kräften steht: blasen tu ich Ihrem Kind schon, daß es runterkommen soll.‹[10]
Übrigens hat auch Chaplin selten eine Gelegenheit ausgelassen, seinen Kinderhaß zu dokumentieren. Warum er dann dreizehn Kinder in die Welt setzte, bleibt ein Geheimnis, das er mit ins Grab genommen hat. Allerdings entwickelt sich Chaplin im Lauf der Handlung seines Filmes »The Kid« – nachdem er anfangs versucht hat, das ihm aufgenötigte Baby in einer Mülltonne verschwinden zu lassen – zu einem geradezu fanatisch liebevollen Vater. Derlei wäre Valentin, zumindest auf der Bühne oder im Film, nie in den Sinn gekommen. Andererseits war er, was nur ein scheinbarer Widerspruch zu seinem Sadismus ist, ein übertrieben besorgter Vater. So schreibt er seiner Frau am 9.2.1928 aus Berlin: *Laß das Mädi nie allein auf die Straße hinunter.*[11] Das Mädi war seine Tochter Bertl, die damals bereits achtzehn Jahre alt war!
Schauplatz der *Jugendstreiche* ist überwiegend die Au. In den obenstehenden Zitaten war von einem »Strohmagazin« und auch

Aus der Au, farbige Zeichnung von Albert Reich, 1923

von Wiesen die Rede. Obwohl die Au bereits 1854 der Stadt München eingemeindet worden war, hatte sie noch Jahrzehnte lang durchaus ländlichen Charakter. Die Bevölkerung der damaligen Au war das Arsenal jener Charaktere, die Valentin später mit gespenstiger Genauigkeit darstellen sollte. Die Menschen, die in der Au lebten, waren überwiegend verarmte Kleinbürger, die Arbeitslosigkeit lag überdurchschnittlich hoch, ebenso die Zahl der Bettler. Es gab eine Leinweberei, einen Hutmacher und ein paar Krämereien. Einige Krämer zogen das ganze Jahr über auf die Märkte der Innenstadt oder anderer Vorstädte und handelten mit Reis und Schmalz, Kerzen und Öl, Käse, Tabak und Branntwein. Außerdem gab es ein paar Schustereien und Wäschereien. Ausgediente Soldaten verkauften als Hausierer die Rosenkränze der sogenannten Betermacher.

Dieses triste Panorama wurde von den zahlreichen, stadtbekannten Originalen aufgelockert, die damals in der Au wohnten und die Valentins Vorliebe für groteske Leute, für spleenige Randfiguren der menschlichen Gesellschaft entgegenkamen.

Da gab es den »Benimelber«, der ohne Kleider dreieinhalb Zentner wog und für dessen Beerdigung ein Spezialsarg von gewaltigen Ausmaßen angefertigt werden mußte. Und es gab den »Flinzerl-Schneider«, der jeden Morgen zuverlässig der erste Gast im Hofbräuhaus war, aber mit gleicher Regelmäßigkeit abends um Punkt neun vor dem Kruzifix an dem Kastanienbaum in der Au zu treffen war, wo er in inniger Frömmigkeit betete.

Ein berühmtes Unikum war auch der Maler Karl Wilhelm Diefenbach, der mit wallenden Haaren, in Ledersandalen und knöchellangem Gewand durch die Straßen zog und die vegetarische Lebensweise predigte. Er plädierte für den Verzehr von Obst und rohem Gemüse, weswegen er im Volksmund »Der Kohlrabiapostel« hieß.

Fast ebenso berühmt war Max Wörl, genannt »der narrische Maxl«. Wo er stand und ging, spielte er Ziehharmonika, sogar in der Straßenbahn. Karl Valentin, der später alles sammelte, was mit Münchner Originalen und Volkssängern zusammenhing, wollte diese Ziehharmonika, als der »narrische Maxl« 1921 starb, erwerben, aber das Instrument war unauffindbar.

Nicht unerwähnt bleiben dürfen auch der Steyrer Hans und der »fahrende Sägfeiler«. Der Gastwirt Steyrer galt damals als der stärkste Mann der Welt, sein Spazierstock wog 25 Pfund. Der »fahrende Sägfeiler« hatte sich 1895 ein Dreirad gebastelt und fuhr damit in gemäßigtem Schrittempo durch München. Ein normales Fahrrad hätte auch böse Auswirkungen haben können, denn er war ständig betrunken.

Der Ruf der Auer Bevölkerung war von jeher und noch tief bis ins 20. Jahrhundert hinein schlimm. Die Auer hielten nichts von der behäbigen Gemütlichkeit der Münchner, sie galten als streitsüchtig – wovon endlose Gerichtsprotokolle Zeugnis ablegen –, als unverschämt, roh, durchtrieben und leichtsinnig. Berüchtigt waren die Auer Musikanten, die durch das ganze Land zogen und als Bettler und Vaganten angesehen wurden. Ihr schlechter Ruf war weniger die Folge ihrer künstlerischen Darbietungen als ihres zuweilen gestörten Verhältnisses zum Privateigentum anderer. Aber in nicht unerheblichem Maß dürften hier auch Vorurteile mit im Spiel gewesen sein, zumal sich auffallend viele Auer schon äußerlich von ihren bajuwarischen Zeitgenossen unterschieden. Beachtlich war

die Zahl der dunkeläugigen, schwarzhaarigen Auer. Das ist nicht verwunderlich, wenn man weiß, daß in der Au schon seit Jahrhunderten überdurchschnittlich viele Franzosen, Italiener und Türken lebten. Fremdenhaß hat in Deutschland eine lange und ungebrochene Tradition. Karl Valentin allerdings hatte blaue Augen und rote Haare, er stammte ja auch nicht von Türken ab, sondern von einem Hessen und einer Sächsin.
Im großen und ganzen unterschied sich die Bevölkerung der Au in ihrer sozialen Struktur kaum von der anderer Münchner Vorstädte. Nur in einer Hinsicht waren die Auer buchstäblich unvergleichlich: Sie liebten mit geradezu fanatischer Hingabe das Theater, und zwar ihr eigenes, sozusagen hausgemachtes Theater. Das war ihr kollektives Hobby. Die Ursprünge liegen in Krippenspielen, die nicht öffentlich, sondern in Privatwohnungen aufgeführt wurden. Man traf sich nach Feierabend, um mit verteilten Rollen und in Form von gereimten, in bayerischem Dialekt abgefaßten Wechselgesängen die Herbergssuche der Heiligen Familie darzustellen. Darum nannte man diese Art des Theaters »Die Herbergen«. Waren hier noch Darsteller und Publikum weitgehend identisch, so änderte sich das rasch, als die Marionettentheater aufkamen, die ein derart massenhaftes Publikum anzogen, daß die Inhaber der Wirtshäuser das Ausbleiben ihrer trinkfesten Gäste beklagten. Allmählich wurde das Marionettentheater durch »das Spiel mit lebendigen Personen« verdrängt. Gespielt wurde vor allem im Winter, und die Ensembles bestanden zu einem großen Teil aus Maurergesellen, die in den kalten Monaten arbeitslos waren und sich mit ihrer Schauspielkunst ein paar Kreuzer verdienen wollten. Am bekanntesten wurde das Schwaiger-Theater, ein traditionsreiches Familienunternehmen, in dem Stücke aufgeführt wurden, die so verlockende Titel hatten wie »Lumpen und Fetzen«, »Die neunfache Enthauptung ohne Blutvergießen«, »Staberl als Chinese« oder »Die Bergknappen oder der vergiftete Becher«. Als das Schwaiger-Theater 1865 seine Tore schließen mußte, wurden in der Au sofort neue Theatergesellschaften gegründet.
Kein Wunder also, daß auch Karl Valentin schon von Kindheit an dem Theater zugetan war. In den *Jugendstreichen* berichtet er: *Sogar den ›Faust‹ von Goethe haben wir gespielt, und zwar in einem Möbelwagen, den wir in unserem Hof als Bühne eingerichtet hatten... Ich spielte die Hexe. Nach einem Marionettentheaterheftchen wurden die Rollen verteilt. Das Stück dauerte zwölf*

Volksversammlung auf dem Franziskanerkeller in der Au, Zeichnung

Joh.-Schwaiger-Theater in der Au, Gemälde von Moritz Müller

Klassenfoto. Karl Valentin oberste Reihe, 3.v.r.

*Minuten. Oder: Im ›Hoftheater Falk & Fey‹ haben wir tatsächlich den ›Freischütz‹ nach einem Marionettenbuch gespielt. Ein stolzer Daueranschlag verkündete es der Auer Mitwelt.*¹²

Mit drei Jahren kam Valentin in den Kindergarten, mit sechs Jahren in die Klenzeschule. 1892 besuchte er für vier weitere Jahre die Herrenschule in der Herrenstraße und 1895/6 schließlich noch die Privat-Bürgerschule in der Münzstraße 4 gegenüber dem Hofbräuhaus.

Seine Schulzeit verglich Valentin mit einer Zuchthausstrafe, erträglich waren ihm nur die Fächer Singen, Zeichnen und Turnen. Besonders verhaßt war ihm Mathematik. Voll Abscheu erinnert er sich seines Religionslehrers in der Herrenschule, der ihn einmal derart zusammenschlug, daß Valentin nicht mehr in der Lage war, allein nach Hause zu gehen. Nur die Überredungskünste der Mutter hinderten Vater Fey daran, den Lehrer aufzusuchen, um ihm eine Tracht Prügel zu versetzen.

Am 4. März 1897 begann Valentin seine Lehre bei dem Schreinermeister Johann Hallhuber in Haidhausen, Weißenburgerstraße 28. Das Schreinerhandwerk erlernte er auf Wunsch des Vaters. Später

sollte er die Firma »Falk & Fey« übernehmen. Er kam diesem Wunsch ohne Zögern nach, zumal er gern manuell arbeitete und darin auch über ein großes Geschick verfügte. Sein Leben lang ist er ein vielseitiger und enthusiastischer Handwerker geblieben. Die Werkstatt war ihm in seinen späteren Wohnungen und dann in seinem Haus in Planegg stets der wichtigste Raum. Den größten Teil seiner Requisiten hat er bekanntlich immer selbst hergestellt. 1899 beendete er seine Lehre bei Hallhuber und bestand erfolgreich die Gehilfenprüfung. Danach war er bei Meister Röder in der Arcisstraße 70 angestellt und 1901 noch einmal für ein Jahr bei seinem Lehrmeister Hallhuber. Am 25. August, im Jahr seiner Gehilfenprüfung, wurde im Hause Fey ein Dienstmädchen angestellt. Sie hieß Gisela Royes und war eine Schlossermeistertochter aus Aufhausen bei Regensburg. Sie wurde am 22. Januar 1881 geboren und verlebte eine nicht sehr glückliche Jugendzeit. Als sie zwölf Jahre alt war, starb ihre Mutter. Der Vater verheiratete sich wieder, aber das Verhältnis des jungen Mädchens zu ihrer Stiefmutter war so schlecht, daß Gisela Royes mit fünfzehn Jahren beschloß, nach München zu ziehen, was sich ein paar Jahre später als folgenreicher Schritt erweisen sollte.
Karl Valentin verliebte sich sofort in Gisela Royes, stieß aber zunächst auf wenig Gegenliebe. Knapp ein Jahr nach ihrer Anstellung bei der Familie Fey überreichte ihr Valentin ein selbstverfaßtes Liebesgedicht. Ob dieses Poem den ersehnten Gefühlsumschwung bewirkt hat, läßt sich heute nicht mehr feststellen. Auf jeden Fall aber ist es das früheste erhaltene literarische Produkt von Karl Valentin. Überschrieben ist das Opus *Erinnerung an die Erste Liebe*, und es fängt so an:

> Hier! Du mein liebend Herzlein,
> Nimm mein Bild, bewahr es auf!
> Denn die Stunden sind gezählet,
> Wo unsre Lieb' muß hören auf!

So geht das Gedicht schmachtend weiter und endet mit den ergreifenden Zeilen:

> Und sollten wir mal scheiden müssen
> Und brechen unsere Liebelei,
> So ist mein Größtes Glück auf Erden
> Und meine Lebenslust vorbei.[13]

Valentins Mutter mit Enkelin Berta

Doch mit der Lebenslust war es keineswegs vorbei. Am 19. Oktober 1905 kommt Valentins erste Tochter Gisela zur Welt, und am 21. September 1910 wird Berta geboren. Erst am 31. Juli 1911 heiratet er Gisela Royes. Sie war eine anspruchslose und gute Hausfrau, zeigte aber nie Interesse an der Arbeit ihres Mannes. Allen künstlerischen Dingen stand sie verständnislos gegenüber. Valentin gab sich allerdings auch keine Mühe, sie mit der Welt des Theaters vertraut zu machen – im Gegenteil, er wünschte nicht, daß sie seine Aufführungen besuchte und duldete sie auch nicht nach der Vorstellung am Stammtisch. Öffentlich durfte sie nie in Erscheinung treten. Noch heute kann man lesen, Valentin sei mit Liesl Karlstadt verheiratet gewesen. In Wirklichkeit war es eine Ehe zu dritt. Immerhin leistete Gisela Fey auch einen Beitrag zu Valentins Bühnenlaufbahn: Sie schneiderte ihm die Kostüme nach seinen Angaben. Im übrigen muß sie ein Wunder an Langmut gewesen sein, denn mit einem derart schwierigen und eigenwilligen Egozentriker, der sich im Lauf der Zeit noch dazu immer stärker zu einem Misanthropen und Hypochonder entwickelte, vierzig Jahre lang unter einem Dach zu leben, das war mit Sicherheit keine einfache Bürde.

Gisela Royes, Valentins spätere Frau

Valentins Frau im Alter

Erste Engagements und die Schwabinger Boheme

Glaubt man Valentins eigener Darstellung, so hatte er schon mit vierzehn Jahren den Entschluß gefaßt, Varietéhumorist zu werden. Fest steht, daß er am 22. Mai 1902 in die Münchner Varietéschule eintrat.

Er blieb drei Monate, sein Lehrer war der Komiker Hermann Strebel. Obwohl heute über dieses Institut nichts mehr in Erfahrung zu bringen ist, bleibt doch interessant, daß es eine solche Schule überhaupt gab. Der Bedarf an Varietékünstlern, Salonhumoristen und Volkssängern war damals in Bayern, vor allem natürlich in München, sehr groß. Darum ist es auch nicht verwunderlich, daß Valentin bereits zum 1. Oktober 1902 ein Engagement erhält. Er tritt im Varieté »Zeughaus« in Nürnberg auf. Allerdings gibt es sofort Schwierigkeiten, wovon ein Brief vom 5. Oktober an die Eltern zeugt: *...Jetzt die Hauptsache – Herr Direktor hat nämlich aus unbekannten Kreisen erfahren, daß ich Anfänger bin, und wollte mich absolut nicht auftreten lassen... Das wäre aber nicht das Schlimmste, was er beanstandet hätte. Wie Ihr wisset, ist doch Strebel einen Monat in Nürnberg engagiert gewesen und hat in dem Lokal, welches 1 Minute vom Zeughaus entfernt ist, mein ganzes Repertoir wortwörtlich abgeleiert, und ich wollte Neues bringen.*

Er hat seine Bühnenlaufbahn noch nicht einmal begonnen, da bezichtigt er Kollegen schon des Plagiats, eine Angewohnheit, die er sein Leben lang beibehalten sollte. Fast immer waren diese Vorwürfe unberechtigt, ob sie damals in Nürnberg ausnahmsweise begründet waren, läßt sich nicht mehr feststellen. Er einigt sich mit dem Herrn Direktor, darf auftreten und hat Erfolg. In dem erwähnten Brief heißt es: *...Ich [habe] heute Abend den größten Applaus gehabt von allen Nummern. Ich machte drei Nummern und mußte 6 mal vor den Vorhang, mit den Füßen haben sie gestampft und geschrien. Der Applaus dauerte fast nahezu 1 halbe Minute.*

Selbstsicher, fast prahlerisch erklärt er den Eltern, er habe in diesen paar Tagen so viel Bühnenroutine erworben, daß er in jedes größere Theater gehen und 300 Mark pro Monat verdienen könne. *Diesen Monat muß ich halt noch dreingeben.*[14]

Aus dem Monat wird nur eine Woche, denn am 7. Oktober 1902

stirbt Valentins Vater. Valentin muß sein Engagement in Nürnberg abbrechen und nach Hause zurückkehren, um die Firma »Falk & Fey« zu übernehmen. Er versucht, das Geschäft zusammen mit seiner Mutter weiterzuführen. Aber den Gedanken an eine Bühnenlaufbahn hat er nicht aufgegeben. Er scheint bei allen möglichen Gelegenheiten aufgetreten zu sein, was ein Dankschreiben des Privat-Musik-Klubs »Jung-München« vom 25. Mai 1903 bezeugt:
»Sehr geehrter Herr Valentin! Auf schriftlichem Wege nochmals unsere *größte Anerkennung* für Ihre gediegenen Vorträge anläßlich unseres am 23. Mai stattgefundenen Mai-Tanzes. Wir werden nicht versäumen, Sie bei sich bietender Gelegenheit bestens zu empfehlen.«[15]
Das Geschäft geht derart schlecht, daß sich Valentin gezwungen sieht, im Herbst 1906 die Firma zu verkaufen und kurz darauf das ganze Anwesen. Da dieses stark mit Hypotheken belastet ist, bleiben nur 6000 Mark. Diese Restsumme gibt Valentin seiner Mutter, und im November zieht er mit ihr in ihre Heimat, nach Zittau in Sachsen.
In Valentins Umzugsgepäck befindet sich ein Musikapparat, an dem er zwei Jahre lang in seiner Freizeit gebastelt hatte. Dieses Orchestrion bestand aus zirka zwanzig Instrumenten, die so angebracht waren, daß Valentin sie alle gleichzeitig spielen konnte »...mit Ausnahme einiger, welche durch Elektrizität in Funktion gesetzt werden, ebenfalls aber von ihm zur bestimmten Zeit bedient werden müssen. Aus diesem Grunde darf der Apparat nicht mit einem mechan. Musikwerk verwechselt werden.«[16] Dieses Orchestrion zu beherrschen, erforderte nicht nur Musikalität, sondern auch großes manuelles Geschick.
Die Musik ist aus Valentins Karriere und Schaffen nicht wegzudenken. Er hatte in Nürnberg als Coupletsänger angefangen und ging jetzt als Musikclown auf Tournee. In vielen späteren Stücken sind Gesang oder Instrumentalmusik zentrales Thema der Darbietung, man denke nur an die entsprechenden Szenen im *Tingeltangel* oder an die beiden Filmfassungen von *Der Zithervirtuose*. Seine Liebe galt allerdings ausschließlich der bayrischen Volks- und der anspruchslosen Unterhaltungsmusik. Ein geradezu feindseliges Verhältnis hatte er zur klassischen Musik. In einem Dialog aus dem Jahre 1945 macht er sich auf ironische Weise über das Rundfunkprogramm lustig: *Man könnte doch alle wichtigen Sen-*

dungen auf einen andern Zeitpunkt verlegen und alle Abend von 8 Uhr bis 12 Uhr ausschließlich klassische Musik bringen. – Wenn der Vater todmüde von der Arbeit heimkommt und die ganze Familie, die Mutter, die Kinder, die Großeltern nach dem Abendessen um das Radio herum sitzen – wie erfrischend wirkt da so eine As-Dur-Sonate und wirkt gleichzeitig beruhigend und einschläfernd auf die Nerven, und wer nach vierstündigem G-Moll noch nicht schläft, der muß halt noch 2–3 Veronal-Tabletten einnehmen.[17]

Unterricht hatte Valentin nur im Zither- und Mandolinenspiel erhalten, viele andere Instrumente erlernte er autodidaktisch: Trompete, Posaune, Tuba, Waldhorn, Klarinette, Pikkoloflöte, Fagott, Ziehharmonika und Gitarre.

In Nürnberg war er bereits unter dem Pseudonym Karl Valentin aufgetreten, jetzt nennt er sich »Musical-Fantast« Charles Fey, und im Februar 1907 geht er mit seinem Musikapparat auf Tournee. Sein Weg führt ihn zunächst nach Leipzig, dann über Bernburg nach Halle an der Saale. Das Varieté »Walhalla« verpflichtet ihn für eine Woche, kündigt ihm aber nach dem ersten Auftreten. Drei Tage durchstreift er Halle und sucht vergebens nach einem neuen Engagement. Er traut sich nicht, seiner Mutter von seinem Mißgeschick zu schreiben, da sie von jenen 6000 Mark aus dem Verkauf des Geschäfts fast die Hälfte ihrem Sohn für die Fertigstellung des Orchestrions gegeben hatte. In diesen Tagen soll er sich ernsthaft mit Selbstmordgedanken getragen haben.

Schließlich macht ihn ein Artist auf die Singspielhalle »Bratwurstglöckerl« aufmerksam und versichert, der Wirt dieses Gasthauses engagiere lauter billige Nummern. Valentin stellt sich vor und wird tatsächlich sofort angenommen. Schon am ersten Abend hat er Erfolg. Er bleibt vier Monate, erhält täglich 5 Mark Gage, dazu freie Kost und Logis. Er schöpft neuen Mut und wagt den Sprung nach Berlin. Mit seinem sechs Zentner schweren Orchestrion reist er in die Hauptstadt und tritt im Passagetheater des »Wintergartens« auf. Nach der ersten Vorstellung wird ihm gekündigt. Wieder versucht er, ein neues Engagement zu finden, aber das Wunder von Halle bleibt diesmal aus. Nach vierzehn Tagen kehrt Valentin enttäuscht nach München zurück – ohne einen Pfennig und ohne seinen Musikapparat. Den mußte er in Berlin zurücklassen, weil er die Speditionskosten nicht aufbringen konnte.

In München wohnt er nun in der Gastwirtschaft »Stubenvoll«, wo

Um 1905

eine Übernachtung 30 Pfennige kostet. Nebenan ist eine Weinstube, dort spielt er allabendlich Zither und bekommt dafür ein Essen und 50 Pfennige Gage. Um seinen Verdienst aufzubessern, verfällt er auf den eigenartigen Gedanken, künstliche Palmen herzustellen, und wundert sich, daß daraus kein einträgliches Geschäft wird.

Valentin hat damals erfahren, was es heißt, arm zu sein. Und wer einmal in seinem Leben arm war, und das ist – keine Aussicht auf Geld, nicht wissen, wo man die nächste Mahlzeit herkriegt, nicht wissen, wie lange man noch ein Dach über dem Kopf hat, wer das einmal erfahren hat, wird sein Leben lang, auch wenn er eines Tages reich ist, ein gestörtes Verhältnis zum Geld haben. Das Thema »Valentin und das Geld« wäre schon einer gründlichen Untersuchung wert. Ich möchte hier nur ein paar Beispiele anführen.

Die Tragikomödie *Der Bittsteller* handelt vom Geld und von seiner ungerechten Verteilung. Das Stück spielt in dem protzig eingerichteten Arbeitszimmer eines Geheimrats. Karl Valentin stellt einen verarmten Kleinbürger dar, der um ein Darlehn bitten möchte. Zunächst schildert er seine finanzielle Situation; als Spritzbrunnenaufdreher beim Baron von Rembrengerdeng verdient er jährlich zwei Mark.

DER HERR GEHEIMRAT: *Zwei Mark im ganzen Jahr? Aber davon kann man doch nicht leben.*
BRANDSTETTER: *Ja, leben schon, aber wie!*
DER HERR GEHEIMRAT: *Mir ist das ganz unverständlich.*
BRANDSTETTER: *Da heißt's einteilen.*[18]
In *Der Umzug* weigert er sich, das alte, abgestandene Wasser aus dem Aquarium zu schütten.
L.K.: *... Wer hat denn gesagt, daß du das alte Wasser mitnehmen sollst – wir haben doch schon ein Vierteljahr keine Goldfische mehr...*
K.V.: *Wenn ma aber wieder neue Fisch kriegn?*[19]
Er kann sich nicht entschließen, das Wasser fortzuschütten, weswegen er es schließlich trinkt.
Auch in seiner Privatkorrespondenz ist oft genug vom Geld die Rede, wobei er sich zuweilen über sich selbst lustig macht: *Zu Deinem sehr geehrten Geburtstag übersende ich Dir einige gute Glückwünsche... Ich ersuche Dich nun, für meine an Dich gesandte Gratulation RM 3.– einzusenden, da ich die Gratisgratuliererei seit Jahren schon eingestellt habe. Sollte ich binnen 3 Tagen nicht im Besitz der 3 Mark sein, so wäre ich gezwungen, die ganze Sache einem Rechtsanwalt zu übergeben.*[20]
Den schönsten Brief dieser Art schrieb er am 3. Februar 1932 seiner Tochter Bertl:
Sehr geehrte Tochter! Anläßlich unseres letzten Beisammenseins in München, am 5. August 31, gestatte ich mir, jetzt die Rechnung für deine Existenz gütigst zu übersenden und hoffe, daß du mit den Preisen einverstanden bist.
Dieser Einleitung folgt eine zwei Seiten lange Rechnung, in der u.a. folgende Posten angeführt sind:
1 kleine Blechbadewanne . . . . Mk. 6.–
lauwarmes Wasser 6 Jahre lang, tägl. 10 Pfg. . . . . . Mk. 219.–
Schwammbenützung 6 Jahre lang, tägl. 5 Pfg. . . . . Mk. 108.50
5 × photographieren lassen . . . . Mk. 40.–
Ärztl. Behandlung und 16½ Warzen abätzen rechte Hand . . . . Mk. 120.–
Großzügig erklärt er gegen Ende des Briefes: *Bezugnehmend, daß du mein eigenes Fleisch und Blut bist, habe ich 10% Ermäßigung zugestanden.*[21]
Zurück zu dem glücklosen Musical-Fantasten. Er überredet den Weinwirt Eberl, bei dem er schon früher aufgetreten war, den

immer noch in Berlin lagernden Musikapparat auszulösen. Nach vierzehn Tagen trifft das Orchestrion in München ein und wird in Eberls Weinstube aufgestellt. Erneutes Gastspiel, und wieder bleibt der Erfolg aus. Valentin berichtet, er habe das Orchestrion nach einer Auseinandersetzung mit dem Wirt in einem Wutanfall zertrümmert. Eine andere Version besagt jedoch, daß das Orchestrion auseinandergenommen, in Kisten verpackt und in der Kegelbahn der Wirtschaft »Zum Feuerhaus«, die Valentins Freund Ludwig Greiner betrieb, verstaut wurde.

Zu dieser Zeit bewohnt Valentin ein möbliertes Zimmer in der Tegernseer Straße, bleibt aber die Miete schuldig, muß ausziehen und eine Schlafstelle beim »Stiefelwirt«, für 2 Mark wöchentlich, nehmen. Doch nicht einmal diese Miete kann er bezahlen, und er beschließt, München heimlich zu verlassen, um nach Zittau zu seiner Mutter zu ziehen. Der Buchdruckereibesitzer und Salonhumorist Franz Erlacher leiht ihm das Reisegeld. Valentin hat ihm das nie vergessen und ihm in dem Stück *Der Firmling* ein schönes Denkmal gesetzt, und zwar als einem Retter in der Not. Der betrunkene Vater erzählt lang und breit, wie er vergeblich nach einem gebrauchten Kommunionsanzug für seinen Pepperl gesucht hat und wie das dem alten Kriegskameraden Erlacher Franzl zu Ohren kommt, der ihm dann den alten Kommunionsanzug seines Sohnes schenkt. *Des gfreut mi, Franzl, hab i gsagt, sag i, aber es is net gsagt, daß des, wo dein Hundsbuam paßt, mein Knaben aa paßt – kurzer Rede langer Sinn, der Erlacher Franzl bringt den Anzug, der Pepperl ziagt'n o und – paßt hat er! (Er haut auf den Tisch.) Hätt ja i im Leben net denkt, daß dem Pepperl der Anzug paßt, wo er an Buam gar net kennt – kennt an Buam gar net – aber wia gsagt, der Erlacher bringt den Anzug, der Pepperl ziagtn o, und – paßt hat er. (Er haut auf den Tisch.)*[22]

Valentins Mutter, die von den Zinsen ihrer verbliebenen 3000 Mark lebt, kann ihren Sohn nicht ernähren, so daß er gezwungen ist, nach einigen Tagen wieder nach München zurückzukehren.

Valentin quartiert sich bei Ludwig Greiner, genannt Greiner Wiggerl, in dessen Gasthaus ein. Greiner war eines der damals zahlreichen Münchener Originale. Er war erst Metzger, dann Weinküfer und Wirt. Während des Ersten Weltkriegs war er Stabskoch und unterhielt die Truppe mit einem selbstgebauten Puppentheater. Jahrzehntelang blieb Greiner Valentins hilfreicher Freund, soweit Valentins verschlossenes Wesen eine Freundschaft

Valentin mit Tochter Berta um 1928

überhaupt zuließ. Ein unausgebildetes, aber immerhin ansehnliches Zeichentalent befähigte Greiner, Bühnenbilder für Valentin zu entwerfen, die Ideen für das Panoptikum in kleinen Aquarellen festzuhalten, die *Jugendstreiche* und die Coupletsammlung *Architekt Sachlich* zu illustrieren.
Greiners größtes Verdienst bleibt aber, daß er Valentin anregte, Couplets und Solovorträge zu verfassen und vorzutragen, die humoristisch auf die spindeldürre Figur ihres Verfassers zielen sollten. Valentin griff diese Idee sofort auf. Sein magerer Körper wurde von nun an ein bedeutungsvolles Element seiner schauspielerischen Komik. Sicherlich hat ihn das einige Selbstüberwindung gekostet, da man eine physische Eigenart ja nicht darstellen, sondern höchstens zur Schau stellen kann. Allerdings ist Valentin, wenn er seine Magerkeit der Spottlust des Publikums aussetzte, immer nur grotesk maskiert und kostümiert aufgetreten. Spielte er ohne Maske und in »normalem« Kostüm, dann wählte er gern Kleidung, die ein paar Nummern zu groß war und seinen extrem schlanken Körper buchstäblich verhüllte, wie zum Beispiel den

Monteursanzug, den er in seinem Stück *Der reparierte Scheinwerfer* trug.

Valentin schrieb nun Couplets und Monologe, die er gelegentlich als freies Mitglied der Komikergesellschaft W. Fritz beim »Baderwirt« in der Dachauer Straße 1a, einem Volkssängerlokal, in dem vorwiegend Soldaten verkehrten, vortrug. Da er kein fest engagiertes Mitglied, sondern ein sogenannter »Nachstandler« war, durfte er immer erst nach Beendigung des offiziellen Programms mit seiner Vorführung beginnen.

Die Monologe *Ich bin ein armer magerer Mann* und *Der schneidige Landgendarm* zum Beispiel sowie die Couplets trug er kostümiert vor. Aber er trat auch als Salonhumorist auf, das heißt in Gastwirtschaften, die keine behördliche Konzession zum Volkssängervergnügen besaßen und in denen Unterhaltungskünstler nur im schwarzen Gesellschaftsanzug auftreten durften. Für solche Gelegenheiten schrieb er sich Monologe wie *Das Aquarium* oder auch *Im Gärtnertheater*, ein Text, der mit dem unsterblichen Satz beginnt: *Ich weiß nicht mehr genau, war es gestern, oder war's im vierten Stock.*[23]

Obgleich Valentin seine Monologe meistens noch, wie es damals üblich war, mit einem kleinen Couplet einleitete, löste er sich allmählich vom Typus des vorwiegend musikorientierten Volkssängers, um das Schwergewicht immer stärker auf den gesprochenen Vortrag zu legen, was ihm auch größere schauspielerische Möglichkeiten brachte. Sein Vorbild war dennoch von Anfang an der Gesangshumorist Karl Maxstadt gewesen, zu dem er sich noch in seinen späteren Jahren bekannte. Auch Maxstadt war, so wie Valentin, kein gebürtiger Münchner. Er kam am 1. September 1853 in Lahr bei Freiburg im Breisgau zur Welt. Im Lauf seines Lebens verfaßte er über 600 Couplets. Er trug seine Programme in allen großen Städten des Kontinents vor und sogar vor dem König von Sachsen und dem russischen Zaren. In seiner Glanzzeit verdiente er die sagenhafte Summe von monatlich 4000 Goldmark. Nach 1924 konnte er aus Gesundheitsgründen nicht mehr auftreten. Völlig verarmt starb er am 14. Januar 1930 in München.

Liest man heute die noch erhaltenen Couplets von Maxstadt, so ist einem zunächst schleierhaft, was eigentlich seinen enormen Erfolg ausmachte und warum sich Valentin so für ihn begeisterte. Hier zwei aus der Fülle des Überlieferten ausgewählte Beispiele. Die vorletzte Strophe seines Couplets »Sonderbar!« lautet:

Als Radrennfahrer

»Jüngst sprach mit einer Dame ich,
Die möchte einen Mann,
Und alle Mühe gibt sie sich,
Doch 's beißt halt keiner an;
Sie sagt, sie hätt' noch nie geliebt
Und ist schon dreißig Jahr:
  Sonderbar, sonderbar!
  Das ist sonderbar!«

Auch sein Couplet »Oh, das ist bös!«, aus dem das nächste Zitat stammt, bringt nicht des Rätsels Lösung:

»Wenn einer möcht und kann nicht lesen,
  oh, das ist bös!
Hat einer Hunger und nichts zu essen,
  oh, das ist bös!
Wenn einer barfuß läuft im Winter,
  oh, das ist bös!
Wenn ein'm der Storch bringt zu viel Kinder,
  oh, das ist bös!«

Auffallend ist, daß beide Couplets nicht in bayrischer Mundart, sondern in Hochdeutsch geschrieben, also regional nicht gebunden sind. Maxstadt war noch weniger als Valentin ein typischer Münchner Volkssänger. Und wenn man die beiden überhaupt zu den Volkssängern zählen will, dann waren sie auf alle Fälle die einzigen, die auch außerhalb Bayerns verstanden wurden. Bekanntlich hat Valentin seine größten Triumphe in Berlin gefeiert.

Wir wissen, daß zu Maxstadts Zugnummern jahrzehntelang seine in verschiedenen Dialekten vorgetragenen Parodien auf Lohengrin, Faust und Wilhelm Tell gehörten. Parodien waren gewöhnlich im Repertoire der Volkssänger nicht enthalten. Auch hierin waren Maxstadt und Valentin Ausnahmen. Ich erinnere an Valentins Parodie (und gleichzeitige Travestie) auf *Die Loreley*. Das war, meines Wissens, seine einzige Parodie auf einen Klassiker, ansonsten zielten seine Parodien nicht auf spezifische Textvorlagen, sondern auf allgemeine Kunstformen und ihre Darbietung. Da er klassische Musik haßte, ist es nicht verwunderlich, daß er das Kunstlied und dessen gediegenen Konzertvortrag aufs Korn

nahm. Im *Lied vom Sonntag* stört ein Hund das schöne Konzert, in *Die Jahreszeiten* protestiert das Publikum erst zu Beginn der vierten Strophe, nachdem es geduldig drei nahezu textidentische Strophen gehört hat. Läppische Textvorlagen sind beim Kunstlied keine Seltenheit. Oft genug ist der Informationsgehalt des Textes derart gering, daß Vertonung und öffentlichem Vortrag ein Moment des Lächerlichen innewohnt. Auch das reizte Valentins Spottlust, wie aus der zweiten Strophe der *Moritat vom Orgelmann* zu ersehen ist:

> *Können Sie sich vielleicht noch dran erinnern*
> *wie es vor hundert Jahrn in München war,*
> *ich könnte es bestimmt nicht mehr behaupten,*
> *war's im Oktober oder Januar.*
> *Ich glaub, es ist im Januar gewesen,*
> *es kann zwar auch schon März gewesen sein,*
> *das spielt ja auch dabei gar keine Rolle,*
> *ganz genau fällt mir das Datum nicht mehr ein.*
> *In früher Zeit war so etwas leicht möglich,*
> *doch wenn das heute mal passieren wird,*
> *da würde sich das ganze Volk empören,*
> *doch ist das seit der Zeit nicht mehr passiert.*[24]

Wir haben gesehen, daß Valentin an Karl Maxstadt offenbar so ziemlich alles schätzte, was ihn vom typischen Münchener Volkssänger unterschied. Das aber kann nicht der einzige Grund für seine Bewunderung gewesen sein. Die literarische Qualität der Maxstadt-Couplets war dürftig, was Valentin nicht entgangen sein konnte, obwohl seine eigenen Versuche in diesem Genre damals und auch später ebenfalls nicht umwerfend waren. Valentins Stärke waren der Prosavortrag und vor allem der Dialog, und auf diesem literarischen Gebiet hat er Einzigartiges geschaffen, so daß er zu den bedeutendsten deutschsprachigen Autoren dieses Jahrhunderts gezählt werden darf.

Leider hat Karl Maxstadt, soviel wir wissen, im Gegensatz zu Valentin, nie Gebrauch von den Konservierungstechniken Schallplatte und Film gemacht. Will man die Textqualität seiner Couplets mit dem Erfolg, den er mit ihnen hatte, in Beziehung setzen, muß man auf eine geradezu geniale Darstellungskunst, auf eine schauspielerische Leistung von ungewöhnlichem Rang schließen.

Das also war es wohl, was Valentin so nachhaltig beeindruckt hat. Nicht der Autor, sondern der Schauspieler Karl Maxstadt war Valentins Vorbild. Auch Valentin war von Anfang an ein hervorragender Schauspieler, was schon sein frühester Film beweist und die Tatsache, daß er mit seinen Couplets beim Publikum so gut ankam. Seine Darstellungskunst war so brillant, daß die Schwächen seiner holprig gereimten Verse nicht weiter auffielen.
Josef Durner, der Pächter der Volkssängerbühne »Frankfurter Hof«, wurde auf Valentin aufmerksam, besuchte eine Vorstellung, ging danach in die Künstlergarderobe und engagierte ihn auf der Stelle. Eine andere Version gibt Bertl Valentin. Danach soll Durner an Karl Valentin eine Postkarte geschrieben haben, die ein sofortiges Engagement in Aussicht stellte. Diese Postkarte habe den Adressaten aber erst nach sechs Wochen erreicht. Doch ist es nicht wichtig, ob das Engagement ein paar Wochen früher oder später zustandekam. Fest steht, daß Durner der erste war, der Valentins Talent erkannte und ihm ein Engagement anbot. Natürlich ging Valentin sofort darauf ein, trat fortan im renommierten »Frankfurter Hof« auf und wurde buchstäblich über Nacht berühmt. Nun kamen sie, die Varietédirektoren, die Singspielhallenbesitzer und wollten den neuen Star abwerben. Doch Valentin hielt Josef Durner die Treue und blieb, von kurzen Unterbrechungen abgesehen, im »Frankfurter Hof«. Die Gage stieg ständig, und schon nach zwei Monaten konnte Valentin seine Mutter zu sich holen und mit ihr eine Wohnung in der Ackermannstraße 1 beziehen. Wenig später zogen sie in die Kanalstraße 16 und 1913 ein paar Meter weiter in das Haus Nr. 8, wo Valentin und seine Familie dann mehr als zwei Jahrzehnte wohnen sollten.
Sieht man von Werken ab, die während des Zweiten Weltkriegs entstanden, dann kann man sagen, daß Valentin kaum eine Entwicklung durchgemacht hat, daß er von Anfang an »fertig« war. Und man wird auch vergeblich nach Vorbildern fahnden. Der Schauspieler Karl Maxstadt, schön. Aber wo sind die literarischen Ahnherrn? Es gibt keine. Valentins Wurzeln sind nicht in der Literatur zu suchen, sondern im Kleinbürgertum der Vorstadt Au oder in seiner Fähigkeit, die Tragik und Komik des Kleinbürgertums zu sehen und darzustellen.
Einerseits war Valentin alles andere als ein Vertreter weißblauer Hofbräugaudi, andrerseits »wäre er in keiner anderen Stadt möglich geworden«, wie Wilhelm Hausenstein zutreffend festgestellt

Soloszenen

hat. »Die soziologischen Typen, die Valentin auf der Bühne geprägt hat, waren zum größten Teil überaus münchnerischen Wesens, und zwar meistens in kleinbürgerlichem Stil, da das eigentlich Proletarische in München ja längst nicht dermaßen zu Hause war wie in den Industriegebieten.«[25] Man muß hinzufügen, daß Valentin nur im München der Jahrhundertwende möglich war. Der dörfliche Charakter der Au wurde bereits erwähnt. Gleichzeitig aber entwickelte sich München in den beiden letzten Jahrzehnten des vorigen Jahrhunderts zur Großstadt. In dem Zeitraum zwischen Valentins Geburt und der Jahrhundertwende verdoppelte sich die Einwohnerzahl auf eine halbe Million. Trotz dieses enormen Zuwachses spielte die Industrie weiterhin nur eine untergeordnete Rolle. Dafür avancierte München zum künstlerischen Zentrum Deutschlands und brauchte auf europäischer Ebene nicht einmal den Vergleich mit Paris zu scheuen. Maler, Musiker, Schriftsteller, Verleger, Theaterleute zogen nach München, genauer, nach Schwabing, um veralteten Traditionen und wilhelminischem Spießertum den Kampf anzusagen.
Sie kamen aus allen Himmelsrichtungen und hatten nur zweierlei gemeinsam: Sie waren unbekannt und wollten in München leben. Da waren die Kunststudenten Paul Klee und Wassily Kandinsky, die 1911 zusammen mit Franz Marc und August Macke die revolutionäre Künstlervereinigung »Der blaue Reiter« gründen sollten, da war das vornehm gekleidete Brüderpaar Heinrich und Thomas Mann, der Naturalist Max Halbe ließ sich in München nieder, und der abgeklärte Stefan George sammelte seine vor Bewunderung triefenden Jünger um sich. Franziska von Reventlow wurde Mittelpunkt der Schwabinger Boheme, Erich Mühsam gründete seine Zeitschrift »Kain«, in der er seine anarchistische Philosophie darlegte, andere Zeitschriften schossen aus dem Boden, zum Beispiel »Die Jugend«, ein Blatt, das so viel Einfluß gewann, daß eine ganze Kunstrichtung danach benannt wurde: der Jugendstil. Reinhard Piper gründete den Piper-Verlag, Albert Langen und Georg Müller wurden ebenfalls Verleger und gingen das Wagnis ein, die satirische Zeitschrift »Simplicissimus« zu publizieren. Kein anderes Blatt beschäftigte so sehr die Zensur, die damals ganz legal und ohne Umweg über Radikalenerlasse und ähnliches eingreifen, verbieten und Strafanträge stellen durfte.
Dennoch herrschte in München ein Klima der Freiheit. Das Kabarett »Die elf Scharfrichter«, von Simpl-Redakteuren und

Gesinnungsgenossen gegründet, galt als das scharfzüngigste des Reiches. Ein anderes geistiges, wenn auch recht feucht-fröhliches Zentrum war die Künstlerkneipe »Simplicissimus«, die von der legendären Wirtin Kathi Kobus geführt wurde. Dort trug Joachim Ringelnatz seine humoristischen Gedichte vor, und Frank Wedekind sang, sich selbst mit einer Laute begleitend, seine Bänkellieder.

Eine besonders eigentümliche Institution im Schwabing der Jahrhundertwende war die »Pension Fürmann«, die sich bei quartier- und mittellosen Bohemiens großer Beliebtheit erfreute. Ein wenig von der Atmosphäre im damaligen Schwabing wird durch eine Episode spürbar, die René Prévot übermittelte: »Eine führende Persönlichkeit des Staates war gestorben. Da geschah es inmitten der allgemeinen Landestrauer, daß der Karikaturist Engert, als ›Winnetou‹ verkleidet, mit Federschmuck und Silberbüchse auf dem Marienplatz aufgegriffen wurde. Hochnotpeinlich ausgefragt, gestand der arglose Staatsverbrecher, er komme von der Pension Fürmann, wo schon seit vier Tagen ununterbrochen das große ›Karl-May-Fest‹ im Gange sei. Von Landestrauer und allerhöchstem Sterbefall wisse man dort nichts. Die Untersuchung ergab die Richtigkeit dieser unglaublichen Behauptung. Die geräumige, alte Zuckerkiste, die der weltfremden Insel der Faschingsseligkeit als Briefkasten diente, war seit Tagen ungeleert. Man fand darin, neben soundsovielen Zahlungsbefehlen, sämtliche Zeitungen der vergangenen Woche.«[26]

In zahllosen Erinnerungen und Autobiographien wird diese aufregende Zeit beschrieben. Eine der amüsantesten und lebendigsten Darstellungen gelang Erich Mühsam mit seinen »Unpolitischen Erinnerungen«. Er hatte in jenen verrückten Jahren das Kunststück fertiggebracht, in den verschiedensten, untereinander verfeindeten Zirkeln Fuß zu fassen. München war schon damals eine Stadt der Cliquen und des Klüngels. Man reagierte jedoch auf diese eigentlich unerquickliche Tatsache mit Humor und guten Einfällen. So riefen C. G. Maaßen und Erich Mühsam, zum Beispiel den exklusiven und feinen »Münchener Bühnenklub« parodierend, den »Verein süddeutscher Bühnenkünstler« ins Leben, in dem Bühnenkünstler grundsätzlich nicht und Süddeutsche nur in Ausnahmefällen zugelassen waren. Der Verein tagte regelmäßig in einem schalldichten Kellerlokal und befaßte sich auf höchst individuelle Weise mit den Problemen der Theaterkunst.

Man veranstaltete zum Beispiel einen Wettbewerb für den originellsten Dramentitel. Den ersten Preis gewann: »Im Nachthemd durchs Leben«. Das passende Drama wurde dann in zwei bier- und weinseligen Nächten zu Papier gebracht und unmittelbar danach aufgeführt. Am Klavier saß – Hans Pfitzner.
Kleine anekdotische Begebenheiten, Randerscheinungen, die vielleicht ein wenig vom Charme, vom Zauber eines längst versunkenen München ahnen lassen. München hatte damals kulturell ein so hohes Ansehen in der Welt, daß der junge Pablo Picasso lange überlegte, ob er statt nach Paris nicht lieber nach München ziehen sollte. München war in den ersten Jahrzehnten dieses Jahrhunderts eine der bedeutendsten Kunstmetropolen der Welt. Lang, lang ist's her. Es ist charakteristisch für Karl Valentin, daß er an dem damaligen kulturellen Treiben in München nicht den geringsten Anteil nahm und sich aus der Boheme herauszuhalten verstand. Und doch war Schwabing und sein geistiges Klima, in dem jede künstlerische Richtung und Betätigung gedeihen konnte, für Valentin ein Nährboden, der seine Entwicklung begünstigte und beeinflußte.
Neben diesem kulturellen Leben, das zum überwiegenden Teil von Nicht-Bayern getragen wurde, blühte ebenso üppig eine bodenständige, bayerisch ausgerichtete Kultur. Eine Statistik aus dem Jahr 1905 verzeichnet mehr als 3500 Vereine, darunter 150 Gesangs- und 200 Schützenvereine. Eine von Valentin zusammengestellte Dokumentation über Münchener Volkssänger zwischen 1780 und 1928 nennt 660 Namen, wobei festzuhalten ist, daß die Blütezeit des Volkssängertums erst gegen Ende des vorigen Jahrhunderts einsetzte. In den beiden folgenden Jahrzehnten standen den Volkssängern über 100 Lokalitäten zur Verfügung, in denen sie auftreten konnten. Valentins Ursprünge liegen im Volkssängertum. Auch wenn er sich später über die Darbietungen seiner Kollegen immer wieder lustig machte, so bleibt doch in der Parodie sein eigener Bezug zur Volkssängerkultur erhalten.
Valentin wird heute vielfach und durchaus zu Recht als Avantgardist bezeichnet. Ihn selbst aber interessierte damals das avantgardistische Theater, das er buchstäblich vor seiner Haustür hatte, überhaupt nicht. Als Zuschauer ging er meist nur einmal jährlich ins Theater. Und zwar regelmäßig zu Allerseelen, wenn Ernst Raupachs Rührstück »Der Müller und sein Kind« gegeben wurde. Ernst Raupach (1784–1852) verfaßte die beachtliche Anzahl von

Im Alter von 28 Jahren

117 Dramen, ein Lebenswerk, dessen Qualität seiner erstaunlichen Quantität diametral entgegengesetzt war. Dennoch hielt sich »Der Müller und sein Kind« (1835) noch über hundert Jahre nach seiner Uraufführung auf den Bühnen, trotz seiner unerträglichen Mischung aus sentimentalem Volksstück und Schicksalsdrama, penetranter Bigotterie und Horrorhandlung. Die Lektüre dieses Raupach-Opus bereitet heute ähnliches Vergnügen wie die der Gedichte Friederike Kempners. Die unfreiwillige Komik der Müllerschnulze hat Valentin übrigens nicht empfunden oder sich nicht eingestehen wollen. Denn Jahr für Jahr verfolgte er die Aufführung mit sichtlicher Rührung.

Um Valentins Gemütslage verständlicher zu machen, sei hier die Schlußszene seines Lieblingsdramas zitiert. Die Handlungssituation ist folgende: Der arme Müllersbursche Konrad möchte die reiche Müllerstochter Marie heiraten, was deren bösartiger und geiziger Vater zu verhindern weiß – kraft seiner väterlichen Autorität, gegen die sich aufzulehnen einer Todsünde gleichkäme, obwohl der alte Müller die einzige Negativfigur des Dramas ist und als ein Kotzbrocken ersten Ranges gezeichnet wird. Lieber schmachtet sich die kreuzbrave Tochter ins Grab als gegen den väterlichen Willen aufzubegehren. Totenvogel und Friedhofsspuk künden das nahe Ende des grausigen Müllers und seiner unschuldigen Tochter an.

In der Schlußszene treten Konrad, seine Mutter Brünig, Marie und deren Tante, die Schulzin, sowie ein Pfarrer auf. Ort der Handlung ist Maries Zimmer.

Brünig: Da ist Konrad, er wartete schon am Thore.

Pfarrer (zu Konrad, indem er aufsteht): Komm näher, mein Sohn, und empfange die Hand der Versöhnung, wie du begehret hast.

Konrad (näher kommend): Habt Dank, ehrwürdiger Herr. (Er blickt Marien an, erschrickt und bedeckt das Gesicht mit beiden Händen.) Ach Gott! ach Gott!

Marie: Erschrickst du vor mir, Konrad? – Komm her! Ich kann nicht sehr laut sprechen.

Konrad (zu ihr tretend): Da bin ich, Marie.

Marie: Ich habe dich das letzte Mal – hart gescholten. – Hast du mir – vergeben?

Konrad (an ihrem Stuhle auf beide Knie nieder sinkend): Ach, Marie! Hast du denn mir vergeben? Du hast mir nichts zu Leide gethan: du hast nur die Wahrheit gesagt. Vergieb du mir nur! Ich habe dir so viel Herzeleid angethan, daß ich dir es in hundert Jahren nicht zur Genüge abbitten könnte; und nun bringe ich dich am Ende ins Grab.

Marie: Nicht doch, Konrad. – Sterben werde ich freilich – und recht bald – – – aber das wußte ich schon, ehe du aus deinem Dienste wiederkamst. – Du bist nicht schuld daran – es ist Gottes Wille. (Sie lehnt sich zurück, um auszuruhen.)

Schulzin: Ach Kind, rede nicht so viel!

Marie (zur Schulzin): Laßt nur, Base. – (Konraden die Hand reichend.) Wir vergeben einander – von ganzem Herzen und von ganzer Seele.

Konrad: Ach! ich habe es nicht verdient.

Marie: Bete du nur zum lieben Gott – wie ich auch schon gebetet habe – und noch beten will – daß er uns beiden vergebe.

Konrad: Ich will beten Tag und Nacht. (Marie lehnt sich wieder, die Augen schließend, zurück. Währenddessen läßt der Pfarrer Konraden aufstehen.)

Marie (wieder aufblickend): Konrad!

Konrad (ihr wieder näher tretend): Marie?
Marie: Ach! spiele mir noch einmal – das Lied: ›Was Gott thut – das ist wohlgethan!‹
Konrad: Ich werde wohl nicht können, Marie: ich habe heute gar keinen Athem. (Er trocknet sich verstohlen eine Thräne ab.)
Marie: Konrad, du wirst doch wohl – nicht weinen – daß mich der liebe Gott – zu sich nimmt? – Mißgönnst du mir – die ewige Freude?
Konrad: Ich will spielen. (Er setzt die Flöte an den Mund.)
Marie (schwach auf den Vorhang zeigend): Dort – hinter dem Vorhange – als ständest du oben – hinter dem Garten – und das Lied – klänge den Berg herunter! (Konrad faßt ihre Hand, und drückt sie, wie zum Abschiede, einige Mal an sein Herz, dann geht er hinter den Vorhang. Man hört die Melodie: ›Was Gott thut u.s.w.‹ Marie hört mit gefalteten Händen zu; gegen Ende des Verses aber fällt sie plötzlich zurück. Die Anwesenden drängen sich zu ihr.)
Pfarrer (nach kurzer Pause): Sie ist entschlafen in dem Herrn. (Er legt die Hände wie zum Segen auf ihr Haupt.)
(Die beiden Frauen knien betend nieder. Die Flöte klingt fort, während der Vorhang fällt.)

Das also war das einzige Drama, für das sich Valentin, einer der Schöpfer des modernen Theaters, begeistern konnte! Warum? Hier sind nur Spekulationen möglich. Allerdings überraschen solche Widersprüchlichkeiten zwischen Werk und Lebensform nicht. Wir kennen sie von vielen großen Literaten und Künstlern. So nahm zum Beispiel kaum jemand die Großbourgeoisie entlarvender und satirischer aufs Korn als der Dramatiker Carl Sternheim, was diesen jedoch nicht hinderte, das Leben eines reichen Bourgeois zu führen. Oder – der schärfste Kritiker des Bürgertums, Gottfried Benn, war zeitlebens ein betont biederer Bürger. Für beide war der Gegenstand ihrer Kritik zugleich der Gegenstand ihrer Sehnsucht. Valentins Thema war nicht eine bestimmte gesellschaftliche Schicht. Obwohl er häufig den Kleinbürger darstellte, so benutzte er ihn nur als Vehikel, um seine Kritik an der Welt zu demonstrieren, an einer Welt, die nicht funktioniert, die nichts weiter zu sein scheint als ein Arsenal potentieller Katastrophen. »Der Müller und sein Kind« jedoch gaukelt, trotz des tragischen Ausgangs, eine heile Welt vor, in der alles »seine Ordnung« hat, in der jeder Konflikt noch Bestandteil einer göttli-

chen, allumfassenden Harmonie ist. Dieser verborgenen Sehnsucht nach einer heilen Welt mag auch Valentins Vorliebe für den Raupach-Kitsch entsprungen sein.
Interessant in diesem Zusammenhang ist eine Mitteilung des Schauspielers O. E. Hasse:
»Am Allerseelentage trat er nicht auf. Da ging er ins Theater und sah sich Jahr für Jahr ›Der Müller und sein Kind‹ an. Er kannte das Stück fast auswendig. Er hat mir den Konrad mit der Flöte – den Liebhaber des Stückes – auf dem Nachhauseweg auf der Straße oft vorgespielt, den Spazierstock als Flöte benutzend. Er liebte das Stück. Es war seine einzige, wirkliche Beziehung zur dramatischen Kunst. Aber Liesl Karlstadt brachte es fertig, daß er mit ihr am Allerseelentag in die Kammerspiele ging. Wir spielten ›Maria Magdalena‹ von Hebbel. In der Pause besuchte er mich. Er war erschüttert, und am nächsten Tag bekam ich folgenden Brief:

München Okt. 36
Man möge das Stück »Müller und sein Kind« mit diesen großen Schauspielern aufführen wie ich dieselben gestern abend in Friedrich Hebbels »Maria Magdalena« kennen gelernt habe – dann wäre Müller und sein Kind kein Kitsch mehr, sondern das große Volksdrama, das es seit 120 Jahren gewesen ist.[27]
Raupach und Hebbel nennt er in einem Atemzug, was zeigt, daß er in Fragen literarischer Qualität über kein sehr sicheres Urteilsvermögen verfügt haben kann.
Er spricht in diesem Brief aber nicht nur von einem *grosse[n] Volksdrama,* sondern auch von *großen Schauspielern,* und in dieser Hinsicht war sein Gespür für Qualität von geradezu traumwandlerischer Sicherheit. Seine Bühnenpartner hat er sich stets selbst ausgesucht, wobei er in seiner drei Jahrzehnte währenden Theaterlaufbahn nicht einen Fehlgriff tat, obwohl er keine Berufsschauspieler engagierte, sondern immer nur begabte Amateure, die nie eine Schauspielschule von innen gesehen oder Sprechunterricht erhalten hatten. Ob diese Laiendarsteller, bevor sie bei ihm mitspielen durften, bereits Erfolg hatten oder nicht, war ihm gleichgültig. Er war ein Talentsucher und -finder, er sah sofort, wen er für seine Zwecke würde formen können.
Selbst für eine höchst mittelmäßige Soubrette, die weder besonders attraktiv aussah noch durch ihre gesangliche Leistung auffiel, interessierte er sich. Sehr sogar.

Liesl Karlstadt oder Vom Flitterkleid zur Hose

»Ich war Anfängerin damals und hab Komödien gespielt, wie es in den Volkssängerprogrammen so üblich war, und bin aber auch schon als kleine, junge Solistin aufgetreten, in einem Flitterkostüm als Soubrette, wie's damals so Mode war. Und hab gemeint natürlich, ich mache meine Sache gut – hab ich geglaubt. Selbstverständlich hab ich ganz gut gefallen, ich war ja ein junges, nettes Mädel. Und der erste, der mit mir nicht einverstanden war, das war nun Karl Valentin. Der hat zu mir gesagt: ›Sie, Fräulein, Sie sind als Soubrette aufgetreten, heut hab ich Sie zum erstenmal gesehen. Des is nix. Wissens, Sie san so schüchtern, und so brav schaun Sie aus. A Soubrette muß ganz keß sein, die muß an Busen habn. Des is nix für Sie. Aber Sie sind sehr komisch, Sie müssen sich aufs Komische verlegen.‹ Daraufhin war ich natürlich zum erstenmal beleidigt. Weil ich mir doch eingebildet hab, ich bin eine gute Soubrette, wie man sich als junges Mädel das vorstellt. Und dann hab ich gesagt: ›Ja, wie meinens denn des?‹ Und dann sagt er: ›Ja, Sie müssen sich aufs Komische verlegen, ich schreib Ihnen mal in nächster Zeit a komisches Soubrettencouplet, also eine Parodie [!] auf eine richtige Soubrette. Und des bringens.‹ Und das hat er mir dann mal geschrieben, das hab ich auswendig gelernt, hab ich mich aber nicht so schön angezogen im Flitterkleid, sondern schon a bissl komisch gemacht. Damals war es Mode, daß man irgendeinen Herrn im Publikum ansingt als Soubrette, und da hat er ein Couplet geschrieben mit einem Refrain, der hieß: *Ach, nimm mir diesen Stein vom Herzen, bereite mir nicht so viel Kummer, so viel Schmerzen,* und bei dem Satz *Ach, nimm mir diesen Stein vom Herzen* hab ich aus meinem Busen einen kleinen Isarstein herausgezogen und hab ihn auf die Bühne hingeworfen. Das war natürlich ein großer Erfolg, ein großer Lacher, und dabei blieb es, und aus dieser feschen Soubrette wurde dann eine komische Soubrette, und ich hab dann bald gelernt dabei, daß es so besser ist für mich.«[28]

So hat Liesl Karlstadt einmal in einer Rundfunksendung ihre erste Begegnung mit Karl Valentin geschildert. Diese – man darf ruhig sagen – schicksalhafte Begegnung fand 1911 im »Frankfurter Hof« statt, und es ist nicht ohne Ironie, daß sie mit Meinungsverschiedenheiten begann. – Ein Vierteljahrhundert später, nach dem

Scheitern ihrer Beziehung, waren Liesl Karlstadts Nerven so zerrüttet, daß sie in eine Klinik eingewiesen werden mußte. Ab und zu unterbrach sie jedoch ihren Krankenhausaufenthalt, um mit Valentin noch ein paar Kurzfilme zu drehen. Einer der letzten gemeinsamen Filme hieß *Beim Nervenarzt,* und Liesl Karlstadts Biograph Theo Riegler bemerkt dazu: »Es war paradox, daß sie als nervenschwache Patientin die Rolle des Nervenarztes übernahm, während der gesunde Valentin den Patienten verkörperte.«[29]

Mit bürgerlichem Namen hieß sie Elisabeth Wellano – das Pseudonym Liesl Karlstadt war eine Erfindung Valentins und als Hommage für Karl Maxstadt gedacht. Es ist übrigens einer der seltenen Fälle, wo ein exotisch klingender Name zugunsten eines ganz normalen aufgegeben wurde.

Elisabeth Wellano wurde am 12. Dezember 1892 in Schwabing in der Zieblandstraße als fünftes von neun Kindern geboren. Der Vater stammte aus Osterhofen und übte den Beruf des Bäckers aus, die Mutter war eine Tochter des Orgelbaumeisters Ludwig Edenhofer aus Regen. Vater Wellano brachte es nie zu einem eigenen Betrieb, er blieb zeitlebens ein schlecht bezahlter Angestellter, so daß seine Kinder unter ärmlichsten Verhältnissen aufwuchsen. Mit sechzehn Jahren wurde Elisabeth Lehrling in der Textilfirma »Eder« am Viktualienmarkt, zwei Jahre später Verkäuferin im Kaufhaus »Hermann Tietz«, das heute noch unter dem Firmennamen »Hertie« besteht.

Wie Elisabeth Wellano zur Bühne kam, läßt sich heute nicht mehr feststellen. Es existieren mehrere Versionen, die alle derart hübsch und rührend sind, daß man sich nicht entscheiden mag, welcher man Glauben schenken soll. Jedenfalls wurde sie 1910 Mitglied einer Dachauer Bauernkapelle, die im »Frankfurter Hof« auftrat. Was man damals als Soubrette eines solchen »Possen-, Sing- und Schauspielensembles« zu leisten hatte, schilderte einmal Rudolf Bach:

»Auf mannigfache Weise wurde man da verwendet, Fräulein Wellano mußte im Chor mitwirken, Couplets singen, tanzen, jodeln und in Einaktern spielen. Auch im Seriösen hatte man sich zu bewähren, in Stücken, deren blutiger Ernst schon aus ihren Titeln hervorging, die da lauteten ›Gerichtet!‹ oder ›Der Spion‹ oder ›Aus Liebe zum Mörder‹. Ja, manchmal galt es, die hohe Literatur, die Klassiker zu spielen, die in eigenen zweckdienlichen ›Bearbeitungen‹ zur Darstellung gelangten – es wird wohl auf

Liesl Karlstadt
bei einem Auftritt in München, 1917

mehr oder minder radikale Kürzungen hinausgelaufen sein –, und so stand E. Wellano im Saal des Gasthauses ›Zur Gemütlichkeit‹ oder in der ›Max-Emanuel-Brauerei‹ auf einem Podium, auf dem kaum vier Menschen Platz hatten, mit echten Rokokokleidern angetan, als Luise in dem Drama ›Der verhängnisvolle Brief‹, eigentlich Schillers ›Kabale und Liebe‹, oder sie mußte, die eben Zwanzigjährige, Liebe, Leiden und Sterben der Marguerite Gauthier darstellen, der ›Kameliendame‹, welches Stück nun ›Am Glück vorbei‹ hieß. Aber es ging echt und ernst dabei zu, wie nur je auf dem großen Theater, das Publikum war tief erschüttert, niemand wagte zu rauchen oder zu trinken, und der Wirt schluchzte vernehmlicher als seine Gäste.«[30]

Wir wissen, daß Liesl Karlstadt bald so klug war, ins komische Fach überzuwechseln; aber der Wunsch, Rollen des gängigen Bühnenrepertoires zu gestalten, blieb bestehen. So nahm sie 1930 Schauspielunterricht – die Volkssänger waren ja fast ausnahmslos Laiendarsteller –, und ein Jahr später war sie als Frau Vogel in Bruno Franks »Sturm im Wasserglas« zu sehen. Otto Falckenberg hatte sie an das Schauspielhaus verpflichtet, wohl auch in der geheimen Hoffnung, nun endlich Karl Valentin für »fremde« Rollen gewinnen zu können. Das allerdings hatte bereits Max Reinhardt vergeblich versucht.

Allein die Tatsache, daß Theatercäsaren wie Falckenberg und Max Reinhardt sich um Valentin bemühten, zeigt, welch enormes Ansehen er als Schauspieler genoß. Wenn Valentin solche Angebote ablehnte, Angebote, von denen selbst gefeierte Schauspieler nicht einmal zu träumen wagten, waren das keine Starallüren. Im Gegenteil. Dahinter steckte die einfache Erkenntnis, nur in den eigenen, sich selbst auf den Leib geschriebenen Rollen bestehen zu können. An gutwilligen Versuchen hat er es dennoch nicht mangeln lassen. Als er sich einmal bei Falckenberg einfand, um eine Rolle einzustudieren, die nicht seiner Erfindung entsprungen war, geriet schon die erste Leseprobe zur Katastrophe. O. E. Hasse erinnert sich: »Er... stotterte unbeholfen lesend wie ein Kind herum, bis er nach einer Stunde wütend das Buch hinwarf, mit einem ›I kann net!‹ den Raum verließ und trotz aller Bitten und Vorhaltungen nicht wiederkam.«[31]

Sicher, Valentin spielte 1932 den Zirkusdirektor in Max Ophüls grandioser Verfilmung der Smetana-Oper »Die verkaufte Braut«, und neun Jahre später stand er als Gefängniswärter Frosch in einer

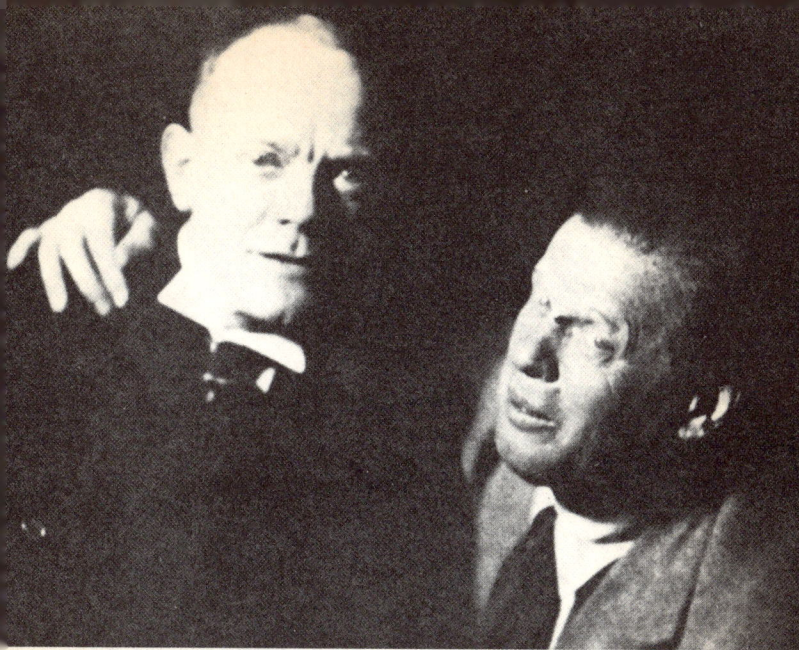

Karl Valentin mit Max Reinhardt

Inszenierung der »Fledermaus« im Gärtnerplatztheater auf der Bühne. Beide Male hatte er sich aber zusichern lassen, seinen Text weitgehend selbst bestimmen zu dürfen.
Um ein Beispiel von Valentins Improvisationskunst anzuführen, sei ein Dialogschnipsel aus »Die verkaufte Braut« zitiert, eine Textstelle, die garantiert nicht im Drehbuch stand und die zu vertonen der witzige Smetana leider keine Gelegenheit mehr hatte. Valentin als Librettist Smetanas – ein denkbares Team für ein Jenseitstheater.

VALENTIN: *Wenn einer a Geld hat und is kein Artist, des is gerade so als wie, als wie irgendwas anders. Wenn ein Artist Geld hat oder er hat keins oder sagen wir, er is ein Artist, nein, er hat kein Geld und is doch ein Artist – du verstehst mich schon. – Wenn er ein Artist wäre oder er will ein Geld – naa, Geld will ja ein jeder. – Ich mein, wenn er...*
KARLSTADT: *'s Gscheiteste wär des, wenn er ein Artist wär und recht viel Geld hätte.*
VALENTIN: *Ja, des mein ich, ja, des mein ich.*[32]

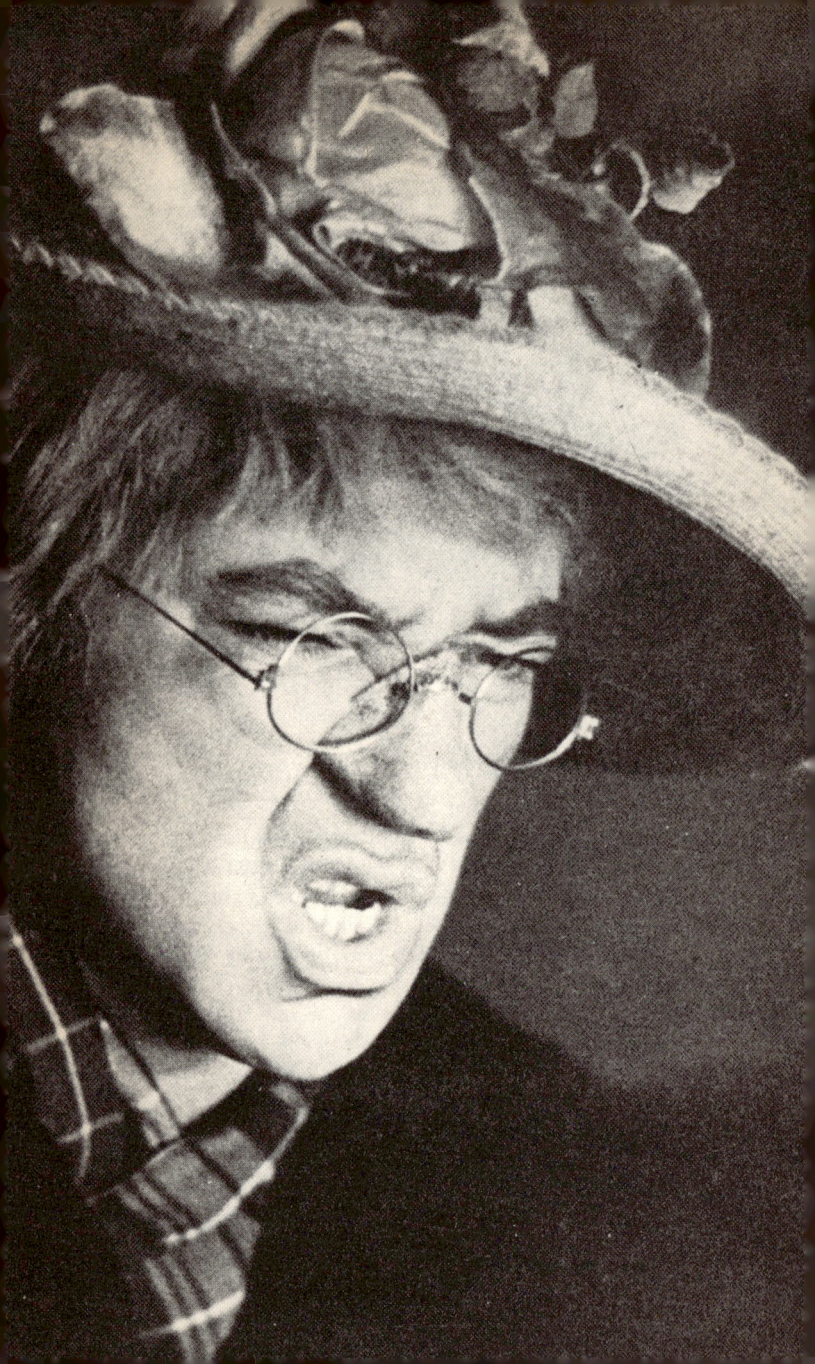

Liesl Karlstadt war in der Rolle der Frau Vogel im »Sturm im Wasserglas« ein großer Publikumserfolg. Nach der Vorstellung fuhr sie vom Schauspielhaus ins Kolosseum, um mit Karl Valentin zusammen aufzutreten. Das war zeitlich nur deshalb möglich, weil Valentins Auftritte in allen Singspielhallen den Höhepunkt und Abschluß des jeweiligen Programms bildeten, also immer erst sehr spät am Abend begannen. Schon bald erhielt Liesl Karlstadt neue Engagements, die sie mit Freuden annahm. In dem Volksstück »Die drei Gschpusi der Zenta« war sie ebenso erfolgreich wie in Georg Hirschfelds Komödie »Das schwedische Zündholz«. Valentin beobachtete diese Aktivitäten mit wachsendem Mißtrauen und fürchtete, seine Partnerin eines Tages ganz zu verlieren. Doch schon im Lauf des Jahres 1933 beendete Liesl Karlstadt vorläufig ihre zweite Bühnenkarriere, um sich wieder ausschließlich der Arbeit mit Valentin zu widmen. Und dieser lohnte es ihr, indem er eigens für sie einen Einakter schrieb: *Ehescheidung vor Gericht.* Da konnte Liesl Karlstadt alle Register ihrer einzigartigen Verwandlungskunst ziehen. Fünf verschiedene Rollen spielte sie in diesem Stück – jede ein anderer Charakter und eine neue Maske. So traten nacheinander auf: der Ehemann, angeklagt wegen *weiblicher Körperverletzung (Geschlagen hab ich's net, ich hab ihr bloß an Suppenhafen naufghaut),* die Ehefrau *(Küß die Hand, Herr Landgerichtsrat),* der flegelhafte Sohn der beiden, ein preußischer Untermieter *(Wat heest hier jeschlagen. Zellner hat ihr man den Topf 'n bißchen uffjesetzt. Na, wenn schon!)* und eine ebenso geschwätzige wie ordinäre Milchfrau, die die Partei des Mannes ergreift *(Ganz recht hat er ghabt, daß er ihr an Suppnhafn naufghaut hat aufn Schädel. Nur um d' Suppn is schad.)*
Ehescheidung vor Gericht ist so sehr auf Liesl Karlstadt zugeschnitten, daß die Vermutung naheliegt, Valentin habe mit dieser kleinen Komödie nichts anderes beabsichtigt als einen Versuch der Wiedergutmachung: Hier hast du auf einen Schlag und ganz allein und nur für dich einen Sack voll Pointen und Lacher, zumal ich selbst nicht auftreten werde, da die Rolle des Richters nichts hergibt.
Erstmals nach zwanzigjähriger Zusammenarbeit stellte Valentin seine Partnerin in den Mittelpunkt des Bühnengeschehens, sieht man von ein paar Solovorträgen ab, die er für sie geschrieben hatte. Ansonsten hat er fast immer peinlich darauf geachtet, daß er die Lacher allein bekam. Sicher, Liesl Karlstadt hat in den Valen-

tin-Stücken große und hinreißende Rollen gehabt, die sie mit unnachahmlicher Meisterschaft spielte, man denke nur an den Herrn Kapellmeister in *Tingeltangel*. Doch was die einzelnen Dialogstellen betraf, so hat sie Valentin oft genug zur Stichwortlieferantin für seine Pointen degradiert. Insofern ist es eigentlich auch nicht zutreffend, von Valentin und Karlstadt als einem Komikerpaar zu sprechen.
Es bleibt eine merkwürdige und nicht zu erklärende Tatsache, daß es in der ganzen Theater- und Filmgeschichte nie ein Komikerpaar gegeben hat, das aus einem Mann und einer Frau bestand. Und das, obwohl die Beziehungen zwischen Mann und Frau nicht gerade selten Gegenstand einer Komödie waren und sind.
Mehr als zwei Jahrzehnte lang hatte sich Liesl Karlstadt auf der Bühne und im alltäglichen Leben Karl Valentin untergeordnet, mehr als zwei Jahrzehnte hat sie seine Launen ertragen, hat sie ihm alle lästigen, organisatorischen Arbeiten abgenommen, ist sie auf seine Ängste, seine Hypochondrie, seine mannigfachen seelischen Komplikationen eingegangen, ohne daß er jemals an ihren persönlichen Problemen Anteil genommen hätte. Und mehr als zwei Jahrzehnte lang mußte sie mitansehen, wie Valentins Ruhm ständig wuchs, sie aber nie als gleichwertige Partnerin gewürdigt wurde, sondern allenfalls als talentiertes Anhängsel, mußte sie erleben, wie berühmte Autoren wahre Hymnen über Karl Valentin schrieben – Polgar und Brecht etwa –, ohne sie auch nur mit einem Wort zu erwähnen. Das alles hat ihre Nerven stärker belastet, als sie es sich lange Zeit eingestehen wollte. Es ist fast ein Wunder, daß es erst 1935 zum Bruch zwischen den beiden kam. Der äußere Anlaß war Valentins Panoptikum, in das sie, obwohl sie die finanzielle Katastrophe voraussah, ihr Vermögen gesteckt hatte. Doch darüber später mehr.
Möglicherweise währte die ungleiche Partnerschaft nur deshalb so lange, weil Liesl Karlstadt sich all die Jahre hindurch immer wieder vorhielt, daß Valentin ihr Entdecker war und ohne sein Gespür für ihr komisches Talent ihre Bühnenlaufbahn sehr bald beendet gewesen wäre. Lieber einem exzentrischen Bühnengenie dienen als einem Abteilungsleiter im Kaufhaus, dachte sie vielleicht. Auf die Dauer freilich konnten solche Einsichten die Krise nicht verhindern. 1935 war es soweit, Liesl Karlstadt erlitt einen Nervenzusammenbruch.
Sobald Liesl Karlstadt sich einigermaßen erholt hatte, trat sie

wieder mit Karl Valentin auf – aus Gewohnheit, aus Treue, um Geld zu verdienen. Doch machten einige Zuschauer, die sie schon früher auf der Bühne gesehen hatten, die Beobachtung, daß ihre schauspielerische Leistung an Glanz verloren hatte. Die Nervenkrisen häuften sich und mit ihnen die Klinikaufenthalte. 1939 war Valentin gezwungen, sich nach einer anderen Partnerin umzusehen, die er in der jungen Annemarie Fischer fand.
1941 war Liesl Karlstadt in der Revue »Münchner Bilderbogen« in Adolf Gondrells kleinem Theater »Bonbonnière« zu sehen. Die Trennung von Valentin aber hatte nicht die erhoffte psychische Befreiung gebracht. So anstrengend die Zusammenarbeit mit Valentin auch gewesen sein mag, so bitter war es jetzt, nicht mehr neben ihm auf der Bühne zu stehen. Ich weiß nicht, wie die »Münchner Bilderbogen« damals bei Publikum und Kritik ankamen, Annemarie Fischer jedenfalls hatte hervorragende Kritiken. Sie spielte die Kunigunde in der neuen Valentin-Komödie *Ritter Unkenstein*, eine Rolle, die Liesl Karlstadt, schon aus Altersgründen, nicht hätte verkörpern können. Das wiederum zeigt, wie sehr Valentin seine Stücke von seinen Bühnenpartnern her konzipierte. Wäre Liesl Karlstadt bei Valentin geblieben, der *Ritter Unkenstein* wäre mit Sicherheit nie entstanden. Annemarie Fischer war eine junge, sehr hübsche Frau, obendrein talentiert, aber für die klassischen Karlstadt-Rollen denkbar ungeeignet. Also schrieb ihr Valentin die Rolle des braven, doch nicht ganz unschuldigen Burgfräuleins.
Liesl Karlstadt trat Abend für Abend bei Adolf Gondrell auf, obwohl sie unter immer heftiger werdenden Magenkrämpfen zu leiden hatte. Sie kündigte erst auf dringenden Rat ihres Hausarztes. Er verordnete ihr mindestens eine Woche strikte Ruhe im Gebirge und außerdem eine fettarme Diät für einige Zeit. Magnus Henning, der Pianist aus dem Kabarett »Simpl«, bot ihr seine Wohnung in Ehrwald in Tirol an. Liesl Karlstadt willigte dankbar ein, nicht ahnend, daß aus den geplanten acht Tagen zwei Jahre werden sollten. Schon bald unternahm sie täglich eine Wanderung auf die Ehrwalder Alm. Und jedesmal begegneten ihr zwei Feldjäger, die zwei Mulis vor sich hertrieben. Als sie einmal miteinander ins Gespräch kamen, luden die beiden Feldjäger sie zu der Diensthütte der Gebirgsjäger ein. Dort sprach Liesl Karlstadt von ihrer großen Liebe zu Tieren und bat, sich um die Mulis kümmern zu dürfen, eine Bitte, der die Feldjäger um so lieber nachkamen, als

Liesl Karlstadt sich sogar bereit erklärte, jeden Morgen um fünf Uhr den Stall auszumisten. Sie zog nun in einen Gasthof in der Nähe der Gebirgsjäger und bald darauf – bequemer ging's nicht – in das einzige Offizierszimmer der Diensthütte. Natürlich war diese »Zweckentfremdung« eigentlich verboten, doch fanden sie gemeinsam eine verblüffend einfache Lösung: Aus der Schauspielerin Liesl Karlstadt wurde kurzerhand der Stabsgefreite Gustav. Dennoch, wäre durch ihr Verschulden den Mulis etwas zugestoßen, hätte die ganze Angelegenheit vor einem Kriegsgericht enden können. Doch die Mulipflegerin versah ihren Dienst so vorbildlich, daß keine Zwischenfälle zu beklagen waren.

Selten und nur widerwillig verließ Liesl Karlstadt manchmal ihr alpines Paradies, um Theaterverpflichtungen in München nachzukommen, die aber nie mehr als ein paar Tage in Anspruch nahmen. Keine Stunde länger als unbedingt nötig blieb sie in München. Diese beiden Jahre ihrer »militärischen Dienstzeit« auf der Ehrwalder Alm gehörten für sie zu den glücklichsten Zeiten ihres Lebens.

1946 war sie wieder als Frau Vogel in »Sturm im Wasserglas« zu sehen. Ende 1947 und Anfang 1948, wenige Wochen vor Valentins Tod, traten Liesl Karlstadt und Karl Valentin wieder gemeinsam auf. Dann verpflichtete sie der Film für kleinere Rollen, man konnte sie im Werbefunk hören und als Mutter in der allsonntäglichen, gemütvollen Radiosendung »Familie Brandl«. Am 20. Juli 1960 starb Liesl Karlstadt in Garmisch an einem Gehirnschlag.

Damals, 1911, kostete es Karl Valentin einige Mühe, die ehrgeizige Soubrette Elisabeth Wellano zu überreden, seine Partnerin zu werden. Zu seinem Glück hatte sich das Singspielhallenensemble, dem die Wellano angehörte, zu dieser Zeit gerade aufgelöst und sich einer etwas obskuren Truppe angeschlossen, die eine Tournee durch Europa und bis in den Vorderen Orient plante. Geschickt nahm Valentin seine Chance wahr und schilderte der jungen Tragödin die Gefahren einer solchen Tournee, die möglicherweise nur ein Vorwand für Mädchenhandel sei, in derart schaurigen Farben, daß Elisabeth Wellano es endlich doch vorzog, in München zu bleiben und Partnerin des inzwischen bereits bekannten Komikers zu werden.

»Partnerin« ist nur ein schlichter Sammelbegriff für all das, was Liesl Karlstadt bald für Karl Valentin wurde: Koautorin, Koregisseurin, Geliebte, Organisatorin, Psychiaterin, Souffleuse. Ebenso

wichtig wie das Soufflieren war das Improvisieren. Valentin hat sich nie sklavisch an seine Texte gehalten, sondern der Improvisation trotz seines präzis einstudierten Spiels immer breiten Raum gelassen. Liesl Karlstadt erwies sich schnell als eine Meisterin der Improvisation. Den aberwitzigsten Einfällen Valentins zeigte sie sich auf der Bühne wie im Privatleben gewachsen. Zum Thema soufflieren und improvisieren hat sich Liesl Karlstadt einmal folgendermaßen geäußert:
»Er hat die siebenundzwanzig Jahre, wo wir zusammen gearbeitet haben, jeden Tag, bevor der Vorhang aufgegangen ist, bei jedem Stück, was wir schon hundert- und zweihundertmal gespielt haben, gesagt: ›Gelt, wissen tu ich gar nix. Du sagst mir jedes Wort ein.‹ Sag ich: ›Ja, das mach ich.‹ Und das hab ich auch siebenundzwanzig Jahre lang gemacht. Ohne, daß man es im Publikum gemerkt hat. Aber dazu will ich noch sagen: die allerbesten Einfälle, die witzigsten Sachen sind dann erst während der Aufführung entstanden, wenn die Leute gelacht haben. Nur ist da so viel verlorengegangen, denn, wenn er guter Laune war, und gutes Publikum da war, die ihn verstanden haben, dann ist ihm so viel Neues eingefallen, und unter dem Spielen hab ich mir gedacht ›Das muß ich mir merken, das muß ich mir merken‹, und er auch – und wenn wir fertig waren, haben wir vielleicht von zehn Witzen bloß mehr einen gewußt.«[33]
Leider ist von Valentins Improvisationskunst heute fast nichts mehr überliefert, da er sich in seinen Filmen ziemlich genau an seine Textvorlagen hielt und bei Schallplattenaufnahmen sogar vom Manuskript ablas. In den Theateraufführungen wichen die Texte seiner Stücke, wie wir eben auch von Liesl Karlstadt gehört haben, oft so stark voneinander ab, daß hin und wieder der Ruf laut wurde, es solle Abend für Abend mitstenographiert werden, doch war offenbar niemand bereit, sich diese Mühe zu machen.
Vieles und Widersprüchliches ist über Liesl Karlstadts Anteil an Valentins Schaffen geschrieben worden. Sicher ist, daß sie die Anregung zu dem Dialog *In der Apotheke* (das monströse Wort Isopropilprophemilbarbitursauresphenildimethildimenthylaminophirazolon war ihre Erfindung) und zu dem Einakter *Der Firmling* geliefert hat. Wir dürfen auch annehmen, daß zahlreiche Textstellen in den meisten Theaterstücken Valentins Liesl Karlstadt zu verdanken sind, nur läßt sich heute nicht mehr feststellen, um welche Textstellen es sich handelt.

Zu den ersten Proben erschien Valentin meist nur mit einigen Dialogfragmenten oder allenfalls mit einem Konzept, das ein Stück in seinen groben Umrissen festlegte, und selbst wenn er, was selten genug der Fall war, mit einem fertigen Manuskript aufwartete, hieß das noch lange nicht, daß er den Text nun auch tatsächlich für abgeschlossen hielt. Er war ein Regisseur ganz im Sinne Bert Brechts, ein Regisseur und Stückeschreiber, der jeden Vorschlag erprobte und ihn, wenn er ihm gut erschien, akzeptierte. Was er an Miniszenen mitbrachte, war bereits vorher auf Wirksamkeit geprüft worden. Neue Einfälle las er zunächst im Familienkreis vor, konnte niemand lachen, wurde der Text verworfen. Die meisten Anregungen bezog Valentin von Liesl Karlstadt. »Sie hatte sich so sehr in die Besonderheiten seines Wesens eingelebt, daß sie mit seinem Gehirn dachte und mit seiner Phantasie Dialoge und Szenen erfand«, bemerkt Theo Riegler in seiner Liesl-Karlstadt-Biographie. Valentin veränderte seine Stücke ständig. Während der Proben wurde geändert, zu Hause – mit Vorliebe nachts – wurde wieder und wieder neu gestaltet und bei den Aufführungen, wie gesagt, unermüdlich improvisiert.

Wie tastend und unsicher, wie wenig festgelegt Valentin ein neues Stück erarbeitete wird deutlich, wenn man weiß, daß er manchmal eine Rolle, die er für sich selbst vorgesehen hatte, einem anderen Schauspieler gab, um seinerseits einen Part zu spielen, der ursprünglich einem Mitglied seines Ensembles zugedacht war. So hatte er sich im *Ritter Unkenstein* zuerst die Titelfigur zugedacht, um dann nach vielen Proben zu der Einsicht zu gelangen, daß er als Recke Heinrich einen größeren Lacherfolg erzielen könnte. In dem Zweiakter *Das Brillantfeuerwerk oder ein Sonntag in der Rosenau* spielte er zunächst den Wirt. Nachdem aber die Urfassung dieses vielleicht poetischsten Valentin-Stücks beim Publikum nicht so recht ankam, schrieb er eine stark veränderte Neufassung, in der er die Rolle des feschen Soldaten übernahm.

Konzipierte Valentin ein neues Stück, so wurde ihm die Arbeit natürlich dadurch erleichtert, daß Liesl Karlstadt auf kein bestimmtes Rollenfach festgelegt war. Sie war in der Lage, jeden Typus mit immer gleicher Sicherheit darzustellen. Zwar war Valentin der bessere Schauspieler, noch feiner in seinen Mitteln, noch differenzierter und präziser als die Karlstadt, aber sie war zweifellos vielseitiger. Im *Bittsteller* spielte sie mal den Geheimrat, mal dessen unerträglichen Sohn Bubi, als der Herr Kapellmeister in

Tingeltangel überzeugte sie ebenso wie als Firmling in der gleichnamigen Tragikomödie oder als alternde Kleinbürgerin im *Theaterbesuch*, und nicht weniger gekonnt spielte sie einen Lehrbuben *(Der reparierte Scheinwerfer)*, eine Bäuerin *(Großfeuer)*, einen Impresario *(Sturzflüge im Zuschauerraum)*, eine Wirtin *(An Bord)*, den Trommlerbuben Bene in *Die Raubritter vor München*, einen Clown *(Die verhexten Notenständer)* oder eine Rundfunksprecherin *(Im Senderaum)*.
So vielseitig ihre Rollen angelegt waren, so einseitig blieb oft die Funktion dieser Rollen. Rudolf Bach hat das knapp und treffend in seinem Buch »Die Frau als Schauspielerin« ausgesprochen: »In dieser merkwürdigen, doppelbödigen, leise unheimlichen Welt [Karl Valentins] ist Liesl Karlstadt sozusagen das Diesseits, der Tag, das Maß, das Umgrenzte, Natürliche, Vernünftige, das Bürgerliche, der Verstand bis hinab ins Nüchterne, der Gegenpol aller lächelnden oder melancholischen oder bissigen Narretei... Stets aber ist sie der ›normale‹ Widerpart, an dem der Funke des valentinischen Urnonsens sich erst entzündet – sozusagen der Sancho Pansa zu dem Don Quichote Karl Valentins.«
Die meisten Valentin-Karlstadt-Dialoge bewegen sich in der Tat auf zwei Ebenen: der wütend-verbohrten, scheinlogischen, oft un-sinnigen Ebene Valentins und der bodenständigen, in den Grenzen normaler Vernunft bleibenden Karlstadts. Mit boshafter Konsequenz stellt Valentin eine scheinbar hinreichend definierte Welt in Frage. Liesl Karlstadt will das nicht einsehen, ihr genügt der »gesunde Menschenverstand«. Im Kontrast dieser polaren Ebenen liegt oft die Wurzel komischer Effekte, zumal die Karlstadt nie müde wird, auf alle Argumente, und seien sie noch so hirngespinstig, ernst und »vernünftig« einzugehen. Man denke nur an den berühmten Dialog, in dem es darum geht, ob es ein Zufall sei oder nicht, wenn man sich auf der Bahnhofstraße über einen Radfahrer unterhält und im selben Moment einer daherkommt. Als die Karlstadt sich empört weigert, diese lächerliche Episode als Zufall anzuerkennen, sagt Valentin: *Sie ham halt a andre Weltanschauung.* Aber keiner wird mit der Weltanschauung des anderen fertig, bemüht sich auch gar nicht erst zu verstehen, sondern ist im Gegenteil bestrebt, dem Partner die eigene Ansicht aufzunötigen.
Diese Technik der Dialogführung wurde oft als dialektisch bezeichnet, was jedoch unzutreffend ist, da die Dialektik danach

strebt, einen Gedanken in Bewegung zu halten, neuen Inhalten zu eröffnen, während bei den Dialogen zwischen Valentin und Karlstadt das Gegenteil zu beobachten ist: sture Beharrlichkeit auf beiden Seiten. Das ist komisch, aber nicht dialektisch.

Valentins großes Glück war es, Liesl Karlstadt entdeckt zu haben, Liesl Karlstadts Glück war es, von Valentin entdeckt worden zu sein. Liesl Karlstadt war Valentins kongeniale Bühnenpartnerin und hat bei der Entstehung der meisten Stücke anregend mitgewirkt. Doch war sie ansonsten schriftstellerisch kaum kreativ. Nur drei Manuskripte sind bekannt, die ihrer Feder entstammten: »Geschäftsheirat«, ein schwaches Valentin-Plagiat, der hinreißend blödsinnige Monolog »Verein der Katzenfreunde« und eine Parodie auf Hitler-Reden, ein kleines Kuriosum, das hier erstmals veröffentlicht wird. Titel: »Die deutsche Laugenbretzel«.

»Volksgenossen und Volksgenossinnen!

Wiederum hat es sich gezeigt, daß der Nationalsozialismus nicht nur zur Erhaltung, sondern auch zur Ernährung des Volkes dient. Es gab einmal eine Zeit, in der das gesamte deutsche Volk von der Existenz einer Laugenbretzel noch nicht die geringste Ahnung hatte. Ich wußte, was es bedeutete, einen ohnmächtigen Kampf um die deutsche Laugenbretzel auf mich zu nehmen. 14 Jahre lang habe ich gekämpft, und Gott der Allmächtige wollte es, daß ich wie immer als Sieger hervorging. Es war in den bitteren Jahren der Systemzeit, als ein internationales Juden- und Verbrechertum den Absatz der deutschen Laugenbretzel zu vernichten drohte, und wiederum waren es einige mutige, tapfere, beherzte Männer, die die Kultur der Laugenbretzel hinaustrugen in alle deutschen Gaue, und der Erfolg davon war ein einzigartiger Siegeszug der bisher verachteten Laugenbretzel. Die deutsche Laugenbretzel ist nicht nur gesund, sie ist auch bekömmlich – dem deutschen Arbeiter, dem deutschen Bauern, dem deutschen Studenten, und nicht zuletzt gedenk ich der deutschen Frau – der deutschen Mutter. Parteigenosse Dr. Goebbels hat schon bei seiner ersten großen Propagandarede auf der Hochzeit zu Kanaan die Bedeutung der deutschen Laugenbretzel hervorgehoben, und somit ist es Ehrenpflicht sämtlicher nationalsozialistischer Verbände und Formationen, sich in Zukunft nur von deutschen Laugenbretzeln zu ernähren – und dann wird sich endlich auch der Katholizismus zur deutschen Laugenbretzel bekennen müssen, ob er nun will oder nicht. Hier heißt es biegen oder brechen. Heil – Heil – Heil!«

Liesl Karlstadt verwandelt sich
zum Kapellmeister für *Das Vorstadtorchester*

Filmpech und Theaterglück

Im Jahre 1897 wurde in München das erste Kino eröffnet. Der Film galt damals als eine Art Mittelding zwischen technischem Wunder und niedrigster Volksbelustigung. Es sollte noch mehr als ein halbes Jahrhundert dauern, bis der Film auch allgemein als Kunstform akzeptiert wurde. Kaum ein Varietékünstler oder Volkssänger ahnte damals, daß dieses neue Medium allmählich so populär werden würde, daß der Untergang ihres Berufsstandes nur noch eine Frage der Zeit war.
Karl Valentin allerdings hat die Bedeutung des Films von Anfang an erkannt und versucht, sich darauf einzustellen. 29 Valentin-Filme sind erhalten, hinzu kommen ein Dutzend Filmfragmente, 20 Filme sind verschollen. Nur drei der uns bekannten Valentin-Filme können indes als Meisterwerke gelten – auf diese drei Filme ist später noch ausführlicher einzugehen, nur ihr gemeinsames Schicksal sei hier angesprochen, da es symptomatisch ist für Valentins Pech mit dem Medium Film.
1923 entstand unter der Regie von Bert Brecht und Erich Engel die surrealistische Komödie *Mysterien eines Frisiersalons*, die von allen Beteiligten als Ulk aufgefaßt wurde. So absurd es klingen mag – weder die beiden Regisseure noch die Darsteller merkten, daß hier ganz unauffällig ein Werk entstand, das später zu den Höhepunkten deutscher Stummfilmkunst gerechnet werden würde. Diese Fehleinschätzung ihres Films führte sogar so weit, daß sich Brecht und Engel nicht einmal bemühten, den Film überhaupt in die Kinos zu bekommen.
Der erste abendfüllende Film Valentins war zugleich sein letzter Stummfilm und hieß *Der Sonderling*. Er kam ausgerechnet 1929 heraus, also kurz nach der Erfindung des Tonfilms. Das Publikumsinteresse an Stummfilmen erlahmte nach der Entdeckung dieser neuen Filmdimension schlagartig. Nur Charles Chaplin konnte es sich erlauben, weiterhin Stummfilme (mit geringen Konzessionen an den Tonfilm) zu drehen, ohne um seine gewohnten Welterfolge fürchten zu müssen. *Der Sonderling* lief zwar immer wieder mal in kleinen Kinos, doch blieb ihm eine Breitenwirkung und selbst ein Erfolg bei der Kritik versagt.
Valentin ließ sich durch die Erfindung des Tonfilms nicht entmutigen, im Gegenteil, er sah darin seine eigentliche Chance. Denn

»Die verkaufte Braut«

seine Domäne war nun einmal die Sprache – seine Stärke war Chaplins Schwäche. Seine Hoffnungen erhielten neue Nahrung, als ihn 1932 der große Regisseur Max Ophüls für die Rolle des Zirkusdirektors in der Verfilmung der Smetana-Oper »Die verkaufte Braut« verpflichtete. Leider hat Ophüls danach mit Valentin und Liesl Karlstadt nicht weitergearbeitet. Und wenn heute Kinobesitzer »Die verkaufte Braut« ins Programm nehmen und mit den Namen Valentin und Karlstadt locken, so ist das bestenfalls ein verständlicher Werbetrick, denn die beiden treten nur in kleinen Nebenrollen auf.

Doch Valentins Hoffnungen erfüllten sich nicht, denn es ist nur ein wirklich bedeutender Tonfilm entstanden: *Die Erbschaft* unter der Regie von Jacob Geis. Und dieser Film wurde noch dazu gleich in seinem Entstehungsjahr, 1936, von der Nazizensur verboten. Das Schicksal der drei besten Valentinfilme – *Mysterien eines Frisiersalons, Der Sonderling* und *Die Erbschaft* – war es also, daß sie zu Lebzeiten ihres Hauptdarstellers, sieht man von ein paar Vorstellungen des »Sonderling« ab, keine Beachtung fanden, weil sie nicht einmal in die Kinos kamen.

Um der Gerechtigkeit willen sei allerdings auch vermerkt, daß Valentin die Zusammenarbeit mit seinen Regisseuren oft außerordentlich erschwerte. So ist in einer Arbeit über das München der zwanziger Jahre nachzulesen, daß dem Regisseur Rolf Raffé noch drei Jahrzehnte nach seiner letzten Zusammenarbeit mit Karl Valentin die Galle hochkam, wenn dessen Name nur erwähnt wurde: »Herr Raffé wundert sich und beklagt, daß [August] Junker und [Alois] Höhnle, damals ausgezeichnete und sehr beliebte Komiker, heute unbekannt seien, während von Valentin, der ihm sämtliche Nerven geraubt hätte, heute jeder redet. Unter anderem hätte Valentin Manuskriptbesprechungen prinzipiell nur bei Regen, spazierengehenderweise auf der Theresienwiese gemacht. Er hätte dann angerufen: ›Jetzt regnet's, jetzt können wir auf der Theresienwiese Manuskriptbesprechung machen‹, und unter dem Regenschirm seien dann die Manuskripte durchgegangen worden.«[34]

Auch Erich Engels – nicht zu verwechseln mit dem bedeutenden Theater- und Filmregisseur Erich Engel, der, wie erwähnt, *Mysterien eines Frisiersalons* koinszenierte –, der Mitte der dreißiger Jahre ein paar Filme mit Valentin drehte, berichtet in seinem Erinnerungsbuch »Philosophie am Mistbeet« von derart entnervenden Schwierigkeiten, so daß es wie ein Wunder anmutet, daß überhaupt je ein Valentin-Film entstanden ist. Mit großer Mühe und verlockenden Gagenangeboten hatte Engels Valentin überredet, eine Hauptrolle in seinem Film »Kirschen in Nachbars Garten« zu übernehmen.

»Anfang September [1935] sollte Drehbeginn sein, das Atelier in Berlin war gemietet, der Architekt hatte die Entwürfe für die Dekorationen fertig, die Schauspieler waren engagiert, kurz, es war alles in gewohnter Vorbereitung. Nur Valentin und die Liesl fehlten und ließen trotz aller Bemühungen nichts von sich hören.

Ich bekam langsam kalte Füße. Die beiden mußten schnellstens kommen. Kostümprobe, Maske, alles wartete auf die Münchner. Dazu hatte Valentin mich doch selbst dringend gebeten, mit ihm seine Rolle privat durchzuprobieren.

Die Herren vom Verleih höhnten, sie hätten mich ja frühzeitig gewarnt. Jetzt stand ein Vermögen auf dem Spiel, wenn Valentin nicht kam. Wir waren verzweifelt.«
Engels fuhr also mit seiner Frau nach München. Er läutete an Valentins Wohnungstür. Die Tochter öffnete und erklärte, ihr Vater sei zur Isar gegangen, um dort Baggerarbeiten zuzusehen. Engels bat seine Frau, im Auto zu warten, und suchte die halbe Isar ab, ohne von Valentin eine Spur zu entdecken. Entmutigt kehrte Engels zum Auto zurück, wo ihn seine Frau mit der Nachricht überraschte, Valentin sei vor einer Viertelstunde ins Haus gekommen. Engels stürmte die Treppen hoch, wieder öffnete die Tochter, es müsse sich um einen Irrtum handeln, ihr Vater sei noch nicht nach Hause gekommen.
»Ich war so enttäuscht, ich hätte heulen können vor ohnmächtiger Wut. Valentin schließt einen Vertrag, der ihn verpflichtet, pünktlich in Berlin zu sein. Anstatt den Vertrag einzuhalten und nach Berlin zu kommen, läuft er an der Isar spazieren und schaut Baggerarbeiten zu!...
Jetzt fragte ich die Tochter fast hoffnungslos, wo ich wenigstens Liesl Karlstadt sprechen könne.
Ja, die sei ernstlich krank und liege in einer Nervenanstalt. Sprechen könne ich sie nicht.
Damit war mein seelischer Zusammenbruch perfekt. Meine Frau stellte trocken fest, daß ich nach weiterer Arbeit mit Valentin bald auch vollreif sei für psychiatrische Behandlung.«
Das Ehepaar Engels fuhr daraufhin in die Klinik und meldete sich beim Chefarzt, der sogleich versicherte, Frau Karlstadt sei nervlich völlig am Ende und könne in absehbarer Zeit nicht filmen.
»Während wir noch mit dem Professor berieten, was wir tun könnten, ging die Tür auf, und Valentin kam herein. Er wurde grau, als er mich sah, und wäre bestimmt davongelaufen, wenn der Chefarzt nicht gewesen wäre.«
Engels machte Valentin bittere Vorwürfe, aber der antwortete nur: »Die Liesl is krank, und ohne d'Liesl fuilm i net, und wenn S' Eahna aufn Kopf stelln.«
So unglaublich es klingen mag, Erich Engels, der Professor, Karl Valentin und Liesl Karlstadt einigten sich schließlich auf die Lösung, den Film nicht in Berlin, sondern in München zu drehen.
»Die Umstellung von Berlin auf München war natürlich für uns

eine bittere Pille und große finanzielle Belastung. Aber da es der einzige Weg war, die Mitwirkung der beiden Künstler zu sichern, mußten alle Erschwernisse in Kauf genommen werden.«

Die Vorbereitungen in Berlin wurden abgeblasen, der ganze Stab zog nach München, wo zu allem Übel kein Atelier zu bekommen war. Engels mietete kurzentschlossen eine leerstehende Bierhalle, richtete dort ein Notatelier ein und konnte endlich mit den Dreharbeiten beginnen.

»Übrigens hat Liesl später einmal meiner Frau unter Lachen erzählt, Valentin habe ihr gebeichtet, damals, als die ›Filmer‹ aus Berlin gekommen seien, habe er sich oben auf dem Dachboden hinter Mehlsäcken versteckt und von da aus die ganze Unterhaltung zwischen den ›Filmern‹ und seiner Tochter mitangehört. Darauf sei er in die Klinik von Liesl geflüchtet, wo er das Pech hatte, auf uns zu treffen.«

Die Memoiren von Erich Engels sind in zweifacher Hinsicht interessant: Einmal zeigen sie, daß Valentin sich zu einem guten Teil sein Filmpech selbst zuzuschreiben hatte. Er war schon früh in der gesamten Filmbranche als Querkopf und äußerst unkooperativ verschrien, und das nicht zu Unrecht, wie die eben zitierte Episode beweist. Zum anderen entlarvt Engels sich als einer der zahlreichen Regisseure, die im Grunde dem Phänomen Valentin recht verständnislos begegneten. Als eine Art Running Gag erwähnt Engels alle paar Seiten, daß Valentin seine *Raubritter vor München* verfilmt haben wollte. Engels findet dieses Ansinnen naiv und blöd-komisch, er macht sich über Valentin lustig, der offenbar von den Gesetzen der Filmkunst keine Ahnung hat. Wir wissen, daß die *Raubritter* eine der wenigen großen deutschsprachigen Komödien und »Kirschen in Nachbars Garten« ein ebenso albernes wie entbehrliches Filmchen ist. Was gäben wir heute darum, die *Raubritter* als Film sehen zu können, wenn auch nur unter der Regie des phantasielosen Erich Engels.

Nahezu vierzig Jahre lang versuchte Valentin, Produzenten und Regisseure auf sich aufmerksam zu machen, wiederholt haben Kritiker die Ansicht geäußert, Valentin könne ein »deutscher Chaplin« werden, wollten die Mächtigen der Filmbranche sich seiner nur annehmen. Zeit genug hatten sie, da Valentin nicht zu jenen Komikern zählte, die im Alter an Wirkungskraft einbüßten oder gar peinlich wirkten. Der naive, unschuldige Komikertyp – wie Stan Laurel etwa oder Harry Langdon – hat in der Regel unter

Valentin in *Kirschen in Nachbars Garten*.
Mit Adele Sandrock (unten)

den Spuren des Alterns zu leiden. Valentin aber ist den boshaften, destruktiven Komikern zuzuordnen. Als 1932 der Einakter *Im Photoatelier* verfilmt wurde, war Valentin immerhin fünfzig Jahre alt, und er spielte den Gehilfen Heinrich so überzeugend, daß nicht die Spur von Peinlichkeit aufkam. Noch weniger altersgebunden war seine erfolgreichste Rolle – der Vorstadtmusiker im *Tingeltangel*. Einige seiner Rollen setzten sogar ein etwas fortgeschrittenes Alter voraus, zum Beispiel der Ehemann in *Der Theaterbesuch* oder der Ehemann in *Der Umzug*. Der überwiegende Teil der Valentinrollen ist an kein bestimmtes Lebensalter gebunden.

1912 drehte Valentin seinen ersten Film. Er hieß *Karl Valentins Hochzeit* und war – wie ein böses Omen für seine gesamte Filmtätigkeit – von Anfang bis Ende falsch belichtet. Er drehte den Film 1913 noch einmal: Valentin liest in einer Zeitung eine Heiratsannonce. Er begibt sich zum Haus der Inserentin, die ihn auf der Stelle und wider seinen Willen heiratet. Das Hochzeitsfest endet in einer turbulent-chaotischen Szene. Erfolg war dieser Slapstickkomödie ebensowenig beschert wie der im selben Jahr entstandenen *Die lustigen Vagabunden,* wo er einen hilflosen Gendarm spielt, der vergeblich zwei Vagabunden zu verhaften sucht. Noch ein dritter Kurzfilm entstand 1913 oder 1914: *Der neue Schreibtisch*. Valentin spielt da einen Büroschreiber, dem ein Stehpult geliefert wird, ein Möbel, an dem man weder stehend noch sitzend arbeiten kann. Valentin kürzt mit einer Säge die Beine des Stehpults, nun ist aber der Stuhl zu hoch, also kürzt er auch die Beine des Stuhls, leider ein wenig zu viel, worauf das Pult wieder zu hoch ist, worauf er die Beine des Stuhls noch einmal kürzt, worauf der Stuhl wieder zu niedrig ist und das Pult zu hoch, worauf er die Beine des Pults mit einer Axt abschlägt, der Stuhl ist zu hoch, er hackt die Beine des Stuhls ab, er sitzt am flachen Pult auf dem Boden, die Beine unter der Pultplatte ausgestreckt, so kann man nicht arbeiten, so kann es nicht weitergehn, er schlägt zwei Löcher in den Fußboden, um seine Beine hindurchstecken zu können, doch der Fußboden ist auch die Zimmerdecke des Friseurladens im Parterre, und ein, zwei wütende Schläge mit der Spitzhacke, und der Boden bricht ein, die Decke bricht ein, und der Büroschreiber landet im Frisiersalon, landet mit Möbelfragmenten und viel trockenem Gips auf einem Kunden, der eben mal rasiert werden wollte, und Valentin wird auf die

Straße geschmissen und bestätigt schon ganz früh Dürrenmatts
These, eine Geschichte sei dann zu Ende, wenn sie ihre schlimmstmögliche Wendung genommen habe.
Enttäuscht von der Lethargie der Produzenten, beschloß Valentin,
ein eigenes Atelier zu gründen. Er mietete ein ehemaliges Käselager, kaufte für viel Geld fünf Jupiterlampen und heuerte einen
obskuren Kameramann an. Nachdem kostbares Filmmaterial –
wiederum durch falsche Belichtung – entwertet worden war und
Valentin die fünf Jupiterlampen versehentlich zerbrochen hatte,
ließ er den Gedanken an ein eigenes Atelier fallen.
Josef Durner, der Pächter des »Frankfurter Hofs«, eröffnete 1898
in seinem Hotel eine Volkssängerbühne, die bald eine der angesehensten in München war, aber nach dem Weggang Durners im
Jahre 1919 schnell an Bedeutung verlor. Wie wir bereits wissen,
hat Valentin im »Frankfurter Hof« seine ersten Triumphe gefeiert
und Liesl Karlstadt kennengelernt. Und dort ist er auch zum
ersten Mal zusammen mit Liesl Karlstadt aufgetreten. Das war
1913, und das Stück, das sie spielten, hieß *Alpensängerterzett*. Es
war eine Persiflage auf die Darbietungen der damals populären
und zahlreichen Tiroler Sängervereinigungen, deren Mitglieder
allesamt aus den Vorstädten Münchens stammten und Tirol meist
nie gesehen hatten. Bezeichnend ist, daß dieses erste Mehrpersonenstück Valentins von der ersten bis zur letzten Zeile dem
Volkssängertum verpflichtet ist, aber gleichzeitig alle Schwächen
jener mediokren und betont bajuwarischen Gesangsnummern in
parodistischer Form bloßlegt. Die läppischen Texte werden
ebenso aufs Korn genommen wie das Laienhafte, Unbeholfene der
Aufführungen selbst, sogar die alberne Dekoration, die derartige
Programmnummern schmückte, reizte seine Spottlust – frühestes
Zeugnis von Valentins Maxime, die Requisiten »mitspielen« zu
lassen, eine dramaturgische Maßnahme, die Bert Brecht bewunderte.
Im *Alpensängerterzett* spielten Valentin den Sohn, Liesl Karlstadt
die Tochter und Karl Flemisch den Vater.
DER VATER *(singt): Mei Schatzerl hoaßt Nannerl,*
          Hat schneeweiße Zahnerl,
          Hat kohlschwarze Knia,
          Aber gsehng hab i s' nia.
ALLE DREI: *Hat kohlschwarze Knia,*
          Aber gsehng hat er s' nia.

(Es folgt ein Jodler)
DER SOHN: *Du kimmst, Vater!*
DER VATER: *I woaß scho (Er singt:)*
>*Zwischen Bergen, die voll von Schnee, duljö,*
>*Duljö, duljö, duljö, hoho,*
>*Liegt a himmelblauer See!*

DER SOHN: *Der Vater is allaweil no verschleimt!*
So geht das noch eine Weile weiter, dann singt die Tochter stockfalsch das Lied »'s Edelweiß«, wobei allerlei Zwischenfälle den Vortrag stören. Schließlich bläst Valentin noch einen Klarinetten-Ländler, auch kein ungetrübter Genuß, da Valentin die schwierigen hohen Töne nicht spielt, sondern pfeift. Während dieser Solonummer geht die Tochter mit einem Teller im Publikum sammeln. Da schreitet aber energisch der Herr Direktor ein:
Für was wolln Sie denn da sammeln?
DIE TOCHTER: *Für den Kunstgesang, wo mir ham!*
DIREKTOR: *Was? Kunstgesang? Des is ja a Hundsgesang! – Und da wollen Sie auch noch sammeln?*
Der Direktor verbietet der Tochter zu sammeln und kündigt der Truppe. Der Sohn wird wütend und ruft dem Direktor zu:
Sie san no amal froh, wenn S' solchane Volkssänger kriagn, wia mir san! – Sie san net auf uns angwiesn, aber mir auf Eahna, des müassen S' Eahna merka! – Geh weiter, Vater, pack's Gebirg zsamm, dann gehn ma.
(Alle gehen ab. Dabei klappt der Vater die am Zithertisch lehnende Pappe mit der Gebirgslandschaft zusammen, klemmt sie unter den Arm und nimmt sie mit.)[35]
In einer Vorstellung ist einmal während dieser Szene zwischen der sammelnden Tochter und dem empörten Herrn Direktor ein Mann im Publikum aufgesprungen und hat Partei für die Tochter ergriffen. Der Direktor solle doch nicht so hartherzig sein und der Truppe ihr Geld gönnen. Solche Zwischenfälle hat Valentin immer zu seinen schönsten Erfolgen gezählt.
Das *Alpensängerterzett* war ein durchschlagender Erfolg, was beweist, daß das Publikum der Volkssänger durchaus in der Lage war, auch die unfreiwillige Komik mancher Darbietungen zu erkennen. Allerdings lassen sich die Volkssängerbühnen nicht alle über einen Kamm scheren. Valentin hatte da einen untrüglichen Instinkt. So war er zum Beispiel zu Recht davon überzeugt, daß er im »Platzl«, Weiß Ferdls Domäne, durchfallen würde. Dort ver-

Mit Weiß Ferdl, 1936

kehrte ein Publikum, das ausschließlich auf Weißwurstgaudi aus war und von den parodistischen und sozialkritischen Tönen eines Karl Valentin nichts wissen wollte. Der biedere und plumpe Weiß Ferdl war da König. Er hat nie einen Versuch unternommen, aus dem enggezogenen Themenbereich des traditionellen Volkssängertums auszubrechen. Er bestätigte Vorurteile, aber das in perfekter, deftiger Weise.

Das persönliche Verhältnis zwischen Weiß Ferdl und Karl Valentin war nicht so schlecht, wie oft behauptet wurde. Wann immer er konnte, besuchte Weiß Ferdl Valentins Vorstellungen, und oft hat er sich bewundernd über den größeren Kollegen geäußert. Valentin wiederum schätzte Weiß Ferdls großen Fleiß. Er verachtete jene Volkssänger, die jahrelang ein und dieselbe Nummer vortrugen und ihre meiste Zeit kartenspielend an Wirtshaustischen verbrachten. Ärgerlich stimmte ihn nur der etwas prahlerische Snobismus, den Weiß Ferdl gerne an den Tag legte. Erfolg und Geld waren ihm ziemlich rasch zu Kopf gestiegen, im Gegensatz zu

Valentin, der immer bescheiden geblieben ist und sich nie etwas aus einem verschwenderischen Lebensstil gemacht hat. Gleichwohl war er sich – ohne alle Eitelkeit – stets bewußt, der beste Volkssänger seiner Zeit zu sein.
Nicht selten ist behauptet worden, Valentin sei den Volkssängern eigentlich gar nicht zuzurechnen, habe im Grunde mit ihnen nichts gemein. Auf der anderen Seite gibt es in München Leute, die sich »ihren« Volkssänger nicht nehmen lassen wollen und bei jedem Ansatz einer intellektuellen Interpretation wütend zu knurren anfangen.
Valentins Stellung innerhalb der Tradition des Münchner Volkssängertums ist Gegenstand der Dissertation von Klaus Pemsel, »Karl Valentin im Umfeld der Münchner Volkssängerbühnen und Varietés«. Jeder, der sich für die Volkssänger interessiert, sollte diese ausgezeichnete Studie lesen. Pemsel schließt sich keiner »Partei« an, sondern stellt überzeugend dar, wo Valentins Berührungspunkte mit den Volkssängern sind und wo er sich von ihnen unterscheidet. Dazu muß man erst einmal wissen, was unter Volkssängern überhaupt zu verstehen ist, wo und unter welchen Bedingungen sie auftraten, was ihre bevorzugten Themen waren und für welches Publikum sie spielten.
Die ältesten Vorfahren der Volkssänger waren, wie man aus Pemsels Arbeit erfahren kann, die Meistersänger im Mittelalter, die später von den Bänkel- und Moritatensängern abgelöst wurden. Auf diese musikalische Ausrichtung ist die Bezeichnung Volks*sänger* zurückzuführen, die auch beibehalten wurde, als zur musikalischen Darbietung das dramatische Spiel hinzukam. Ich habe schon an anderer Stelle darauf hingewiesen, daß die meisten Volkssänger keine professionelle Ausbildung genossen hatten, die auch, angesichts der niederen Erwartungshaltung ihres Publikums, gar nicht erforderlich war.
Volkssänger gab es in München seit etwa 1830, während sich die sogenannten Singspielhallen, in denen abendfüllende Volkssängerprogramme gegeben wurden, zwischen 1870 und 1880 zu etablieren begannen.
»Es ging nicht um Kulturpflege«, schreibt Pemsel, »sondern um Unterhaltung und Zerstreuung mit Darbietungen, die entweder absolut fremdartigen Schaucharakter hatten (Varieté) oder aus dem genau gleichen Milieu stammten wie die Besucher selbst (Singspielhalle), und die zusätzlich die einfacheren Abendvergnügun-

gen wie Essen, Trinken, Rauchen und Geselligkeit nicht einschränkten.«[36]
Die Singspielhallen wurden sehr rasch populär. Radio und Fernsehen gab es noch nicht, und das Kino steckte noch in den Kinderschuhen.
»Um die Jahrhundertwende waren die Singspielhallen die größte ›Branche‹ der volkstümlichen Unterhaltung in München, die sich ihre Spitzenstellung nur mit den Varietés zu teilen brauchten. Täglich traten die Volkssänger vor Tausenden von Zuschauern auf und waren darüber hinaus bei jeder Art von größeren Feiern äußerst begehrt, seien es die Feuerwehr, der Turnverein oder eine Handwerkerinnung, die ihre Betriebsfeste mit einem Komikerauftritt schmückten.«[37]
An dieser Stelle möchte ich auf eine Einladung hinweisen, die der Münchner Rotary Club für den 7. und 8. Februar 1929 an seine Mitglieder verschickt hatte. Den offiziellen Teil der Festveranstaltung bestritten u. a. die Rotarier Hans Knappertsbusch und Thomas Mann, beide übrigens große Valentin-Verehrer. Thomas Mann sammelte Valentin-Schallplatten und konnte manchen Dialog auswendig rezitieren. Schade, daß das seinerzeit nicht auf Schallplatte aufgenommen wurde. Die Platte »Thomas Mann spricht Karl Valentin« hätte ich gerne. Und umgekehrt? »Karl Valentin liest Thomas Mann.« Noch weniger vorstellbar. Valentin interessierte sich nicht für Literatur, er besaß nicht einmal ein Dutzend Bücher und las so gut wie nie. Wenn bedeutende Zeitgenossen lobend bis hymnisch über ihn schrieben – man denke nur an die Essays von Tucholsky, Polgar, Brecht, Kerr und so weiter –, erfüllte ihn das nicht mit Stolz, sondern er zeigte sich eher verstört oder gar belustigt. Bertl Valentin-Böheim erzählte mir, daß sie sich noch gut daran erinnern könne, wie ihr Vater oft kopfschüttelnd mit einem solchen Artikel in der Hand in die Küche gekommen sei und nur gesagt habe: »Also, was die da wieder ois über mich zsammgschriebn ham!«
Der zweite und unterhaltende Teil jenes Festprogramms des Rotary Clubs versprach als Höhepunkt die *Rundfunkszene* mit Karl Valentin und Liesl Karlstadt. Es handelte sich um die Szene *Der Antennendraht*, die auch unter dem Titel *Im Senderaum* bekannt wurde. Das Stück war gut ausgewählt, da hier klassisches Bildungsgut, Schillers »Lied von der Glocke« nämlich, aufs Korn genommen wird. Dieser Text war den Mitgliedern des Rotary

Clubs natürlich eher geläufig als dem Publikum in den Singspielhallen. – Valentin gerät in einen Senderaum des Rundfunks und soll aushilfsweise die untermalenden Geräusche zu einem Livevortrag zu Schillers »Glocke« produzieren. Natürlich macht er alles falsch, weil er – wie so oft – alles wörtlich nimmt.

DER SPRECHER: *Kochend wie aus Ofens Rachen*
Glühn die Lüfte, Balken krachen,
(Karl Valentin zerbricht über dem Knie Holzlatten.)
DER SPRECHER: *Pfosten stürzen,*
(Karl Valentin wirft einen Balken auf den Boden.)
DER SPRECHER: *Fenster klirren,*
(Karl Valentin wirft Teller mit Schepperblechen zu Boden.)
DER SPRECHER: *Kinder jammern,*
VALENTIN *(schreit im Falsett): Mammaaa – Mammaaa –*
DER SPRECHER: *Tiere wimmern*
Unter Trümmern.
(Valentin heult wie ein Hund.)
DER SPRECHER: *Hoch im Bogen*
Spritzen Quellen Wasserwogen,
(Karl Valentin nimmt aus einem Glas einen Mund voll Wasser und spritzt den Sprecher an.)[38]

Es geht in dieser Szene nicht um ein Zusteuern auf die Katastrophe, wie in der Mehrzahl der Valentin-Stücke, sondern um die Darstellung des Verlaufs einer Katastrophe.

Die Einladung des Rotary Clubs deutet bereits auf Valentins Sonderstellung unter den Volkssängern hin. Kein anderer Volkssänger hätte je hoffen dürfen, von einer solch illustren Vereinigung für das Programm ihrer Festveranstaltung eingeladen zu werden.

Die Singspielhallen waren Privattheater, bedurften aber einer behördlichen Konzession, die von Auflagen nur so strotzte. Die Einhaltung dieser Auflagen wurde polizeilich überwacht. Pemsel hat Auszüge aus der Konzession für das Apollotheater zitiert. Mir erscheint diese Passage so interessant, daß ich sie hier wiedergeben möchte, zeigt doch der Wortlaut einer solchen Konzession, wie eng gesteckt der Rahmen für die Singspielhallenbesitzer war und welch geringe Entfaltungsmöglichkeiten die Künstler hatten.

»Gemäß § 33 a der Gewerbeordnung für das Deutsche Reich wird die gewerbspolizeiliche Erlaubnis erteilt, Singspiele, Gesangs- und deklamatorische Vorträge und Schaustellungen von Personen in

Szene aus *Der Antennendraht*

seiner vorbezeichneten Wirtschaft öffentlich zu veranstalten und zu deren öffentlichen Veranstaltungen seine Räume benützen zu lassen.«

In der beiliegenden »Ortspolizeilichen Produktionsbewilligung für Singspielhallen« heißt es dann u.a. ausführlicher:

»4. Für gute und allen Anforderungen der Sittlichkeit und des Anstandes entsprechende Beleuchtung der Zuschauerräume, Galerien, Treppen, Gänge, Garderoben, Ein- und Ausgänge von Kassenöffnung bis zur vollständigen Entfernung des Publikums ist Sorge zu tragen.

...

6. Vor Beginn jeder Saison ist ein vollständiges Verzeichnis der engagierten Artisten unter Angabe des Alters und der Produktionsart derselben der Kgl. Polizei-Direktion vorzulegen.

7. Die Aufführung von Dramen, Lustspielen, Possen, Opern und Operetten ist verboten.

Sing- und Liederspiele dürfen nicht mit mehr als 5 Personen

besetzt sein. Die Aufführung mehraktiger Sing- und Liederspiele ist untersagt.
...
9. Bei den Produktionen muß sowohl im Inhalte der vorzutragenden Stücke als in der Art des Vortrages alles vermieden werden, was gegen die Religion, die Sittlichkeit, die staatlichen Einrichtungen, den öffentlichen Anstand und die öffentliche Ordnung verstößt.
10. Insbesondere dürfen sittlich anstößige Lieder und Couplets bei den Vorstellungen nicht vorgetragen werden; alle Texte sind zuerst von dem Unternehmer vor der Produktion zu prüfen und dabei die erforderlichen Abstriche zu machen; alles Anstößige in bezug auf Kleidung, Bewegung, Gesten, Mienen und auf jede sonstige Art des Vortrages und der Darstellung ist verboten.
...
17. Am Gründonnerstag, Karfreitag und Karsamstag ist jede öffentliche theatralische Vorstellung untersagt; am ersten Weihnachts-, Oster- und Pfingsttag darf das Programm nichts enthalten, was dem Ernste und der Würde des Festtages widerspricht.
An Sonn- und Feiertagen dürfen die Vorstellungen nicht vor Beendigung des pfarrlichen Nachmittags-Gottesdienstes, nachmittags 4 Uhr eröffnet werden.«[39]
Punkt 7 dieser »Ortspolizeilichen Produktionsbewilligung« ist für uns besonders interessant. Mehraktige Stücke durften nicht aufgeführt werden. Darum wurden die beiden Zweiakter *Die Raubritter vor München* und *Brillantfeuerwerk oder ein Sonntag in der Rosenau* nicht in Singspielhallen, sondern in den Kammerspielen beziehungsweise im Schauspielhaus in Szene gesetzt.
Punkt 7 schreibt außerdem vor, daß die Stücke mit maximal fünf Personen besetzt sein dürften. Eine kgl. bayerische Variante der Ästhetik des Aristoteles? Mitnichten. Es sollte nur gewährleistet werden, daß die Singspielhallen der nächsthöheren Sparte im Theaterbetrieb, den Volkstheatern, keine Konkurrenz machen konnten.
Beide Bestimmungen hat Valentin geschickt unterlaufen. *Großfeuer* ist ein dreiaktiges Stück, aber durch raffinierte Übergänge und die Einbeziehung des zweiten Bühnenbildes in das erste gelang es ihm, die Form des Einakters vorzutäuschen.
Was die Beschränkung auf fünf Personen anbelangt, so betraf das natürlich nicht die Mitwirkung des Orchesters oder der Kapelle.

Von dieser »Gesetzeslücke« machte Valentin im *Tingeltangel* Gebrauch. Dennoch traten, von den Musikern abgesehen, mehr als fünf Personen auf. Es handelte sich ja auch nicht um ein Stück mit abgeschlossener Handlung, sondern um eine Nummernfolge, wie sie in Singspielhallen und Varietés üblich war.
Meistens hielt er sich jedoch an das königliche Reglement. Das Weinlokal im *Firmling* ist auffallend schlecht besucht. Außer Valentin und der Karlstadt hat sich nur noch ein grämliches Ehepaar in dieses feine Restaurant verirrt. Nummer 5 ist der Kellner, und dem Gesetz ist Genüge getan.
Valentins Berührungspunkte mit den Volkssängern lagen also auch in den Produktionsbedingungen, die, wie wir gesehen haben, zu einem guten Teil aus Ein- und Beschränkungen bestanden.
Welche Themen wurden nun von den Volkssängern im allgemeinen bevorzugt? Pemsel spricht in diesem Zusammenhang von einer Gewichtsverlagerung, »die von der disparaten Beschäftigung mit Tagesereignissen und Unterschichtenproblemen in kritischer Schärfe über die Bauern- und Soldatenschwänke im Endstadium übergeht zu frivol großstädtischen Liebesabenteuern mit der letztendlich doch immer triumphierenden Moral«[40].
Mit Tagesereignissen hat sich Valentin nie abgegeben, sicher ein Grund dafür, daß seine Stücke noch heute gespielt und verstanden werden. Die Probleme der Unterschicht hingegen stehen im Mittelpunkt einer ganzen Reihe von Valentin-Stücken. Wie viele Volkssänger auch, hat Valentin Wohnungsmisere und Arbeitslosigkeit, Elend und Armut mit deutlicher sozialkritischer Tendenz szenisch verarbeitet, am eindrucksvollsten wohl in dem Film *Die Erbschaft* und in dem Einakter *Der Bittsteller*.
Anders sieht es bei den Stücken aus, die im militärischen Bereich angesiedelt sind. Zwar hat Valentin mehrere Uniformstücke geschrieben und aufgeführt, doch haben diese mit den üblichen, plumpen Soldatenschwänken nichts gemein. Ansatzweise nähert er sich dem gängigen Volkssängerklischee vom Soldaten in der frühen Solonummer als *Schwerer Reiter* und später in einer ähnlichen Rolle in *Das Brillantfeuerwerk*. Im *Brillantfeuerwerk* sind auch vorsichtige Anklänge an die »großstädtischen Liebesabenteuer« zu finden oder an das beliebte Thema: das Kocherl verliebt sich in den feschen Soldaten. Es ist gleichzeitig von Valentins wichtigen Bühnenwerken das einzige, das ein Happy-End zumindest ahnen läßt.

Ein beliebtes Thema war auch das Wirtshausleben, das gern mit dem Thema Ehejoch gekoppelt wurde. Die Ehefrau ist dabei durch die Bank das keifende Weib, das ihrem Mann das Wirtshausvergnügen nicht gönnt. Offenbar empfand es niemand im Publikum als Widerspruch, wenn in einer Singspielhalle die obligatorische Liebesschnulze aufgeführt wurde, in der die Eheschließung als Erfüllung irdischen Glücks den Höhepunkt bildete, und zehn Minuten später ein Schwank zu sehen war, der das Ehelos als eine Art Vorhölle darstellte.

Beide Themen, das Wirtshausleben und das Ehelos, hat auch Valentin aufgegriffen. *Der Firmling* spielt in einem vornehmen Restaurant, in das sich zwei Gäste, der betrunkene Vater und sein Sohn, verirrt haben, zwei Gäste, die eher in ein einfaches Wirtshaus gehören. Die Diskrepanz zwischen der feinen Räumlichkeit und den beiden deplazierten Gästen ist der Nährboden für die komischen Effekte.

In dem Stück *An Bord* verhält es sich umgekehrt. Zwei bessere Herren, die eigentlich in ein Restaurant gehörten, haben sich in ein Wirtshaus verirrt. *An Bord* ist aber alles andere als eine bierselige Wirtshausgaudi, sondern eine durch und durch trostlose Angelegenheit. Das Wirtshaus ist nicht, wie üblicherweise bei den Volkssängern, ein Zentrum fröhlicher Kommunikation, sondern eine Stätte der Einsamkeit und des Alkoholismus, wo die sozialen Schranken noch weniger als anderswo überwunden werden können. Außerdem verzichtet Valentin in diesem Stück fast vollständig auf eine Handlung, was nicht nur ein Novum bei den Volkssängern, sondern im Theater überhaupt war. Nur hat das damals noch niemand als Novum erkannt. Der große Samuel Beckett war jedenfalls nicht der erste, der Dramen ohne Handlung schrieb.

Das Ehelos, eines der besonders unermüdlich traktierten Themen der Volkssänger, hat Valentin in einigen Dialogen *(Der Hasenbraten, Ohrfeigen)* und den beiden Stücken *Das Oktoberfest* und *Der Theaterbesuch* dargestellt. Im *Theaterbesuch* gerät ein Kleinbürgerehepaar in heillose Verwirrung, weil ihm von der Hauswirtin zwei Theaterkarten geschenkt wurden.

DER MANN: *... Warum geht's denn net selber nei, des alte Luada?*
DIE FRAU: *Ja mei, sie wird halt koa Zeit ham.*
DER MANN: *Soso, sie hat keine Zeit, aber wir müssen schon Zeit habn.*
DIE FRAU: *Aber sei doch net so undankbar.*

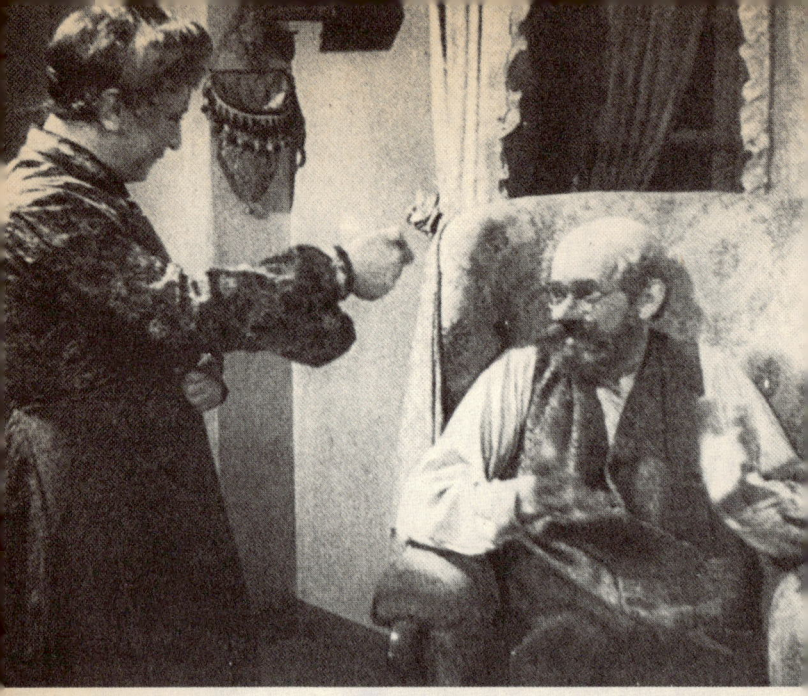

Der Theaterbesuch

DER MANN: *Da siehst doch ganz deutlich, daß die Frau irgendwas gegen uns hat, sonst tat s' doch net ausgerechnet uns die Karten schenken.*
DIE FRAU: *Aber sie wollte uns doch nur eine Freude bereiten.*
DER MANN: *Sie uns?! Haben wir vielleicht ihr schon mal eine Freude bereitet?! – Niemals!*[41]

Einen Theaterbesuch kann sich der Kleinbürger in der Regel nicht leisten, das übersteigt seine finanziellen Mittel und findet außerdem in einem Milieu statt, das ihm fremd ist und ihn verunsichert. Die großherzige Geste der Hauswirtin wird nicht als Geschenk gewertet, sondern als Angriff auf das Kleinbürgertum. Und ausgerechnet Goethes »Faust« wird gegeben, das Lieblingsstück des gehobenen Bürgertums. Die Vorbereitungen zu diesem Theaterbesuch – schnell noch etwas essen, dem Sohn einen Zettel hinlegen, da er es nicht gewohnt ist, daß die Eltern einmal ausgehen, sich umziehen – das alles führt zu Durcheinander und Streit.

DIE FRAU: *Ich darf mich nur amal auf was gfreun, bei uns is amal a so, zum Arbeiten bin i's ganze Jahr guat gnua, aber –*
DER MANN: *Und i zum Verdienen.*
DIE FRAU: *Jetzt geht's scho wieder dahin, i kenn di schon, jetzt hört's wieder nimmer auf, jetzt wird den ganzen Weg gstritten, und im Theater drin wird gstritten, und die halberte Nacht hernach wird aa noch gstritten! Aber das sag ich dir, auf a solches Vergnügen verzicht i von vornherein. Da bleib i lieber daheim, und du gehst allein ins Theater.*
DER MANN: *Wie kann ich denn mit zwei Billetten allein ins Theater gehn?*
DIE FRAU *(weint und setzt sich): Ich kann doch schließlich nichts dafür, wenn mir wer zwei Billetten schenkt.*
DER MANN: *Auf das hab ich gwart, marsch! Vorwärts ins Theater!*
Und ein wenig später:
DIE FRAU: *... Ich möcht bloß wissen, ob's bei andere Leut auch so zugeht, wenn s' fortgehn, wie bei uns.*
DER MANN: *Genauso!*[42]

Die Ehe ist das beliebteste Thema der Komödienliteratur überhaupt. Die verschiedenartige Behandlung dieses Themas durch die Komödienschreiber macht den Unterschied zwischen Humor und Komik deutlich. Vergleichen wir einmal zwei Dramatiker, die sich mit Vorliebe Eheproblemen zuwandten, womit die Gemeinsamkeiten dieser beiden Autoren allerdings auch schon erschöpft sind: Molière und Curt Goetz. Während in der klassischen Komödie bei Molière, etwa in »Der eingebildete Kranke«, die Institution Ehe in Frage gestellt, wenn nicht gar für untauglich erklärt wird, ist für Curt Goetz diese Institution etwas Gegebenes, das kritiklos akzeptiert wird. Die Boulevardkomödie kennt zwar den Ehekonflikt – davon lebt sie schließlich –, doch hat dieser den ausschließlichen Zweck, die Ehe am Ende zu festigen. Die Frage, ob die Ehe eine sinnvolle Einrichtung sei, wird hier gar nicht erst gestellt. Wenn wir, um bei unserem Beispiel zu bleiben, Molière dem Bereich der Komik zuordnen und Curt Goetz dem des Humors, können wir sagen, daß Komik aufklärerisch, entlarvend ist und Humor eher versöhnlich, den Kern eines Problems verschleiernd. In diesem Sinne ist Valentin eindeutig ein Komiker.
Es ist kein Zufall, daß die Nazis den Komikern gegenüber besonders mißtrauisch waren, während sie die Humoristen förderten. Goebbels hatte schon ziemlich früh die Filmindustrie angewiesen,

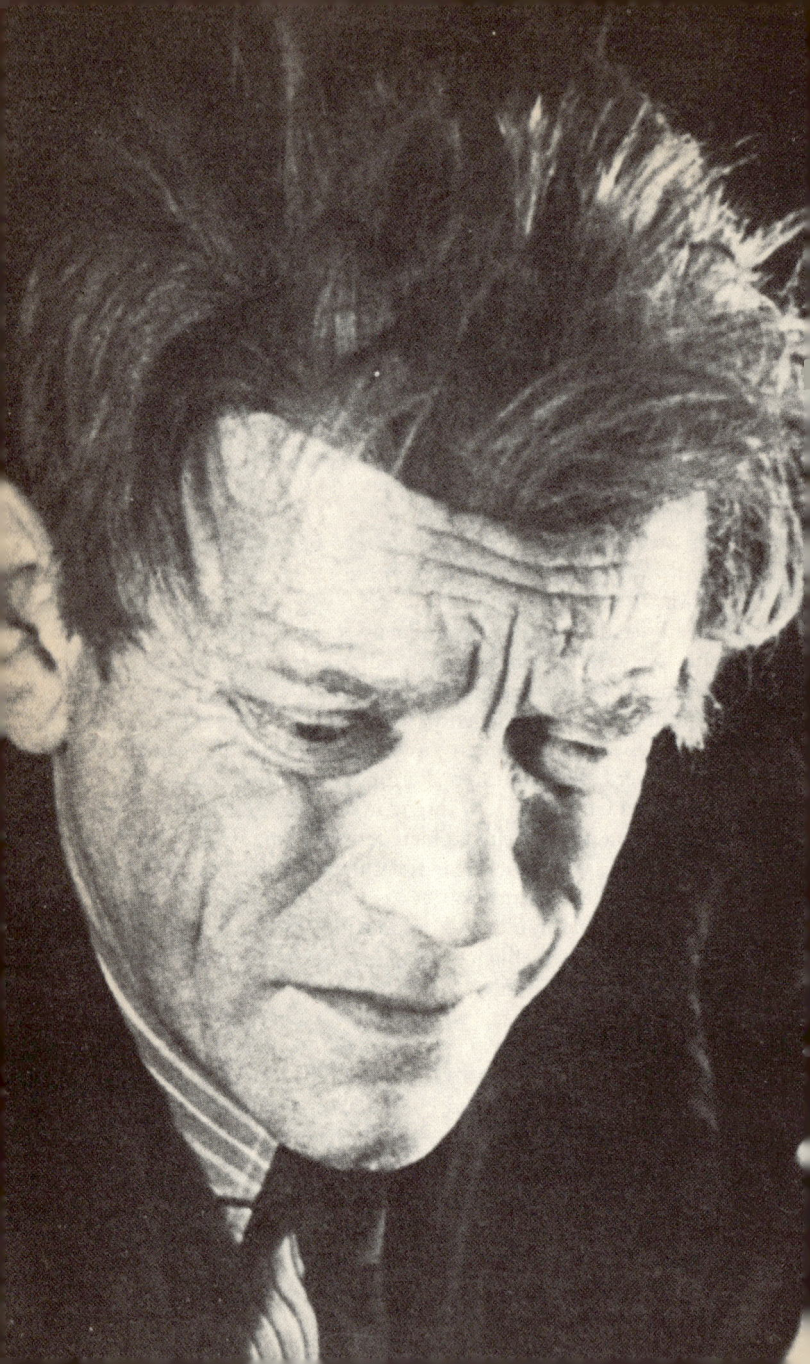

keine Propagandaschinken mehr zu drehen, sondern Lustspiele. Mehr und mehr kam es darauf an, eine heile Welt vorzutäuschen und von der Wirklichkeit abzulenken. So sehr waren die Nazis auf die Humoristen angewiesen, daß der mit einer Jüdin verheiratete Nazigegner und Brechtfreund Theo Lingen unbehelligt blieb unter der Bedingung, daß er in den Filmlustspielen mitwirkte. Valentins Film *Die Erbschaft* wurde von der Nazizensur verboten, weil er nicht von der Wirklichkeit ablenkte, sondern auf die Wirklichkeit aufmerksam machte.

Einen breiten Raum nehmen bei den Volkssängern die Bauernschwänke ein, wobei die Bauern ausnahmslos als sauflustige, ungehobelte und primitive Grobiane dargestellt werden. Auch hier findet sich also, wie schon beim bösen Eheweib zum Beispiel, eine auf Vorurteilen beruhende Charakterisierung wieder. In den wenigen Szenen von Valentin, die im bäuerlichen Milieu spielen, sind Spuren solcher Klischees nicht zu entdecken.

Unter den bisher veröffentlichten Werken Valentins gibt es drei Dialoge (*Am Heuboden, Transportschwierigkeiten* und *Schwieriger Kuhhandel*) und zwei Stücke (*Großfeuer* und *Familiensorgen*), die auf dem dörflichen Lande angesiedelt sind. Von *Familiensorgen* abgesehen, werden die Bauern, ohne daß es diffamierend wirken würde, als ungeheuer langsam und schwerfällig im Denken dargestellt. Ein guter Teil der Komik in *Großfeuer* beruht auf der Diskrepanz zwischen den Ereignissen und der Reaktion auf diese Ereignisse. Das heißt, die agierenden Personen reagieren in einer Weise, die der Erwartungshaltung des Publikums diametral entgegengesetzt ist. In der Eröffnungsszene besucht der Nachbar die Huberbäuerin, um ihr ein »Geheimnis« zu verraten. Nach einigem Hin und Her rückt der Nachbar mit der Sprache raus: *Also, dei Häusl brennt.* Nun folgt nicht etwa panische Hektik, sondern ein Monolog [!] der Huberbäuerin:

... Mein Gott, mei Häusl brennt. I bin ganz resultatlos, oder sollt er mi anglogn ham – naa, des tuat er net, der Ferdinand. I kenn ihn ja über vierzehn Tag, des is a aufrichtiger Mensch, aber ein falscher Kerl. No ja, i kann ja nachschaun, ob's wirklich so is, i hab ja net weit. (Sie dreht sich um und betrachtet ihr Haus genau von allen Seiten. Dabei sieht sie die Flammen aus dem Dach schlagen. Man hört und sieht es gemächlich weiterbrennen, bis der Vorhang fällt.) Ja, was is denn des, hat er doch recht ghabt! Da derf i glei meine Augenglasln aufsetzen. Resi! Glang mir an brennenden Kerzen-

leuchter raus! O heiliger Florian, schau nur grad mei Häusl an, ja des wenn noch a Zeitlang so weiterbrennt, na werd's immer größer. I bin ganz ratlos, i kauf mir doch no a Radl, da geh ich sofort zum Feuerwehrkommandant und sag, er soll glei zu mir komma in einer dringenden Angelegenheit, der gibt mir dann an Rat, was ma macha kann. Resi! Glang mir mein Huat und mein Cape raus, i muaß schnell wohin gehn. Und wenn wer nach mir fragt oder telefoniert, na sagst ganz einfach, mir ham koa Telefon.[43]

Eine ganze Reihe beliebter Volkssängerthemen hat Valentin vollständig ignoriert: die ständigen Steuererhöhungen, die Prostitution, die geschäftstüchtigen Juden, sprich den Antisemitismus.

Letzten Endes unterschied sich Karl Valentin weit mehr von den Volkssängern, als er mit ihnen gemein hatte. War die Themen- und Figurenwahl auch oft ähnlich und mit Sicherheit von den Volkssängern angeregt, so hat er die Behandlung dieser Themen, die Zeichnung der Charaktere fast immer sehr viel anders gestaltet als die meisten Volkssänger, man kann sogar, wie in den Bauern- und Eheszenen, von einer Kritik an den Volkssängern sprechen, von einem Bemühen, sich unmißverständlich von den üblichen Programmen der Singspielhallen abzuheben. Rechnet man ihn dennoch zu den Volkssängern, so bleibt festzuhalten, daß nur ihm es gelungen ist, in die großen Theater vorzudringen, und daß nur sein Werk heute noch lebendig ist. Viele deutschsprachige Bühnen haben in den letzten Jahren seine Stücke nachgespielt, zum Teil mit ungeheurem Erfolg, in Zürich und in Hamburg, aber auch in Italien und Frankreich stand das Publikum Schlange, wenn Valentinstücke angekündigt waren. Die Doktorarbeiten über Valentin häufen sich, und nicht nur in der Bundesrepublik und in der DDR, sondern auch in Griechenland, Portugal und den USA ist Valentin als »eine der eindringlichsten geistigen Figuren der Zeit«, wie Brecht sagte, erkannt worden. Seminare über ihn sind an unseren Universitäten keine Seltenheit mehr, und sogar in München ist man in Akademikerkreisen schon auf ihn aufmerksam geworden.

Der größte Unterschied zwischen den Stücken der Volkssänger und denen Valentins liegt in den Schlußszenen. Die Stücke der Volkssänger liefen grundsätzlich auf ein Happy-End hinaus, während Valentin Situationen des Mißlingens vorführt, die oft in der Katastrophe enden. Hier hat Valentin am augenfälligsten den Rahmen des bloßen Amüsierbetriebs der Singspielhallen gesprengt.

Aber eines hatten die Volkssänger und Valentin in jedem Fall gemein: ihr Publikum. Was waren das für Leute, die da mehr oder minder regelmäßig die Singspielhallen besuchten? Am schönsten hat das Feuchtwanger in seinem Roman »Erfolg« geschildert:
»Die Zuhörer waren zumeist Kleinbürger, Leute aus dem Mittelstand, Dreiviertel-Liter-Rentner, Drei-Quartl-Privatiers wurden sie genannt, weil ihr Vermögen zu einem ganzen Liter Bier nicht reichte. Sie saßen in dem harten Licht des nüchternen, mit patriotischen und mythologischen Fresken geschmückten Saales, rauchten Zigarre oder Pfeife, hörten in den Pausen einem großen Blechorchester zu. Während der Vorträge aßen sie. Der eine Abend mußte sie entschädigen für die Entbehrungen der ganzen Woche. Also aßen sie. Würste von vielerlei Art: weiße, hautlose; saftige, prall in der Haut steckende; braunrote, dünne, dicke. Wohl auch Kalbsbraten, kunstlos zubereitet. Nierenbraten, Gratbraten mit Kartoffelsalat. Gewaltige Knödel, bereitet aus Mehl und Leberfleisch. Mächtige, gesottene Kalbsfüße. Salzbrezeln. Rettiche. Von den Frauen tranken viele Kaffee, tunkten Nudeln hinein: Rohrnudeln, hoch, gebuchtet, den Rand gebläht, Dampfnudeln, Kirchweihnudeln, dick, schmalztriefende Krapfen, fett- und zuckerschwitzend. Serviert das alles auf Geschirr aus den Süddeutschen Keramiken Ludwig Heßreiter & Sohn, zumeist mit dem beliebten, sehr blauen Enzian- und Edelweißmuster. Der Saal war voll Rauch, gleichmäßigem, langsamen Geräusch, Dunst von Bier, Schweiß, Menschen. Alte Bürger saßen behaglich, Liebespaare hockten breit, selig. Höhere Beamte, andere Großkopfige waren zahlreich in die Masse der Kleinbürger hineingesprengt.«[44]
Hausenstein meint zwar, dieses Publikum sei »unzureichend« gewesen, aber das kann nicht ganz stimmen, denn Valentin kam bei diesem Publikum so gut an, daß die Singspielhallenbesitzer ihn auf ihren Plakaten in großen Buchstaben als Hauptattraktion ankündigten und seinen Beitrag als Höhepunkt des Abends an den Schluß des Programms stellten, was für Valentin auch den Vorteil hatte, daß er ein Bühnenbild benutzen konnte, das nicht wieder schnell abgebaut werden mußte, um der folgenden Programmnummer Platz zu machen. Der Erfolg, den Valentin bei seinem überwiegend kleinbürgerlichen Publikum hatte, beweist, daß dieses sich in Valentins Stücken eher wiedererkannte als in den Darbietungen der »typischen« Volkssänger.

Nun hatte Valentin, der auch in den Kammerspielen auftrat und im Kabarett der Komiker in Berlin, noch ein Publikum, das den Volkssängern in der Regel vorenthalten blieb. Wie sah dieses Publikum aus, und wie nahm es Valentin auf? Dazu erst einmal Erich Engels: »Mit seiner Eigenart hat er in Berlin bei seinen Gastspielen im Kabarett der Komiker nicht nur einfache Leute angesprochen, sondern im Gegenteil gerade bei den Intellektuellen großen Anklang gefunden.«[45]

Ganz ähnlich sieht es Viktor Mann, der jüngere Bruder von Heinrich und Thomas Mann: »... ich konnte schon damals die Opportunisten nicht leiden, die den schlechten Instinkten oder dem schlechten Geschmack des Volkes schmeichelten. Sie waren es dann auch, die bald nach der ersten Katastrophe mit pfiffigen Bauerngesichtern die Republik verhöhnten, Lustiges vom lieben alten Militär erzählten und schon lange vor 1933 offene Propagandisten Hitlers wurden.

Ihr absolutes Gegenteil bedeutete Karl Valentin, der Einmalige und Unvergeßliche. Ich war sofort von dieser skurril-philosophischen Komik tief beeindruckt.

Valentin witzelte niemandem nach dem Munde und hielt dem Volk in allem grotesken Unsinn einen Narrenspiegel vor. Er war der Hofnarr des Volkes, und seine bald ungeheure Popularität bewies, daß der dummschlaue Opportunismus der anderen nicht Vorbedingung des Erfolges war.«[46]

Die Tatsache, daß Valentin von den Drei-Quartl-Privatiers ebenso geschätzt wurde wie von Thomas Mann oder Brecht, zeigt, daß er ebenso zu den Volkssängern gehörte wie er sich von ihnen entfernt hatte. In dieser Hinsicht ist er Karl Maxstadt nicht unähnlich, der ja in Varietés und Singspielhallen gleichermaßen zu Hause war wie in den Festsälen der Fürstenhäuser.

In einigen dieser Fürstenhäuser hatte man inzwischen beschlossen, einen Weltkrieg zu inszenieren. Die Kurzweil dauerte vier Jahre und forderte Millionen Menschenleben. Valentin wurde bei Kriegsbeginn gemustert und wegen seines Asthmaleidens für untauglich befunden. So zahlreich Valentins Äußerungen über den Zweiten Weltkrieg sind, so spärlich sind sie über den Ersten Weltkrieg. Er verfaßte zwar eine *Kriegsmoritat* 1914, einen *Kriegsprolog* 1916 und *Kriegsschnaderhüpferl*, hat aber diese Arbeiten später – wohl aus gutem Grund – vernichtet. Ansonsten findet sich in den Stücken, die zwischen 1914 und 1918 entstanden, auch

Am Schminktisch

nicht die verborgenste Anspielung auf das Kriegsgeschehen. Lediglich in einer autobiographischen Skizze ist vom Ersten Weltkrieg die Rede: *Vierzehn Tage nach Ausbruch des Krieges durfte, um den in der Heimat weilenden Artisten, Schauspielern usw. Verdienstmöglichkeiten zu geben, wieder gespielt werden mit der Bedingung, zeitgemäße Darbietungen zu bringen. Jeder Theaterdirektor empfahl vaterländische, patriotische Darbietungen zu bringen. Auch ich mußte, obwohl es eigentlich von mir als Blödsinn-Interpret niemand gewohnt war, auch ernste Sachen bringen, so unter anderem eine Kriegsmoritat. Der Erfolg war groß und zwei Monate sang ich als Komiker traurige, ernste Vorträge.*
Dann hieß es plötzlich, in diesen schweren Zeiten sei Humor gefragt, und Valentin, der bei 120 Lazarettvorstellungen mitwirk-

te, durfte von patriotischen Klängen ablassen. *Einige große Persönlichkeiten der Münchner Hofbühne trugen den kranken Soldaten blutige Schlachtgedichte vor und wir machten ihnen im Gegensatz lustige, harmlose Späße vor, und da meinte ein Hauptmann im Marslazarett, indem er mir die Hand drückte: ›I h r e Sachen sind die beste Medizin für unsere kranken Soldaten.‹*[47]
Mag die Mitwirkung bei den Lazarettvorstellungen noch angehn, kaum verzeihlich ist eine makabre Idee von Valentin, aus dem Kriegsgeschehn ein wenig Kapital zu schlagen. Per Zeitungsannonce schlug er unter der Überschrift *Schönstes Andenken!* vor: *Bevor Sie ins Feld ziehen, sollten Sie Ihre eigene Stimme verewigen. Eine Aufnahme Mark 10,–. V. Fey, Kanalstr. 8/2.*
Im Juni 1915 übernahm Valentin die Direktion des Kabaretts »Wien–München« im Hotel Wagner in der Sonnenstraße 23, das ursprünglich Hotel Treffler hieß, ehe es der Kommerzienrat Hans Wagner 1904 erwarb und umbenannte. Im Dezember 1916 gab Valentin die Direktion zwar wieder ab, doch blieb er dem Hotel Wagner noch bis ins Jahr 1935 verbunden.
Am 4. Dezember 1915 findet im »Wien–München« die Uraufführung der Szene *Sturzflüge im Zuschauerraum* statt. Liesl Karlstadt spielte den Impresario, der großartig einen Flieger ankündigt, der imstande sei, Kunstflüge in geschlossenen Räumen durchzuführen. Das war Liesl Karlstadts zweite Rolle in einem Valentinstück und zugleich ihre erste Hosenrolle. *Sturzflüge im Zuschauerraum* hatte wieder einen parodistischen Einschlag, diesmal aber nahm Valentin nicht die Volkssänger aufs Korn, sondern Varietékünstler. Ähnlich wie im *Alpensängerterzett* greift am Schluß der Herr Direktor ein:
DIREKTOR: *Was fällt Ihnen ein, hier im Theater mit einem Benzinmotor zu fliegen, sind Sie denn von Sinnen?*
FLIEGER: *Nein, von hier.*
DIREKTOR: *Ich habe geglaubt, das ist eine ganz ungefährliche Sache, nun kommen Sie mit diesem Benzinmotor daher.*
FLIEGER: *Ja, mit 'm Kartoffelsalat kann ma net fliegen.*
Der Flieger und der Impresario machen nun den lächerlichen Vorschlag, mit Hilfe von Reißnägeln ein Netz anzubringen.
DIREKTOR: *Aber wenn Sie mit Ihrem schweren Apparat durch das Netz stürzen, da sind ja mindestens zehn Personen kaputt!*
FLIEGER: *Übertreiben S' doch nicht alles so, zehn Personen! Höchstens zwei oder drei.*[48]

Sturzflüge im Zuschauerraum

Im selben Jahr noch führt Valentin im »Wien–München« die ersten Bruchstücke des *Tingeltangel* auf, das seine beliebteste Szene werden sollte und unter mannigfachen Titeln zur Aufführung gelangte: *Die Orchesterprobe, Theater in der Vorstadt, Der nervöse Musiker, Dichter und Bauer* und *Das komische Orchester*.

Liesl Karlstadt spielte zunächst nicht den Kapellmeister – der wurde von Karl Flemisch und später von Otto Wenninger dargestellt –, sondern einen der Orchestermusiker, manchmal auch die Soubrette oder die Frau Kapellmeister.
Tingeltangel ist wieder eine Parodie, diesmal aber nicht auf eine der Programmnummern, wie sie für den Singspielhallenbetrieb typisch war, sondern auf eine ganze Programmfolge in einem Varietétheater, einem Varietétheater in der Vorstadt wohlgemerkt, einem Etablissement also, das die entsprechenden Betriebe der Innenstadt auf rührende und unfreiwillig komische Art zu imitieren suchte.
Nicht eindeutig festzustellen ist, ob es sich bei *Tingeltangel* um eine Probe oder eine Aufführung handeln soll. Der oft verwandte Titel *Orchesterprobe* und die zahlreichen Gespräche zwischen dem aufsässigen Musiker und dem Kapellmeister deuten auf eine Probe hin, doch wird während des gesamten Stücks das Publikum immer wieder direkt angesprochen.
Die mitwirkenden Personen in *Tingeltangel* können wir in zwei Gruppen unterteilen. Zu der einen Gruppe gehören der Kapellmeister und sein Orchester, die an diesem Theater offenbar fest engagiert sind. Diese Personen beziehen also ein festes Gehalt. Während der Kapellmeister aber noch von einem bescheidenen Ehrgeiz beseelt ist, legen die Musiker nicht den geringsten Wert auf künstlerische Qualität. Ihr Lebensunterhalt ist gesichert, darum vermeiden sie jede unnötige Anstrengung.
Nachdem der Kapellmeister die Noten verteilt hat, ermahnt er die Musiker, sich genau an die Vorlage zu halten:
Sie brauchen nicht weniger zu spielen und nicht mehr.
VALENTIN: *Ja – mehr auf keinen Fall!*[49]
Die andere Gruppe besteht aus den Artisten – der Sängerin, dem Kunstradfahrer, dem Zauberer, der Soubrette und dem Hungerkünstler Succi (eine Anspielung auf den bekannten italienischen Hungerkünstler Ricardo Sacco, der 1904 auf dem Oktoberfest aufgetreten war). Die Artisten haben nur kurze Verträge auf Zeit, sie müssen sich jeden Abend bewähren und sich um die Verlängerung ihres Engagements sorgen. So reagiert der Zauberer entsetzt und wütend, als sein Auftritt mißlingt, während die Musiker jedes Mißgeschick im Orchester mit großer Gelassenheit hinnehmen. Aufgrund seiner gesicherten Position kann es sich Valentin erlauben, seinen Sadismus voll auszuspielen und die Artisten vor dem

Szenen aus *Tingeltangel*

Publikum lächerlich zu machen. Damit allein aber ist es noch nicht getan:
DER KAPELLMEISTER: *Wer schreit denn da so? (Er bemerkt den Souffleur.) Sie, Sie stehen ja dem Souffleur auf der Hand, gehen S' doch runter! (Karl Valentin ist ganz erstaunt, hebt seinen Fuß und schaut den Souffleur an.) Gehen S' auf Ihren Platz hinunter! Das kann ich nicht verstehen, steigt er dem Souffleur auf die Hand. Ja, ham denn Sie das nicht gspürt?*
VALENTIN: *Ja woher! – Er hat's gespürt! (Der Souffleur schreit immer weiter.) Jammert er recht?*⁵⁰

Sadismus und Genuß sind untrennbar verbunden. Diese Szene ist ein Beleg dafür – nicht der einzige im Werk Karl Valentins.

Die lockere Szenenfolge des *Tingeltangel* gestattete, an beliebigen Stellen zu kürzen, zu erweitern, Neues einzufügen, ohne die Geschlossenheit des Stücks anzutasten. So kamen dann witzige Einfälle, kleinere Episoden und Dialoge dem *Tingeltangel* zugute.

Zwei Fassungen eines kleinen Dialogs mögen Valentins Kunst der Umgestaltung veranschaulichen, seine Fähigkeit, Einfälle bühnenwirksam auszubauen. Es ist übrigens gut möglich, daß die unten zitierte Dialogstelle ihre Erweiterung einer Improvisation auf der Bühne verdankt. Das wäre dann einer der seltenen Fälle, in denen man sich an einen von zehn Witzen nach der Aufführung noch erinnert hat, wie Liesl Karlstadt bemerkte. Vielleicht ist die Neufassung aber auch am Schreibtisch entstanden. Jedenfalls kann man die zweite Fassung der beiden Versionen als Beispiel für die Improvisationskunst von Valentin und der Karlstadt betrachten, denn so ähnlich muß an vielen Abenden der Unterschied zwischen der Vorlage und dem tatsächlich gesprochenen Text gewesen sein.

Frühe Fassung:
KAPELLMEISTER: *Ja, der Kunstradfahrer ist gut, da versprech ich mir sehr viel von dem – für dem seine Zukunft ist gesorgt!*
VALENTIN: *Der wird erst noch gut – in zwanzig bis dreißig Jahren! – Das liegt bei diesen Leuten so in der Temperatur – sein Vater war gewiß auch so etwas Ähnliches. – Ein roter Radler oder so was Ähnliches.*⁵¹

Spätere Fassung:
KAPELLMEISTER: *Der Kunstradfahrer ist auch gut. Das verstehen Sie nicht.*
VALENTIN: *Der wird erst noch gut, wenn er noch zwanzig bis*

dreißig Jahre fährt. Das kann man nicht lernen, das ist angeboren, das liegt bei diesen Artisten schon im Blut, im Artistenblut, in der Familie, im Familienblut, im Artistenfamilienblut. Im artistischen Familienblut.
KAPELLMEISTER: *Na ja, das ist eben das Künstlertum, das steckt in diesen Leuten so drin. Dem sein Vater war...*
VALENTIN: *Sicher...*
KAPELLMEISTER: *Was sicher? Sie wissen ja gar nicht, was ich sagen will. Ich mein, dem sein Vater...*
VALENTIN: *Ja, das mein ja ich.*
KAPELLMEISTER: *Schau, der laßt mich nicht ausreden. Dem sein Vater war sicher auch ein großer Artist oder ein Rennfahrer.*
VALENTIN: *Oder ein roter Radler.*[52]

Tingeltangel war Valentins beliebtestes Stück, es war die beste Zugnummer aller Münchner Theater, in denen Valentin auftrat, und in Berlin nahm man es ihm regelrecht übel, wenn er es mal wagte, ein anderes Stück aufs Programm zu setzen. So mußte *Der Firmling* einmal schon nach der dritten Vorstellung abgesetzt werden. In solchen Fällen erwies sich die Popularität des *Tingeltangel* regelrecht als Fluch. Die Erwartungshaltung des Publikums war manchmal derart auf die Figur des Orchestermusikers im *Tingeltangel* fixiert, daß es Schwierigkeiten hatte, Valentin in einer anderen Rolle zu akzeptieren.

Vier Ereignisse prägten das Jahr 1922. In dem Züricher Kabarett »Bonbonnière« hatte Valentin seinen ersten Auslandsauftritt. Es war zugleich seine erste von drei Auslandsreisen überhaupt. Auf dem Programm stand *Die Orchesterprobe*. Im folgenden Jahr gastierte Valentin im »chat noir« in Wien und dann noch einmal in der »Bonbonnière«. Bedeutender als das Gastspiel in Zürich aber waren zwei Uraufführungen im »Germaniabrettl«: Am 1. Juli *Das Christbaumbrettl*, eines seiner besten und groteskesten Stücke, das zu den Höhepunkten des Avantgardetheaters seiner Zeit zu rechnen ist, und am 9. Dezember *Der Firmling*. Außerdem stand Valentin 1922 zum ersten Mal auf der Bühne eines großen Theaters, wenn auch noch nicht mit einem abendfüllenden Stück, sondern nur im Rahmen einer Mitternachtsveranstaltung, von der im nächsten Kapitel ausführlicher die Rede sein wird.

Der Firmling, eines der Glanzlichter in Valentins Repertoire, sollte 1931 seinem Autor viel Ärger bereiten. In einem Schaukasten in der Sendlinger Straße war eine Fotografie ausgestellt, die Karl

Valentin und Liesl Karlstadt in ihrer Szene *Der Firmling* zeigte. Die katholische Kirche lancierte die Falschmeldung an Presse und Polizei, einige Münchner hätten sich über das Foto beschwert, da es, wie das Stück selbst, »eine unwürdige und verletzende Verzerrung des heiligen Sakraments der Firmung« darstelle. Wie eine würdige und nicht verletzende Verzerrung des heiligen Sakraments auszusehen habe, verschwieg die Kirche damals leider. Auf »Empfehlung« der Polizei hat Valentin das beanstandete Bild aus dem Schaukasten entfernt. Niemand weiß, was geschehen wäre, wenn Valentin dieser »Empfehlung« nicht Folge geleistet hätte. Er war über die dumme Fehleinschätzung seines Stücks so wütend, daß er drohte, München für immer zu verlassen:

Ich laß mir das nicht gefallen. Weil es nix wie Schikane ist, genauso wie die Feuerpolizei keine Ruhe gibt und immer wieder uns neue Schwierigkeiten macht. Auf unsere Stall-Laterne auf der Bühne paßt der Brandinspektor auf, und hinter seinem Rücken brennt der Glaspalast* ab. So ist es. Aber jetzt ham mer's satt: Im September gehen wir nach Berlin. Ja, München sieht uns nicht mehr![53] Sehr ernst zu nehmen war diese Drohung nicht. Während seiner Gastspiele außerhalb von München litt Valentin schon nach wenigen Tagen unter unsäglichem Heimweh. München war seine Heimat, München liebte er, in keiner anderen Stadt hätte er leben können. In den Streit um das Schaukastenfoto schaltete sich bald auch Wilhelm Hausenstein ein. Hausenstein, der universalgebildete Schriftsteller und Kunsthistoriker, der vielseitige Journalist und später – auf Empfehlung von Theodor Heuss – der erste Botschafter der Bundesrepublik in Paris, ergriff in einem Zeitungsartikel, der eine Synthese von Interpretation und Polemik war, die Partei Valentins. Darin heißt es in dem für Hausenstein typischen, geschraubten Deutsch:

»Bei der Szene vom Firmling handelt es sich überhaupt nicht, handelt es sich in keiner Weise um das religiöse, um das kirchliche Motiv. Dies eben ist das Mißverständnis: daß nur irgendwo die Meinung aufkommen konnte, es handle sich beim Firmling um ein kirchliches Moment. Es handelt sich in dieser Szene vielmehr spezifisch, also wesentlich-lediglich um das soziologische Motiv: um den wackeren Handwerksmann, der seinem Firmling auf der

---

* Münchner Gemäldegalerie, die im Sommer 1931 durch Brandstiftung vernichtet wurde.

Grenze zwischen der kleinbürgerlichsten Kleinbürgerlichkeit und seiner schon proletarischen Armseligkeit einen sogenannten ›vergnügten Nachmittag‹ machen möchte. Es kommt hinzu: in dieser ausgesprochen soziologisch gemeinten Szene handelt es sich nicht einmal nur, nicht einmal hauptsächlich um Satire, sondern um eine Komik, die von einer unheimlich gesteigerten, phantastisch erhöhten Strenge und Genauigkeit der soziologischen Wahrnehmung getragen ist. Diese Satire ist, wenn man sie überhaupt mit dem Wort Satire bezeichnen darf, in keiner Weise frivol; sie ist vielmehr von jener unergründlichen Traurigkeit, ja Schwermut umwittert, die überall in der Geschichte genialer Komik das letzte Geheimnis ist.
In dieser Weise also hat man sich getäuscht, hat man das Wesen der Sache mißverstanden. Der Firmling ist aber ein Stück auf der Ebene des Gesellschaftlichen und gar nichts anderes.«[54]
Bemerkenswert ist auch, daß die katholische Kirche im *Firmling* erst neun Jahre nach der Uraufführung einen Angriff auf das heilige Sakrament der Firmung entdeckte.
Gewöhnlich reagiert die Kirche schneller, wenn sie eine Gelegenheit wittert, ihrer Lieblingsbeschäftigung nachzugehen: versuchen, Zensur auszuüben. Eine Zensur, die bis heute noch alle Bereiche des Lebens, bis ins Ehebett hinein, zu kontrollieren trachtet. Man darf davon ausgehen, daß bei der Uraufführung des *Firmling* und in den zahlreichen Aufführungen danach die Katholiken im Publikum nicht allzu spärlich vertreten waren. Kein Mensch hatte Anstoß genommen. Was die Kirche schließlich bewog, so spät zuzuschlagen, bleibt rätselhaft.

Ganz privat

Valentin, Brecht und ein Meisterwerk aus Versehen

Am 13. März 1920 putscht der rechtsradikale Nationalist Wolfgang Kapp gegen die Weimarer Republik. Noch am selben Abend besteigt Brecht, der sich damals in Berlin aufhielt, den Zug nach München. Am folgenden Tag schreibt er seiner Freundin Dora Mannheim: »Am Mittag, als es wärmer wurde, hielt es der Zug nimmer aus, der 15 Stunden gelaufen war, und spie mich in den Münchner Bahnhof aus, mit meinen Koffern und etlichen Bärten im Gesicht, ungewaschen in die Mittagssonne. Aber ich war kreuzvergnügt und trottete ganz langsam in die Pension und saß abends bis 11 im Kabarett bei Valentin und wälzte mich fast vor Lachen.«[55]

Diese Briefstelle ist das früheste schriftliche Zeugnis Brechts über Valentin. Mit großer Wahrscheinlichkeit hat er aber schon 1918 und 1919 Valentinvorführungen besucht. Wann sich die beiden Stückeschreiber persönlich kennengelernt haben, ist nicht mehr festzustellen. Als spätesten Zeitpunkt darf man den Sommer 1922 annehmen, als Valentin in einem Mitternachtstheater mitwirkte, das am 30. September, also einen Tag nach der Uraufführung von »Trommeln in der Nacht«, in den Kammerspielen über die Bühne ging. Solche Mitternachtstheater waren nach Uraufführungen keine Seltenheit. Sie wurden nur einmal gespielt und enthielten Szenen, die das gerade aus der Taufe gehobene Stück parodierten. Brecht selbst hatte dieses Programm, das »Die rote Zibebe« betitelt war, arrangiert, zumindest den ersten Teil: »Der Abnormitätenwirt«. Leider sind die parodistischen Szenen nicht mehr erhalten. Wir wissen nur, daß der Wirt von Max Schreck, dem Nosferatu in dem berühmten Murnau-Film, dargestellt wurde, daß Valentin einen taubstummen Conférencier spielte, Kurt Horwitz einen Virginiaraucher, Valeska Gert die Kamille, Liesl Karlstadt die Loreley und Brecht den Klampfenbene. Nach der Pause führte Valentin *Das Christbaumbrettl* auf mit Josef Eichheim als Schornsteinfeger. Für das Programmheft hatte Brecht einen Kurzessay über Valentin geschrieben, in dem es heißt: »Dieser Mensch ist ein durchaus komplizierter, blutiger Witz. Er ist von einer ganz trockenen, innerlichen Komik, bei der man rauchen und trinken kann und unaufhörlich von einem innerlichen Gelächter geschüttelt wird, das nichts besonders Gutartiges hat.« Und er schließt:

»Es ist nicht einzusehen, inwiefern Karl Valentin dem großen Charlie, mit dem er mehr als den fast völligen Verzicht auf Mimik und billige Psychologismen gemein hat, nicht gleichgestellt werden sollte, es sei denn, man lege allzuviel Gewicht darauf, daß er Deutscher ist.«[56]

Valentin, der ebenso ungern ins Theater ging wie Brecht, hat eine Vorstellung der »Trommeln in der Nacht« besucht. Klaus Völkers »Brecht-Chronik« zufolge war es die Uraufführung, Kurt Horwitz meint, es müsse sich um eine spätere Vorstellung gehandelt haben. Fest steht jedenfalls, daß sich Brecht, Horwitz, Liesl Karlstadt und Valentin hinterher im »Malkasten«, einer Kneipe in der Augustenstraße, trafen. Niemand wagte, Valentin zu fragen, was er von dem Stück hielt. Liesl Karlstadt lächelte verlegen vor sich hin, Valentin schwieg, Brecht und Horwitz waren zu höflich oder schüchtern oder beides, Valentin um seine Meinung zu bitten. Nach geraumer Zeit brach Valentin das Schweigen und sagte: *Ja wissen S', bei diesen modernen Stücken, da müßte am Schluß der Vorstellung einer kommen, der die Leute am Arm packt und ihnen sagt: ›Sie – es ist Schluß!‹* Nach Meinung von Kurt Horwitz hat Valentin mit dieser Äußerung genau die Schwäche des Stücks, die bühnenunwirksame Schlußszene, erkannt.

Ein Jahr später bereitete Brecht in den Kammerspielen die Inszenierung seiner Bearbeitung von Marlowes »Leben Eduards des Zweiten« vor. Darin ist eine Szene enthalten, die in den Krieg ziehende Soldaten zeigt. Brecht wußte nicht so recht, wie er diese Szene gestalten sollte. Er fragte jeden, der ihm über den Weg lief: »Was fühlen Soldaten, die in eine Schlacht ziehen?« Keine Antwort befriedigte ihn. Schließlich fragte er Valentin, und der sagte: *Angst ham s' – blaß san s'*. Brecht ließ die Soldaten für diese Szene kreideweiß schminken.

Ein bekanntes Foto zeigt Brecht als Klarinettenspieler neben Valentin und Liesl Karlstadt. Die Kulisse ist eine Oktoberfestschaubude. Unsinnigerweise wurde daraufhin behauptet – und auch ich war ursprünglich dieser Meinung –, Brecht und Valentin seien zusammen auf dem Oktoberfest aufgetreten. Wenn sie überhaupt je zusammen aufgetreten sind, dann in Valentins Stück *Das Oktoberfest*, auch *Sie und Er* (Filmtitel: *Karl Valentin und Liesl Karlstadt auf der Oktoberwiese*). Am wahrscheinlichsten ist jedoch, daß sich Valentin und Brecht lediglich vor dem Bühnenbild zur 1. Szene des *Oktoberfests* fotografieren ließen.

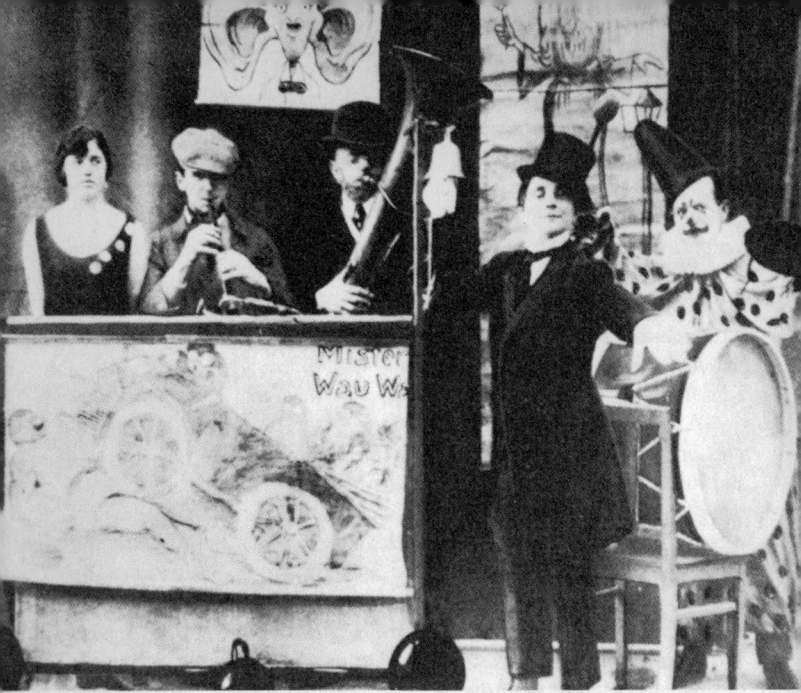

Szene mit Bert Brecht (2.v.l.) auf dem Oktoberfest

Aber einen Film haben Brecht und Valentin zusammen gemacht. Er entstand auf einem Speicher in der Tengstraße und ist so konfus geraten, daß die cineastische Fachwelt sich bis heute nicht darüber einig ist, ob es sich um ein abgeschlossenes Werk oder ein Fragment handelt. Ob Fragment oder nicht, *Mysterien eines Frisiersalons* wurde ein Meisterwerk, vielleicht weil es als solches nicht geplant war, ein Meisterwerk aus Versehen.

Amüsant ist die Vorgeschichte des Films. Ein reicher Schwarzhändler in München versuchte, buchstäblich um jeden Preis seinen Bruder beim Film unterzubringen, was sich aber wegen dessen mäßigem schauspielerischem Talent als nicht ganz einfach erwies. Brecht und Engel bekamen Wind von der Sache und gaben sich als erfahrene Filmleute aus. Der Schwarzhändler fiel auf den Schwindel herein und zahlte gute Gagen. Erich Engel erinnerte sich: »Wir kamen mit einem Zettel ins Atelier, standen flachsend herum und wußten nicht, wie man einen Film macht. Abends lachten wir, daß

wir von den Stühlen fielen. Am schönsten waren die Abende. Ich habe so einen Spaß nie wieder erlebt.«[57]
Ein Friseurgeselle (Karl Valentin) lungert auf seinem Bett herum, anstatt die drei Kunden zu bedienen, deren Bärte bedenklich wuchern. Die drei Männer beschweren sich beim Besitzer, allzulange warten sie nun schon. Wie lange? Stunden, Jahre? Man weiß es nicht. Eine Dame mit einem riesigen Furunkel auf dem Kinn (Liesl Karlstadt) betritt energisch den Salon und nimmt die Dienste des Gesellen in Anspruch, der das Geschwür mit Hammer und Meißel entfernt. Der eitle und cholerische Professor Moras (Erwin Faber) taucht auf und wünscht eine Frisur, die der auf seinem Plakat genau entspricht. Der Geselle verwechselt die Plakate, und bald hat der Professor eine Glatze, die lediglich in der Mitte ein langer Chinesenzopf ziert. Der Professor bekommt einen Wutanfall. In einem Nebenzimmer wird die Geliebte des Professors (Annemarie Hase) von der Frisiermamsell (Blandine Ebinger) gefoltert. Der Malträtierten gelingt schließlich die Flucht. Professor Moras sucht ein Restaurant auf und entwendet an der Garderobe einen Hut, um seine lächerliche Frisur zu bedecken. Darüber gerät der Hutbesitzer (Kurt Horwitz) derart in Zorn, daß er den Dieb zum Duell auffordert. Vorher aber läßt er sich noch in dem eigenartigen Frisiersalon rasieren. Dabei schneidet ihm der Geselle mit dem Rasiermesser leider den Kopf ab. Der Kopf rollt über den Boden und wird dann mit einer Bandage wieder an dem Rumpf befestigt. Der Kunde lebt und erschießt den Gesellen, der wenig später die Kugel aus seiner Brust pult und zu neuem Leben erwacht. Das Duell findet in einer Art fernöstlichem Tempel statt. Die Frisiermamsell hat sich heimlich in dem Tempel eingefunden und entscheidet das Duell zugunsten des Professors, indem sie mit einer Angelrute den Kopf des Gegners wieder vom Rumpf trennt.
Der Münchner Kritiker Walter Jerven meint, Valentin habe die *Mysterien* 1923 während seines Gastspiels in Wien gesehen und gerichtliche Schritte gegen die Weiteraufführung des Films unternommen, da Brecht seine Ideen verfälscht habe. Belegen läßt sich diese Behauptung nicht, es ist nicht einmal der Nachweis zu erbringen, daß die *Mysterien* überhaupt je zu Lebzeiten Valentins oder Brechts öffentlich aufgeführt wurden.
Was faszinierte Brecht an Valentin?
»Der ›Theaterfeind‹ Brecht kam zu jeder Valentinpremiere«,

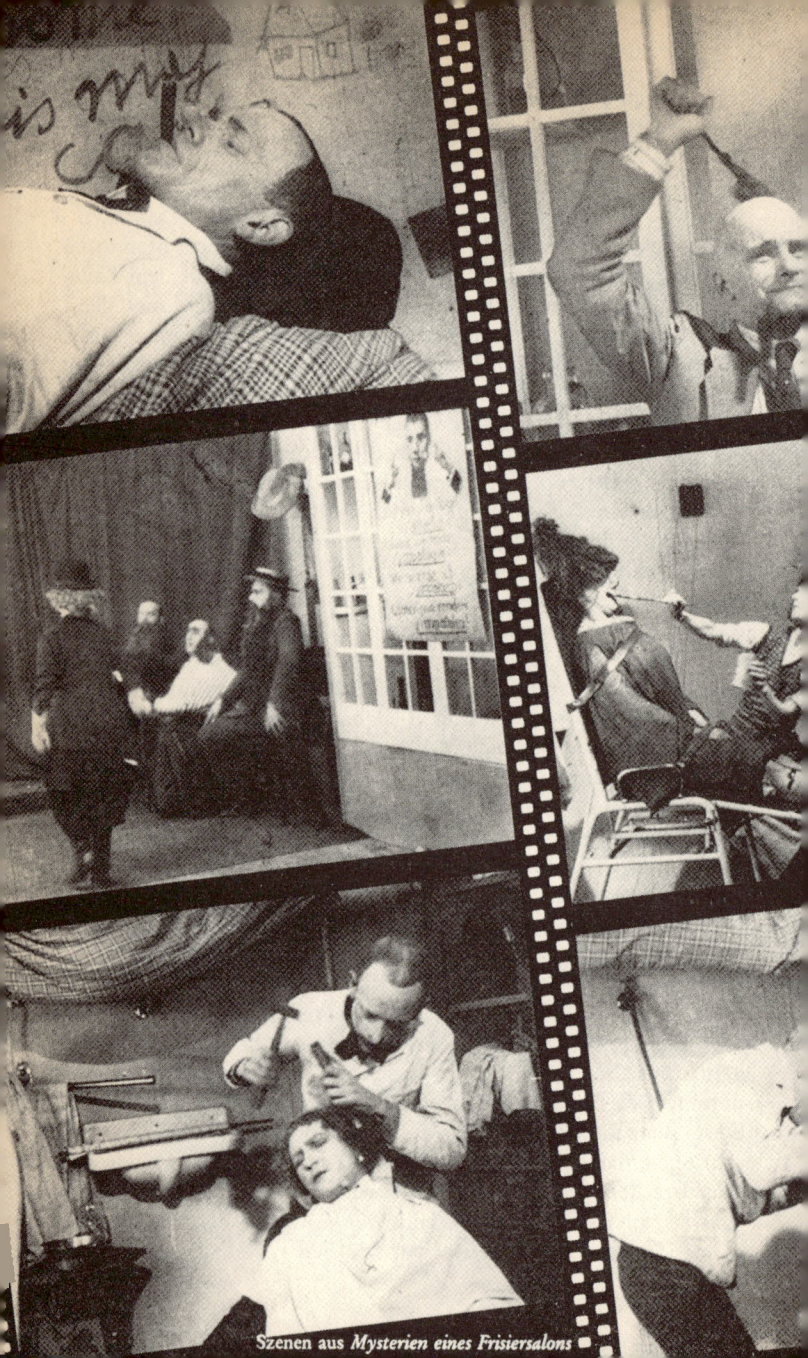

Szenen aus *Mysterien eines Frisiersalons*

schreibt Bernhard Reich. »Einmal animierte er mich, das Stück *Die Musikprobe (Tingeltangel)* anzusehen... Es war irrsinnig komisch, und Brecht lachte aus vollem Halse. Sooft Karl Valentin auftrat, kam Brecht. Manchmal setzten wir uns gar nicht nieder, sondern standen an einer Seitenwand des Saales. Ich vermute, daß er sich das eine oder andere Stückchen so oft ansah, weil er Beobachtungen sammelte und die Dramen- und Schauspieltechnik dieses außerordentlichen Volkskomikers studierte. Brecht mußte da einen prinzipiellen Unterschied zwischen Valentinscher Darstellung und dem allgemein geübten schauspielerischen Gestalten aufgespürt haben.«[58]

Das ist sicher eine richtige Beobachtung. Valentin war immer ein Schauspieler, der größten Wert auf Präzision legte, der ein distanziertes Verhältnis zu seinen Rollen hatte, das heißt, er *war* nicht der Orchestermusiker, sondern er *spielte* ihn; er identifizierte sich nicht mit dem betrunkenen Vater im *Firmling*, er stellte ihn dar. Es darf angenommen werden, daß Valentins damals völlig unübliche und neuartige Auffassung der Verwirklichung einer Bühnenrolle Brechts Theorie von der Aufgabe des Schauspielers zumindest beeinflußt hat. Valentin, ein Vorbild epischer Schauspielkunst – wie erklärt sich dann, daß er unfähig war, fremde Textvorlagen zu spielen? Es war wohl weniger die Angst vor fremden Texten, denn auch die eigenen beherrschte er nur höchst mittelmäßig, als die Angst vor fremden Regisseuren, denen er sich hätte unterordnen müssen. Er war es gewohnt, daß andere sich ihm unterordneten. (Nur im Filmatelier war er zu Konzessionen bereit. Auch Brecht vertraute eigentlich nur eigener Regiearbeit. Hinzu kam, daß Valentin unter fremder Regie seiner Improvisationslust nicht hätte so ungehemmt frönen können, wie er das gewohnt war.

Hausenstein hat einmal lobend betont, Valentin habe sein Leben lang immer nur feinste mimische Mittel angewandt, nie eine Fratze geschnitten. Nun, so ganz stimmt das nicht, wie nebenstehendes Foto beweist. Eine ähnliche Fratze schneidet er in dem Film *Im Schallplattenladen* (1934). Eine Reihe vor allem früher Szenenfotos belegt, daß sich Valentin gelegentlich durchaus drastischer Mimik bedient hat. Aber das sind Ausnahmen, und insofern hat Hausenstein nicht unrecht, wenn er auf Valentins Nuancenreichtum der Mimik hinweist. Auch Brecht trat für eine sparsame, sehr reduzierte Mimik ein. Und er warnte auch vor »dem lauten Sprechen«.

Die Fratze

Valentin hat nie, wenn er auch einen noch so Wütenden darstellte, gebrüllt. Hausenstein versichert: »Er redete mit einer vollkommenen Deutlichkeit des Vortrags, so rein vernehmlich, daß er auch noch verstanden werden konnte, wenn die Stimme leise ging – und das Diskrete, das Unbetonte auch im Reden, die Kunst des Akzentuierens gerade durch ein intimes Minimum von Tonstärke, mit halbem Raunen und Flüstern war diesem Künstler in überlegenen Graden gegeben.«[59]

Jedermann hat die Möglichkeit, in Brechts »Schriften zum Theater« nachzulesen, was Brecht von einem Schauspieler des epischen Theaters forderte. Zuweilen liest sich das wie eine Beschreibung der Bühnenkunst Karl Valentins. Ich möchte das jetzt hier nicht Punkt für Punkt abhaken, sondern mich auf ein exemplarisches Zitat beschränken: »Sie [die Schauspieler] machen unausgesetzt kleine Schritte, setzen sich, stehen auf und so weiter. In Wahrheit bewegen sich die Leute ziemlich wenig, bleiben lange stehen oder

behalten ihren Platz in einer Gruppe, bis die Situation sich ändert. Auf dem Theater muß man nun nicht mehr, sondern eher weniger Stellungswechsel haben als im Leben. Es muß mehr Plan und Logik in allem sein, denn die theatralische Darstellung muß die Vorgänge vom Zufälligen, Nichtssagenden reinigen. Sonst entsteht eine wahre Inflation von kleinem oder größerem Hin und Her, in der nichts mehr etwas bedeutet.«[60]
Nehmen wir eines der Valentinstücke, die Brecht nachweislich gesehen hat, das *Tingeltangel:* Valentin sitzt die meiste Zeit hinter seinem Notenständer und verläßt seinen Stuhl nur, wenn »die Situation sich ändert«. Im *Firmling,* den Brecht auch gesehen haben dürfte, spielt Valentin, von ein paar kleineren Szenen abgesehen, das ganze Stück an einem Tisch sitzend. In *Ein verhängnisvolles Geigensolo* und in dem weniger bedeutenden Film *In der Apotheke* bewegt sich Valentin kaum beziehungsweise gar nicht von der Stelle. Ob Mimik oder Gestik oder Bewegung oder Stimmaufwand, Valentin kam immer mit einem Minimum aus. Auch darin unterschied er sich von den Volkssängern, die ja nicht darauf aus waren, zu differenzieren, sondern einem möglichst gleichförmigen Typentheater anhingen. Der Bauer wurde als rauflustiger, versoffener Tölpel dargestellt, die Ehefrau durchweg als Xanthippe. Die Volkssänger waren ängstlich darauf bedacht, von diesen Klischees nicht abzuweichen. Darum ist es auch legitim, die Volkssänger, mögen sie sich auch in Kleinigkeiten voneinander unterschieden haben, über einen Kamm zu scheren. Valentin teilte mit den Volkssängern die Produktionsbedingungen und das Publikum. Und in diesem Rahmen sprengte er den Rahmen der Volkssänger.
Brecht verlangte vom Schauspieler, daß er nicht »in seiner Rolle aufgeht«, sondern daß er sie zeigt. Der Schauspieler soll nicht durch Pathos, durch Theatralik und Emotionalität überzeugen, sondern durch Präzision.
Wie das bei Valentin aussah, schildert sehr anschaulich Kurt Horwitz, der die Uraufführung des *Firmling* miterlebt hatte: »Es war eine Zeit, in der nicht nur die großen Schauspieler, Steinrück, Werner Krauss usw., ›soffen‹ – anders läßt sich das nicht ausdrücken –, sondern in der auch wir Jungen glaubten, nicht genial zu sein, wenn wir nicht auch, wie unsere Vorbilder, öfters alkoholisiert die Bühne beträten. Und nun erst gar, wenn wir einen Rausch zu spielen hatten! Im *Firmling* sahen wir zum ersten Mal, wie

Valentin einen Rausch spielte – wie der Kleinbürger, den er darstellte, mit seinem Firmlingsbuben, den Liesl Karlstadt unvergeßlich herrlich spielte, in das ihn vornehm dünkende Lokal geriet, in die ›Weinterrasse‹ – wie er den herablassend-frechen Kellner anschaute, dem er dann auch nichts schuldig blieb – wie der Rausch wuchs und wuchs, so daß zum Schluß das große, valentinische Durcheinander entstehen *mußte*.« Dabei sei es Valentin gelungen, keine Sekunde die kleinbürgerliche Figur zu verlassen. »Kein Mätzchen und kein bewährter Trick störten eine gleichsam magische Entwicklung bis zum turbulenten Ende. Nach der Vorstellung saßen wir zusammen. Wir dankten begeistert, und dann stellte einer von uns die Frage, die uns brennend interessierte: ›Herr Valentin, wie machen Sie den Rausch?‹ Er verstand die Frage gar nicht, und er sagte nur: ›Ja, wie? Machen?‹ Der Frager bohrte weiter: ›Trinken Sie *vor* dem Auftreten schon ordentlich? Und was? Bier? Wein? Schnaps?‹ Jetzt verstand Valentin erst. ›Ach so‹, sagte er, ›des kann i Eahna sag'n – ich mach's mit *Wasser*!‹

In diesem Augenblick begriff ich die ganze Größe Valentins – da er, unbewußt, durch sein Beispiel bewies, was Kunst eigentlich ist. Er war ja kein Antialkoholiker. Er wußte aber instinktiv, daß er ein vernebeltes Gehirn nicht brauchen konnte, weil die Präzision Chaplins und aller großen Clowns die Voraussetzung für seine Darstellungsweise bilden mußte. Ich selbst versuchte es von da an auch mit Wasser, nur noch leicht mit Wein gemischt.«[61]

Es bleibt die Frage, ob sich Valentin tatsächlich nur »unbewußt« und »instinktiv« für diese Art der Darstellungsweise entschieden hatte. Sicher hat er nicht so gründlich wie Brecht über die Aufgaben des Schauspielers nachgedacht, aber vielleicht hat er beim Einstudieren einer Rolle das Gehirn doch nicht völlig ausgeschaltet. Von Instinkt zeugt eher Valentins Fähigkeit, immer, auch für die kleinsten Nebenrollen, die richtigen Schauspieler gefunden und engagiert zu haben.

Besonders zu erwähnen ist in diesem Zusammenhang der extrem fettleibige Georg Rückert (geboren 1878 in Nürnberg, gestorben 1932 in München), der als Wirt im *Brillantfeuerwerk,* als der Angeber in *An Bord* und als Geheimrat Müller im *Bittsteller* die größten Erfolge seiner Laufbahn hatte. In zwei Valentin-Filmen können wir Georg Rückert noch sehen, in einer kleinen Nebenrolle im *Sonderling* und als Braut in *Valentins Hochzeit*. Übrigens ist

Karl Valentins Hochzeit, 1913

schon dieser frühe Film ein gutes Beispiel für Valentins schauspielerische Präzision. Ein paar Fotos aus der ersten Szene verdeutlichen das: Valentin klopft an die Haustür, tritt zur Seite und wartet. Nichts geschieht. Er klopft erneut. Jetzt ist er aggressiv, ungeduldig. Dementsprechend: Stellung der Beine, Neigung des Oberkörpers, Spreizung des Zeigefingers.
Präzision allein macht allerdings noch keinen guten Schauspieler aus, sie ist lediglich eine Voraussetzung für gutes Spielen. Alle, die Valentin auf der Bühne gesehen haben, berichten, daß von ihm eine Suggestivkraft ausging, die weder Film noch Schallplatte auch nur annähernd vermitteln könnten. Wir sind also auf zeitgenössische Schilderungen angewiesen, doch Suggestivkraft läßt sich schwer beschreiben. Mir scheint, daß es Kurt Horwitz noch am ehesten gelungen ist, durch das geschriebene Wort etwas von der faszinierenden Wirkung festzuhalten, die Valentin auf sein Publikum ausüben konnte. Darum sei er hier noch einmal zitiert:
»Selbst im alten, raucherfüllten, bierdunstigen Hotel Germania, hinter dem Hauptbahnhof, gab es Augenblicke, in denen ein keineswegs sensibles Publikum nicht mehr lachte – Augenblicke plötzlicher Tragik, die den dumpfesten Zuschauer ergriffen. Wenn Karl Valentin in den *Raubrittern vor München,* in der Erwartung des Kampfes mit der von Ramersdorf heranrückenden Raubritterbande, als Wachtsoldat Bene zur Ziehharmonika ›Morgenrot, Morgenrot‹ sang, dann wurde es langsam merkwürdig ruhig, nachdem man noch kurz vorher Tränen gelacht hatte.
Dann kam die Stelle:
Heute noch auf stolzen Rossen
Morgen durch die Brust geschossen
Übermorgen in das kühle –
An dieser Stelle ließ Valentin, der meisterliche Beherrscher vieler Instrumente, seiner Ziehharmonika sozusagen die Luft ausgehen. Es kam kein Ton mehr, sondern nur ein langgezogener Hauch aus Grabestiefen, ein Seufzer der Ewigkeit – und im Publikum hätte man den Fall einer Stecknadel hören können. Dann kam erlösend das Schlußwort
Gra – ab!
Und das Lachen stieg wieder befreit herauf.«[62]
Brecht war von den Singspielhallen angetan, weil das Publikum während der Vorstellung rauchen und trinken durfte und weil, im Gegensatz zum Kulturtheater, der Zuschauerraum nicht abgedun-

Die Raubritter vor München

kelt wurde, er war fast genauso hell erleuchtet wie die Bühne. Dem Publikum wurde also nicht eine falsche Wirklichkeit vorgegaukelt, es wurde nicht »verzaubert«, sondern ständig daran erinnert, daß es sich in einem Theater befand. Valentin hat das in fast allen seinen Stücken durch den buchstäblichen *Gebrauch* seiner Bühnenmittel, seiner Requisiten noch unterstrichen. Die Dekoration »muß mitspielen«, sagte Brecht.

Im *Alpensängerterzett* klappt der Vater am Schluß die Pappe zusammen, auf die die Gebirgslandschaft gemalt ist. Im *Tingeltangel* legt Valentin seinen schneebedeckten Hut und Mantel auf das Klavier. Der Stehgeiger ruft: *Halt! Halt! Nehmen Sie die Sachen hier weg! Es wird ja alles naß von dem Schnee.* Worauf Valentin beruhigt: *Der zerrinnt nicht, ist ja nur Christbaumschnee.*[63] In den *Raubrittern* rollt der Trommelbub Michl in der Aufregung den Theaterrasen ein und klemmt ihn sich unter den Arm. In der Clownszene *Die verhexten Notenständer* wachsen, schrumpfen und rotieren die Notenständer, am Schluß verbeugen sie sich

Die verhexten Notenständer

sogar. Brecht dürfte auch *Großfeuer* gesehen haben, das am 9. August 1923 im Steinickesaal uraufgeführt wurde und dann ab Oktober desselben Jahres als Mitternachtsvorstellung in den Kammerspielen zu sehen war. Der Schluß dieses Stücks erfüllt gleich zwei Wünsche Brechts – Wünsche, die dieser wohlgemerkt erst notierte, nachdem er Valentin-Aufführungen gesehen und studiert hatte – nämlich, das Publikum daran zu erinnern, daß es einer Theater*vorführung* beiwohnt, und die Dekoration mitspielen zu lassen. Ein Fotograf betritt die Bühne und möchte das Feuer und alle Personen, die damit zu tun haben, fotografieren. Ein Gruppenfoto vor dem brennenden Haus.

Der Fotograf: *Ach, jetzt haben Sie wieder gewackelt.*
Der Herr Kommandant [Karl Valentin]: *Ja, 's Feuer wackelt ja auch.*
Der Fotograf: *Ja, kann man denn das Feuer nicht einen Moment aufhalten?*
Wiggerl [Liesl Karlstadt]: *Natürlich, da brauch i bloß an Ventilator ausschalten. (Er läuft hinter die Bühne, man hört den Schalter knacken. Die durch den Ventilatorluftzug angetriebenen hin und her züngelnden Flammen aus roten und gelben Bändern bleiben mit einem Ruck stehen.)*
Der Fotograf: *Ja, so ist's gut, also bitte, jetzt ganz ruhig.*
Der Herr Kommandant: *Naa, i mag nimma! (Er geht vor zur Rampe, wendet sich dann zurück zu Wiggerl und sagt ihm leise etwas ins Ohr.)*
Wiggerl: *Ah, deswegen!*
Der Fotograf: *Warum will er denn nicht?*
Wiggerl: *Er mag nicht, daß man ihm beim Fotografieren zuschaut, jetzt geniert er sich, weil ihm die Leut im Parkett alle zuschaun.*
Der Fotograf: *Was für Leut?*
Wiggerl: *Das Theater-Publikum!*
Der Fotograf: *Das ist doch sehr einfach – da laß ma halt den Vorhang runter.*
Der Herr Kommandant: *Ja, dann mag ich! (Schnell fällt der Vorhang.)*

Valentin beteiligte die Requisite am Spiel, das war etwas völlig Neues und Ungewohntes bei den Volkssängern, denen das Bühnenbild lediglich als Illustration der Handlung diente. Mit dem stereotypen Bühnenbild der Bauernstube gaben sich alle Volkssänger zufrieden, die Bauernszenen zu spielen hatten. Die Singspielhallenbesitzer konnten zufrieden sein, sie brauchten nur eine Dekoration für verschiedene Szenen und Ensembles. Das war kostensparend und tat den Darbietungen keinen Abbruch, da sie ohnehin allesamt dem gleichen Schema folgten. Valentin war der erste Volkssänger, der auf eigenen Requisiten bestand.

Wie sehr Valentin darauf aus war, die Requisiten mitspielen zu lassen, zeigt eine kleine autobiographische Geschichte, in der Valentin aus seiner Zeit beim »Frankfurter Hof« erzählt. Mit viel Mühe hatte er den Wirt überredet, eine neue Bühne bauen zu lassen. Die Schwierigkeit war nur, daß keine Vorstellung ausfallen durfte. Die alte Bühne mußte also sofort nach Beendigung des Programms abgerissen und in einer Tag- und Nachtschicht durch die neue ersetzt werden. Da hatte Valentin eine zeitsparende Idee. Die Schlußnummer des Programms bildete ein Schwank, in dem ein Bauer zu spät nach Hause kommt und von seiner Frau eine Gardinenpredigt über sich ergehen lassen muß. Darauf wird der Bauer wütend und schlägt mit den Fäusten auf den Tisch. Vorhang. – Valentin weihte nur den Darsteller des Bauern in seine Idee ein und sonst niemanden:

Am Abend wurde das übliche Programm heruntergespielt, und dann kam die Schlußkomödie mit der letzten Szene. Als die Gardinenpredigt der Bäuerin zu Ende war, ergriff der Bauer nicht bloß das Wort, sondern auch ein Beil und schrie: ›Jetzt wird's mir aber amol zu dumm, Himmisapprament!‹, und ein wuchtiger Hieb zertrümmerte gleich die Zimmertüre, die natürlich nur aus Kulissenplatten und Leinwand bestand. Dann schrie er zum Fenster hinaus: ›Großknecht, da geh rei.‹ Ich erschien ebenfalls mit einem Beil – und nun ging es los.

Alle, der Besitzer des ›Frankfurter Hofs‹, die Besitzerin, die Stammgäste, das Publikum und die Bäuerin – alle sperrten Augen und Mund auf, als die ganze Bühne vor ihren Augen in Trümmer zerfiel. Sogar die Podiumsfußbodenbretter rissen wir auf. Einige Gäste flohen aus dem Saal, weil sie glaubten, die Schauspieler wären wahnsinnig geworden.

Kopfschüttelnd verließen die Gäste die Singspielhalle, und einige meinten: ›Die haben aber natürlich gespielt…!‹[65]

Brecht hätte seine helle Freude gehabt. In seinem frühen Stück »Die Kleinbürgerhochzeit«, entstanden 1919 und wahrscheinlich als Spielvorlage für Karl Valentin gedacht, gehen ja die Requisiten auch buchstäblich zu Bruch.

Valentins Maxime, die Requisiten mitspielen zu lassen, mag ein weiterer Text belegen, der bisher in keiner Werkausgabe erschienen ist. 1942, als sich Valentin schon längst mit Liesl Karlstadt verkracht hatte, schrieb er ein Zwischenspiel, das zu der bereits erwähnten Szene *Ehescheidung vor Gericht* überleiten sollte. Valentin hoffte noch immer, und nicht ganz zu Unrecht, daß die Karlstadt eines Tages zu ihm zurückkehren würde. Vorsorglich erweiterte er also das Stück, das er ihr schon einmal zur Versöhnung geschrieben hatte, um ein paar Szenen. Mit großer Wahrscheinlichkeit hat Brecht weder die alte noch die neue Fassung

dieses Stückes gekannt, und mit gleicher Wahrscheinlichkeit dürfen wir annehmen, daß Valentin Brechts »Schriften zum Theater« nie zur Kenntnis genommen hat. So sehr Brecht sich für Valentin interessierte, so wenig interessierte sich Valentin für Brecht.
Hier also das Zwischenspiel:
INTENDANT: *Wann könnten Sie mit Ihrem Gastspiel beginnen?*
KARLSTADT: *Sofort! – Gleich jetzt, anschließend an unsere Besprechung. Den ersten Akt haben wir soeben gespielt: ›Im Theaterbüro des Intendanten‹. Und jetzt kommt der zweite Einakter, der heißt: ›Ehescheidung im Gerichtssaal‹.*
INTENDANT: *Ja, da brauchen Sie aber doch eine neue Dekoration, einen Gerichtssaal.*
KARLSTADT: *Selbstverständlich!*
INTENDANT: *Dann müssen wir aber jetzt den Vorhang schließen zum Umbau.*
KARLSTADT: *Gar nicht nötig! Das Publikum sieht vielleicht mal ganz gerne, wie so ein Umbau hinter dem Vorhang vor sich geht.*
INTENDANT: *Gut! Bauen wir gleich bei offener Bühne um.*
KARLSTADT: *Und während umgebaut wird, zieh ich mich auch um.*
INTENDANT: *Auch auf offener Bühne?*
KARLSTADT: *Wenn's das Publikum will?*
INTENDANT (*zum Publikum*): *Soll sich Fräulein Karlstadt auf offener Bühne umziehen?*
PUBLIKUM: *Ja!!!*
KARLSTADT: *Des dat eich so passn!* (*ab*)
Am interessantesten für uns ist die nun folgende Regieanweisung Valentins:
Bühnenarbeiter kommen auf die Bühne und vollziehen den Umbau. – Wichtig: Die Bühnenarbeiter haben sich bei offenem Vorhang genauso zu benehmen wie bei geschlossenem. Ohne jegliche schauspielerische oder komische Bemerkung oder Geste, denn das würde das Gegenteil der Absicht des Autors bewirken.[66]
Man liest immer wieder, Valentin sei Brechts Lehrmeister gewesen oder Brecht habe in Valentin seinen Mentor gesehen. Das ist natürlich stark übertrieben. Brecht war ein Bewunderer Valentins, dem er manche Anregung verdankte, der Spuren in seinem Frühwerk hinterlassen hat und der vor allem seine Theorie eines zeitgemäßen Theaters mitgeprägt hat. Valentin war eine der zahllosen Quellen, die Brecht für sich nutzbar machte. Brecht verfuhr,

wie er selbst bekannte, in Fragen geistigen Eigentums recht lax, und so hat er auch mal ganz ungeniert bei Valentin abgeschrieben. 1924/25 schrieb Brecht »Das Elefantenkalb«, das als Zwischenspiel zu »Mann ist Mann« gedacht war. Valentinkennern fällt folgende Dialogstelle auf:
Polly: Wenn ich nur nicht meine Hornbrille verlegt hätte!
Uria: Oh, hier habe ich gerade zufällig eine dabei, wenn sie dir paßt.
Polly: Passen täte sie schon, wenn sie nur auch noch Gläser drin hätte. Sie hat keine Gläser.
Uria: Besser ist es immer wie nichts.[67]
Das kommt bekannt vor:
DER KAPELLMEISTER: [...] *Übrigens, was seh ich denn da, Sie haben ja gar keine Gläser in Ihre Augengläser drin.*
VALENTIN: *Seit fünf Jahren schon nimmer* [...]
DER KAPELLMEISTER: *Was setzen Sie dann das leere Gestell auf, das hat doch gar keinen Zweck.*
VALENTIN: *Besser ist's doch wie gar nichts.*[68]
P.S. Brecht hat sich noch in seinen späten Jahren auf Valentin bezogen. Das mag ein Auszug aus den Protokollen der Brecht-Strehler-Gespräche belegen, die bis heute nicht veröffentlicht worden sind.

»Strehler hat dann noch einige Detail-Fragen. Zum Beispiel: Das Singen.
Brecht weist auf das Vorbild Karl Valentin hin, der immer ›eine niedrige Gattung der Kunst gab‹. Er brachte immer nur eigene Sachen, und die brachte er bösartig und verdrossen und ganz dünn. Er spielte immer jemanden, der nur für Geld spielt, mit einem Minimum an Aufwand, so daß er eben gerade den Vertrag erfüllte. Aber dazu hatte er plötzlich kleine Amüsements, nicht etwa für das Publikum, sondern nur für sich, wenn er beispielsweise ein Lied sang und den Inhalt dieses Liedes dabei parodierte und jedenfalls irgendwie kritisierte.«[69]

Die Raubritter und der Weg nach oben

Die finanzielle Lage der Münchner Kammerspiele war 1923 alles andere als erfreulich. Schon lange war kein neues Stück mehr inszeniert worden, und die aufwendigen Proben der Brecht-Bearbeitung von Marlowes »Edward the Second« bedeuteten zusätzliche finanzielle Belastungen. Brecht führte damals selbst Regie. Es mußte dringend ein Stück in den Spielplan aufgenommen werden, das für längere Zeit ein ausverkauftes Haus garantierte. Da kam dem Regisseur Rudolf Frank der Gedanke, Valentin für Nachtvorstellungen an die Kammerspiele zu engagieren. Obwohl Otto Falckenberg damit nicht einverstanden war – er glaubte, Valentin sei nicht seriös genug für sein Theater –, gelang es Frank, seinen Willen durchzusetzen.
Er hatte allerdings die Rechnung ohne den Wirt gemacht. Valentin wollte nicht. Er war der gleichen Ansicht wie Otto Falckenberg. Er hatte Angst vor dem anspruchsvollen Publikum und meinte, er passe in kein Theater, sondern nur auf die Podien der Singspielhallen. Er fürchtete, man würde ihn im Theater geringschätzen. Rudolf Frank erzählt, wie es ihm endlich gelang, das Eis zu brechen.
»... da ich ihm mit dem gleichen Respekt wie dem Dichter Brecht entgegenkam, ihm für jede Vorstellung 50 % der Kasseneinnahmen versprach und unsern Theatermeister in Valentins Gegenwart anwies, ihm alles Gewünschte zur Verfügung zu stellen. Valentin zweifelte, ob dies geschehen werde, und um uns auf die Probe zu stellen, verlangte er mit dem ihm eigenen Spitzbubengrinsen ›einen Zentner Zement‹. Wozu? Ich fragte es nicht. Am folgenden Morgen war der Zentner zur Stelle, um niemals benutzt zu werden. Noch monatelang stand er im Weg. Doch der Vertrag war perfekt, die Plakate klebten, Valentins Nachtvorstellungen waren ausverkauft, und er eröffnete jede mit ureigenen Lichtreklamen, so blödsinnig komisch, daß Wogen unbändigen Lachens das Haus überfluteten.«[70]
Die Lichtbildreklamen waren Diapositive (9 × 12 cm), die vor der Vorstellung auf eine Leinwand projiziert wurden. Ab 1928 hat Valentin seine Diapositive gegen Honorar an Kinos und Kabaretts verliehen. Er legte sich sogar, wie Briefköpfe und Lieferscheine belegen, eine zusätzliche Berufsbezeichnung zu: »Lichtbildverlei-

her«. Über hundert Diapositive standen zur Auswahl. Hier ein paar Kostproben:

ALLEINSTEHENDE FRAU,
welche sich endlich einmal niedersetzen will,
sucht Sessel oder Stuhl zu kaufen.
Foto erwünscht. Niedelgeigenstr. 1/8.

In schönster Lage Münchens ist ein
GEBRAUCHTES TAFELKLAVIER
zu verkaufen. Offerte unter 2 1789 3 5 38 17 62 58

Haltet Euere Zimmeröfen sauber!!
Heizt nicht ein!!!

SCHÖNER PAPAGEI,
gut sprechend,
samt Messingkäfig entflogen.
Dortselbst ist auch eine leere Badewanne zu verkaufen.

KOCHHERD
samt Feuer und halbfertigem Schweinsbraten
sofort zu verkaufen.

STRICKE ZUM AUFHÄNGEN
liefert Seilermeister Huber.
Viele Dankschreiben und Anerkennungen liegen auf.

Das anwesende Publikum wird gebeten,
das nachstehende Lichtbild laut mitzulesen:
Hutfabrik Breiter. Bevor Sie Ihren Bedarf an Stiefeln decken,
besichtigen Sie mein reichhaltiges Lager an
Hüten, Kappen, Mützen, Strohhüten, Filzhüten, Hauben,
Zylindern, Tschabiglappi, Kopfbedeckungen, Pelzmützen,
Zipfelhauben, Strohmützen, Filzkappen, Kopfhauben,
Strohkappen,
Pelzhüten, Zipfelzylindern, Filzmützen,
Pelzbedeckungen,
Tschabiglappimützen, Zylinderstrohbedeckungen,
Filzpelzmützenhelmen, Zylinderkappenmützen,
Strohhutkappzipfelhaubenhutmützenfilzpelzhüten.[71]

Der große Erfolg, den Valentins Nachtvorstellungen beim Publikum hatten, ermutigte ihn, ein zweiaktiges Stück zu schreiben. Wir erinnern uns, daß in den Singspielhallen nur Einakter zugelassen waren. Also verfaßte er für die Kammerspiele den Zweiakter *Die Raubritter vor München,* der dort am 1. April 1924 uraufgeführt wurde. Das Publikum brachte Valentin und Liesl Karlstadt Ovationen dar, die Kritik war begeistert. Dieser Abend war einer der Höhepunkte in Valentins Leben. Er hatte nun endgültig den Durchbruch geschafft, er war aufgenommen in die Welt des großen Theaters. Dennoch trat er auch weiter in den Singspielhallen auf. Aber wo er nun auch immer gastierte, in den Kammerspielen, in Münchner Singspielhallen oder im Berliner Kabarett der Komiker, er spielte stets vor ausverkauften Häusern.

Formal hat Valentin sehr viel kühnere, avantgardistischere Stücke geschrieben als die *Raubritter,* die, oberflächlich betrachtet, in die Tradition des Militärschwanks gehören. Freilich hat es nie zuvor ein so poetisches, leises und aktionsloses Militärstück gegeben. Nur in der letzten Szene, wenn Kanonenkugeln über die Bühne und in den Zuschauerraum fliegen, geht es hoch her. Und gerade darin sah Walter Jerven in seiner Kritik zur Uraufführung die Schwäche des Stücks: »Man bedauert es, ihn im zweiten Bild, wo es mit Kanonen und großem Bumbum gegen die anrückende Bande geht, mehr agieren als gestalten zu sehen.«

Das Bühnenbild der Uraufführung erinnerte, wie zahlreichen Kritiken zu entnehmen ist, an eine Spitzwegszenerie. Sogar eine lebendige Gans und ein lebendiges Schwein gab es anfangs zu sehen, wobei, wie anderntags in der Zeitung zu lesen war, das Schwein seinem Namen alle Ehre machte und allzu realistisch spielte.

Der Eröffnungsdialog zwischen dem Wachtposten Bene (Valentin) und dem Trommlerbuben Michl (Liesl Karlstadt) ist eines der schönsten Zwiegespräche zwischen Valentin und Liesl Karlstadt überhaupt. Bene beschwert sich, daß Michl ihn aufgeweckt, wo er doch gerade so schön geträumt habe, eine Ente zu sein, die im Begriff war, einen Wurm zu verspeisen, einen Wurm, *zwanzig Zentimeter gelb.* In dem anschließenden Disput über die Frage, ob das ein schöner Traum sei oder nicht, vermischen sich Wirklichkeit und Traumwirklichkeit.

MICHL: *Nun ja, es ist ja gleich, ein schöner Traum war's doch net.*
BENE: *Ja, für a Entn scho –*

MICHL: *Ja, für a Entn, aber du bist ja koa Entn!*
BENE: *Ja, aber im Traum war ich eine Entn; überhaupt, für solche Träume bist du noch z' jung.*[72]
Schon diese Szene zeigt, wie weit Valentin sich vom gängigen Militärschwank entfernt hat.
Im Deutschen Literaturarchiv in Marbach machte ich einen seltsamen Fund. Im Nachlaß von Hermann Broch befindet sich ein Typoskript der *Raubritter*. Wie Broch an dieses Typoskript kam und warum er es aufbewahrte, ist mir schleierhaft, denn Broch und Valentin waren ja nicht gerade das, was man verwandte Geister nennt. Vielleicht findet das Rätsel seine Lösung, wenn einmal die ganzen Waggonladungen der Brochschen Korrespondenz veröffentlicht sein werden. Wie dem auch sei, das Typoskript belegt, daß die *Raubritter*, so wie sie uns heute im Druck vorliegen, ergänzungsbedürftig sind. Ich kann hier nicht auf einzelne Abweichungen und Zusätze eingehen. Das wird die Aufgabe der längst fälligen kritischen Gesamtausgabe sein. Dennoch möchte ich nicht unerwähnt lassen, daß der zweite Akt anders anfängt als in den vorliegenden Buchausgaben. Was dort als erste Szene abgedruckt wird, ist in Wahrheit die zweite. Diese kurze Eröffnungsszene des zweiten Akts sei hier vollständig zitiert, weil der originale Text sonst nirgends greifbar ist. Die Stimmung des zweiten Akts wird durch diese Ouvertüre gegenüber der gedruckten Vorlage verändert, erhält, obwohl Slapstick schon angedeutet wird, eine melancholischere, menschlichere Note:
(Vorhang auf, Gewitterstimmung, Blitz, Donner, Wetterleuchten.)
BENE *(steht im Schildwachhaus, ist ganz allein und fürchtet sich. Schreit): Michl, Michl, wo bist denn, ich fürchte mich so. Kein Mensch is da. (Bei jedem Blitz zuckt er zusammen.) Jetzt läute ich einmal die Wache heraus. (Läuft schnell aus dem Schildwachhaus heraus, zieht an der Glocke, läuft ebenso schnell ins Schildwachhaus hinein. – Wache kommt heraus, Wache ab.)*
BENE *(zum Korporal): Ich hätt ja bloß dich allein mögn.*
KORPORAL: *Was hast denn, narrischer Kerl, warum läutest du so.*
BENE: *Ich hab gmeint, du sollst allein rauskommen zu mir, denn ich fürchte mich so schrecklich vor den Räubern und vor dem Gewitter.*
KORPORAL: *Pfui Teufel, pfui Teufel, schäm dich, wie kann man sich denn als Soldat fürchten? Das gibt es nicht, du bist ein rechter Feigling.*

(Von hinten ein Schuß. Beide erschrecken furchtbar.)
KORPORAL *(schreit und läuft ab.)*
BENE: *Jess, Maria und Josef. (Will sich im Schilderhaus verstecken.)*

Der enorme Erfolg der *Raubritter* beflügelte Valentin, dem ganzen Stück einen neuen ersten Akt voranzustellen, so daß die ursprünglichen Akte eins und zwei nun Akt zwei und drei wurden. Von diesem später hinzugekommenen ersten Akt wissen wir nur durch ein paar Zeitungsartikel. Entweder wurde der neue erste Akt vollständig improvisiert, oder das Manuskript ging verloren, oder es schlummert in einem Archiv oder einer Privatsammlung und harrt der Entdeckung. Nur das ist bislang bekannt: Liesl Karlstadt spielte in diesem ersten Akt einen Schusterjungen, Karl Flemisch trat als Schustermeister auf, um dann den Metzgerburschen und den Korporal zu verkörpern. Otto Wenninger verkörperte den Hauptmann der Bürgerwehr, den Fuhrmann und den Aktuar. »So stellt er hier kurz nacheinander drei vorzügliche grundverschiedene Figuren hin, von denen jede einzelne ihre eigene Farbe hat«, hieß es in einer Kritik.

War Valentin ein Volkssänger, der nur ein wenig aus der Reihe tanzte, oder war er ein genialer Stückeschreiber und Schauspieler, war er ein versöhnlicher Humorist oder ein erbarmungsloser Komiker? Die Kritiker stritten, aber in einem Punkt waren sie sich einig: Valentins Ensemble, obwohl ständig wechselnd, war immer perfekt und sorgfältig zusammengestellt. Am liebsten hätte Valentin manchmal bizarre Typen von der Straße weg engagiert, aber daran hinderte ihn seine Schüchternheit. Das Buch »Fellinis Faces« wäre für ihn eine Inspirationsquelle ersten Ranges gewesen. Er liebte das Abnorme und den Kontrast auf der Bühne. Die Bürgerwehr in den *Raubrittern* ist eine Ansammlung extrem kleiner und großer und extrem dicker und dürrer Figuren. Oder man denke an den Riesen und die Riesin im *Photoatelier*.

Unzählige Arbeiten, die Valentin nach 1939 schuf, legen Zeugnis ab von seiner antimilitaristischen Haltung. Und man darf davon ausgehn, daß er nicht erst seit dem Ausbruch des Zweiten Weltkriegs diese Haltung einnahm. Um so auffallender ist der hohe Anteil an Uniformstücken in seinem Werk. Valentin hat drei Komödien geschrieben, die mehr als einen Akt umfassen, und alle drei sind Militärstücke: *Die Raubritter vor München*, *Das Brillantfeuerwerk oder ein Sonntag in der Rosenau* und *Ritter Unken-*

stein. Hinzu kommen noch die Einakter *Der Herzog kommt* und *Aus guter alter Zeit,* beide 1916 (!) entstanden. Wie läßt sich eine so offenkundige Vorliebe fürs Militärische mit der Behauptung vereinbaren, Valentin sei Antimilitarist gewesen? Mit geradezu liebevoller Menschlichkeit zeichnet Valentin die Militärs in diesen Stücken. Die Soldaten und ihre Vorgesetzten sind keine Mörder, keine herzlosen Bestien, sondern gleichen eher Gestalten aus Spitzwegidyllen. Hinzu kommt, daß Valentins Militärstücke nie in der Katastrophe, sondern immer versöhnlich enden. Das gilt auch für die *Raubritter,* deren Schlußszene eher karnevalistischen Slapstick als die Greuel eines Krieges vorführt. Der dritte Akt des *Ritter Unkenstein* schließt zwar makaber genug, aber dennoch dürfte niemand daran zweifeln, daß es sich hier nicht um ein Happy-End handelt. Wenn Valentin jemals Humorist und nicht Komiker war, dann in den Militär- oder allgemeiner gesagt, in den Uniformstücken, wozu auch der Einakter *Großfeuer* zu rechnen wäre, der ebenfalls versöhnlich endet.

Im Gegensatz zu allen anderen Szenen und Stücken Valentins spielen die Militärkomödien nicht in der Gegenwart. Sie sind zwischen Mittelalter und 19. Jahrhundert angesiedelt, mit Ausnahme von *Das Brillantfeuerwerk.* Der Untertitel der *Raubritter* lautet: *Eine historische Gaudi aus guter alter Zeit.* Genau das war es. Im Militär alten Zuschnitts sah Valentin ein Symbol der guten alten Zeit, nach der er sich sehnte und die er in seiner Kindheit und Jugend noch erlebt zu haben glaubte. Diese Militärs waren ebenso bieder wie kleinbürgerlich, königstreu wie verschlampt und an privatem Blumenkastenglück mehr interessiert als an kriegerischen Heldentaten – die scheinbaren Garanten einer heilen Welt. *Das war noch eine goldene Zeit bis 1914,* schrieb er gegen Ende seines Lebens, *dann is' der Saustall losgangen.*[73]

Wie jedes Kind war Valentin in seiner Jugend von Uniformen fasziniert. Im 19. Jahrhundert, der »goldenen Zeit«, hatte die Vorstadt Au eine eigene Bürgerwehr. Nicht minder interessant war die Wache auf dem Marienplatz, von der Valentin in einer unveröffentlichten, autobiographischen Skizze erzählt: *Für militärische Ereignisse hatten wir Buben damals großes Interesse. Stundenlang saßen wir Buben so um das Jahr 1890 auf dem Rande des Fischbrunnens am Marienplatz vor der Wache und warteten, bis sie abgelöst wurde. Und ganz feierlich war es, wenn hie und da ein hoher Offizier oder General vorbeiging, da rumpelten ca. fünfzehn*

Brillantfeuerwerk mit Georg Rückert als Wirt

bis zwanzig Soldaten aus dem Wachlokal heraus. Valentin beschreibt, wie die Wache dann das Gewehr präsentierte, von einem Leutnant herumkommandiert wurde und schließlich wieder ins Wachlokal abschob. *Wenn z. B. vor der Wache an einem Tag fünfzigmal hohe militärische Persönlichkeiten vorbeigegangen waren, mußten die Soldaten fünfzigmal dieses Herausrumpeln wiederholen.*[74]

Eine der komischsten Stellen in den *Raubrittern* ist die Szene, in der Bene dem Fuhrmann Grenzen und Möglichkeiten seiner Befugnisse demonstriert und viermal hintereinander die Wache herausläutet. Bene muß nur an einem Glockenstrang ziehen, dann hat die Wache zu erscheinen. In dieser Szene wird das Militär nicht belächelt, sondern lächerlich gemacht – die Erfüllung einer Vorschrift ist allemal wichtiger als der Sinn einer Vorschrift.

Das Brillantfeuerwerk oder ein Sonntag in der Rosenau ist, wie bereits erwähnt, Valentins einzige Militärkomödie, die nach 1914, ja

Die »Rosenau« um 1900

sogar nach 1918 spielen könnte. Dennoch ist auch dieses Stück eine Liebeserklärung an »die gute alte Zeit«. Die »Rosenau« war ein Gartenlokal in der Schleißheimer Straße 128 und wurde vor allem von Soldaten und ihren Liebchen frequentiert, besonders am Wochenende. 1887 wurde die »Rosenau« eröffnet, aber 1921 bereits wieder geschlossen. Damit war ein weiteres Stück Münchner Tradition unwiederbringlich dahin. Ich glaube nicht, daß es Valentins *Brillantfeuerwerk* gäbe, wenn die »Rosenau« noch zwei oder drei Jahrzehnte länger existiert hätte. Dieses Stück, Valentins leiseste, poetischste Komödie, wurde am 5. Mai 1927 uraufgeführt. *Das Brillantfeuerwerk* war der Versuch, die letzten Reste Altmünchens auf die Bühne zu retten. Thematisch hielt sich Valentin an Spielsituationen, die gern von den Volkssängern dargeboten wurden: Der Ortsfremde findet sich nicht zurecht, das Kocherl verliebt sich in den feschen Soldaten, und der Soldat lädt das Kocherl in eine Wirtschaft ein. Aber bei Valentin wird daraus eben nicht ein lärmender, polternder Militärschwank, sondern etwas, das, wie Hausenstein so schön sagte, »einen Jean Paul ergriffen haben würde«.

Das Brillantfeuerwerk wurde übrigens im Schauspielhaus uraufgeführt. Valentin war durch seine zahlreichen Auftritte in den Kammerspielen inzwischen an den Betrieb und das Publikum eines regulären Theaters gewohnt, und so rechnete sich der damalige Generalintendant der Bayerischen Staatstheater, Erwin Georg Heinrich Karl Bonaventura Klemens Freiherr von Franckenstein, gute Chancen aus, Valentin verpflichten zu können. Nach langem geduldigem Zureden unterschrieb Valentin schließlich einen Vertrag. Im Januar und Februar 1928 sollte er insgesamt achtmal die Rolle des Frosch in der »Fledermaus« übernehmen. Für jede Vorstellung wurde ihm eine Gage von 300 Reichsmark zugesichert, pro Abend also eine Summe, die dem Monatsgehalt eines verheirateten Beamten mit zwei Kindern entsprach. Kurz vor Probenbeginn erhielt von Franckenstein einen Brief von Karl Valentin:

Sehr geehrter Herr Generalintendant!
Der Gedanke allein, als Münchner Volkssänger in einem so großen Institut zu arbeiten, macht mir schon heute solche nervöse Zustände, daß ich gezwungen bin, den mit Ihnen geschlossenen Vertrag zu lösen. Ich habe mich jetzt einer neuen Heilmethode unterworfen, die mir vielleicht bis nächstes Jahr Gesundheit bringt und dann werde ich wieder bei Ihnen erscheinen. Ich bitte Sie herzlichst, mir deshalb nicht böse zu sein, denn Sie haben ja meine Zögerung von Anfang an bemerkt.
Mit allergrößter Hochachtung
Ihr Karl Valentin[75]

Dieser Brief zeigt, daß Valentin ein von höchsten Theaterinstanzen umworbener Schauspieler war. Er konnte es sich erlauben, Zusagen zurückzuziehen, ohne befürchten zu müssen, künftig keine Engagementsangebote mehr von den betroffenen Theaterintendanten zu bekommen. Außerdem konnte er sich damals auch finanziell leisten, attraktive Angebote auszuschlagen, wenn es ihm paßte.

Den Frosch spielte er dann doch noch, wenn auch erst 1941/42, und zwar im Staatlichen Theater am Gärtnerplatz, und vermutlich zu wesentlich ungünstigeren Bedingungen. Zu dieser Zeit, mitten im Krieg, hatte sich Valentins finanzielle Situation so sehr verschlechtert, daß er gezwungen war, die ungeliebte Rolle in dem ungeliebten Theater zu spielen. Natürlich durfte er sich für seinen

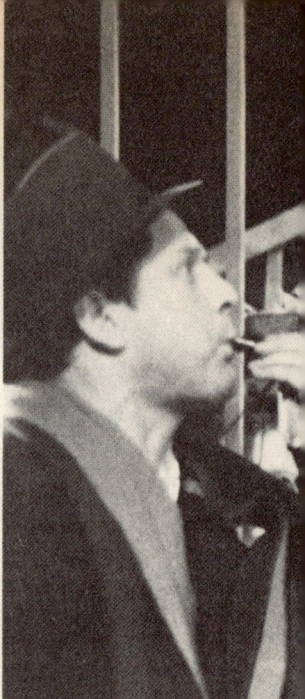

Auftritt einen eigenen Text schreiben. Er war der erste und einzige Gefängniswärter Frosch, den es je gab, der in dieser Rolle keinen Alkoholiker darstellte – und zwar nur, um ein politisches Witzchen unterzubringen, in dem auf den Mangel an Konsumgütern angespielt wird.

DOKTOR BLIND: *Warum zittern Sie denn so?*
FROSCH: *Ich zittere nicht, sondern mich friert.*
DOKTOR BLIND: *Ja, wovon friert Sie denn?*
FROSCH: *Ach, das verfluchte Jopaeis.**
DOKTOR BLIND: *Warum essen Sie denn dann Jopaeis? Ihr anderer Kollege hat immer Schnaps getrunken.*
FROSCH: *Ja, der hat noch einen ghabt.*[76]

---

* Damals und noch in den 50er Jahren beliebteste deutsche Speiseeisfirma, etwa so bekannt wie heute Langnese.

Valentin als Frosch in der »Fledermaus«

Solche Witze kamen beim Publikum gut an und waren relativ ungefährlich. Wir werden an anderer Stelle sehen, daß sich Valentin noch sehr viel weiter vorwagte.
Doch zunächst kehren wir zurück ins Jahr 1924. Im September und Oktober steht Valentin auf dem Programm des Neuen Operettenhauses am Berliner Schiffbauerdamm mit *Theater in der Vorstadt* (= *Tingeltangel*). Es war sein erstes Berliner Gastspiel, wenn man von dem Desaster mit dem Orchestrion 1907 absieht. Unter den Zuschauern saß eines Abends auch ein gewisser Kurt Robitschek. Robitschek war ein bekannter Kabarettschriftsteller, schrieb zahlreiche Liedertexte für Robert Stolz und trat auch gelegentlich als sein eigener Interpret auf. Am 1. Dezember 1924 wurde er Direktor und künstlerischer Leiter des Kabaretts der Komiker am Kurfürstendamm 193/4. Er mußte 1933 emigrieren. Über seine Heimatstadt Prag ging er nach Paris, wo er das

Kabarett ABC leitete, und dann in die USA. Dort starb er 1950 im Alter von sechzig Jahren. – Nach Valentins Vorstellung im Neuen Operettenhaus ging Robitschek in die Garderobe, um Valentin für das Kabarett der Komiker zu engagieren. Verständlich, da Valentin mit dem *Theater in der Vorstadt* damals einen geradezu triumphalen Erfolg feiern konnte. Anläßlich dieses Gastspiels schrieb Kurt Tucholsky für die »Weltwoche« seinen berühmten Aufsatz »Der Linksdenker«. Robitscheks Versuche, Valentin für sein Kabarett abzuwerben, stießen zunächst auf keine Gegenliebe. Zwar war Valentin wohl nicht grundsätzlich abgeneigt, doch was aus Robitscheks ersten Bemühungen wurde, das soll der folgende Auszug aus dem Brief Robitscheks vom 12. November 1925 an Valentin dokumentieren:
»... Wir haben eigens Hans Reimann engagiert, um Ihnen die entsprechende Garde von Narren zu geben. Nun haben Sie abgesagt und wir sitzen trauernd, wenn auch nicht hoffnungslos in Berlin.
Unsere Hoffnung ist jetzt das Januargastspiel.
Lieber Karl, da sogar das Münchner Hofbräuhaus in den nächsten Tagen in Berlin einzieht, so ist auch für Sie die Möglichkeit gegeben, als Missionar bayrischer Kultur hier zu erscheinen.
Bitte schreiben Sie uns raschestens eine Zusage für den Monat Januar, schreiben Sie Gagen- und Behandlungsbedingungen. Wir müssen Ihre Entschließung sofort haben...«[77]
Valentin sagte erneut ab, doch Robitschek übte sich in fernöstlicher Geduld, trug Valentin nichts nach, ließ es sich zumindest nicht anmerken, und bemühte sich weiter um ihn.
Vielleicht hatte Robitschek in dem zitierten Brief den Fehler gemacht, Hans Reimann zu erwähnen. Auf den war Valentin nicht sehr gut zu sprechen, da dieser Literat, Kabarettist und selbstgefällige Kritiker in seinen Auftritten hemmungslos Valentins Pointen und Ideen verwandte. Valentin war das nicht verborgen geblieben, und als er einmal von Reimann in dessen Haus empfangen wurde, sagte er: *Dankschön, daß Sie mich durch die Haustür reinlassen.* Reimann verstand nicht recht, und Valentin erklärte: *Ich hab' denkt, daß ich bei Ihnen durch den Lieferanteneingang rein muß.*
– Diese verbürgte Anekdote findet sich natürlich nicht in Reimanns Erinnerungsbuch »Mein blaues Wunder« – ein gut gewählter Titel, da Reimann darin, wenigstens was Valentin betrifft, das Blaue vom Himmel runterlügt.

Gastspiel im Kabarett der Komiker

Am 14. Januar 1928 stand Valentin schließlich zum ersten Mal auf der Bühne des Kabaretts der Komiker. Sein Vertrag lief bis zum 20. Februar. Der Überredungskunst Robitscheks und Liesl Karlstadts war es zu verdanken, daß er dann noch bis zum Monatsende blieb. Robitschek bot ihm für die letzten neun Tage ein Honorar von 350 Reichsmark für zwei Vorstellungen täglich, die höchste Gage, die das Kabarett der Komiker bislang bezahlt hatte. Gute Worte und gutes Geld vermochten offenbar Valentins Heimweh nach München zu lindern.

Vier Stücke spielte Valentin während dieses sechswöchigen Gastspiels: *Der Firmling*, der beim Publikum nicht ankam, *Die Orchesterprobe*, *Der reparierte Scheinwerfer* und *Im Senderaum*.

Der Firmling war zwar ein Reinfall, dafür aber waren die anderen Stücke so erfolgreich, daß Robitschek den Valentin und die Liesl Karlstadt am liebsten dabehalten hätte. Auch Valentin fühlte sich vom Berliner Publikum verstanden, und darum machte er später

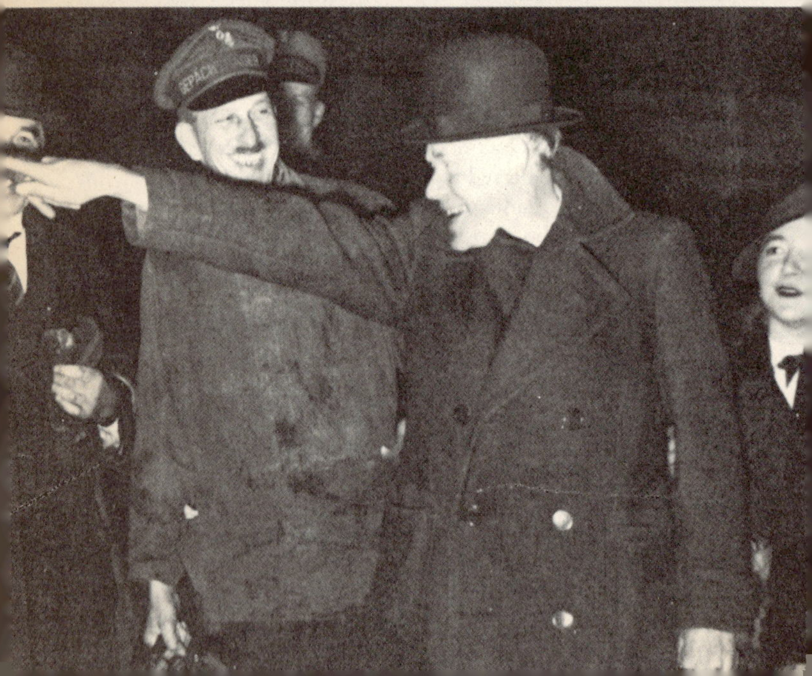

auch kaum noch Schwierigkeiten, wenn er neue Engagementsangebote vom Kabarett der Komiker bekam. Im November 1929 stand sein Stück *Im Photoatelier* auf dem Programm des Kabaretts der Komiker, im Dezember *Theater in der Vorstadt* (= *Tingeltangel*) und vom 1. bis 15. Januar 1930 das *Clownsduett* (= *Die verhexten Notenständer*).

Wahrscheinlich hat Valentin damals auch jene ungeheuer dicke Frau kennengelernt, die ihm die bittere Zeit fern der Heimat durch Schäferstündchen versüßte. Er war zwar mit einer schlanken Frau verheiratet, doch sein sexuelles Interesse galt zentnerschweren Walküren. Für ihn, bekannte er, fange die Schönheit einer Frau erst bei zwei Zentnern an. Wenn er in einem Auto saß und eine dicke Frau auf der Straße erblickte, verlangte er von dem Fahrer, sofort das Tempo zu drosseln, um der Dame in Ruhe nachspähen zu können. Noch heute tuscheln in Planegg ein paar frühere Nachbarn von Valentin, er habe eine gigantische Sammlung pornographischer Fotos besessen. Nachweisbar ist lediglich, daß er einen Fotoband französischer Herkunft besaß, in dem dralle Damen abgelichtet waren, ein Werk, das angeblich dem Zweck diente, Studenten der bildenden Kunst didaktisch wertvolle Aktmodelle zugänglich machen. – Als Valentin dann erfuhr, daß seine Berliner Freundin keineswegs nur ihm allein wohlgesonnen war, schenkte er ihr einen Volksempfänger mit der Bemerkung, dies sei ein adäquates Geschenk für sie, denn offenbar empfange sie ja das ganze Volk. Selbst in einer Situation menschlicher Enttäuschung also versagte er sich nicht die Lust am Wortspiel, im Gegenteil, mit Hilfe eines Wortwitzes verlieh er dieser Enttäuschung auch noch Ausdruck.

Valentin gastierte noch zweimal in Berlin, im Dezember 1935/Januar 1936 und im Dezember 1938 und wie stets im Kabarett der Komiker. Noch heute wird behauptet, das Berliner Publikum habe ihn im Grunde nicht verstanden, er sei einfach zu münchnerisch gewesen. Nichts ist unzutreffender als das. Der Valentin-Essay von Tucholsky und andere Berliner Kritiken beweisen das Gegenteil. Sie zeigen, daß Valentin sogar sehr gut verstanden worden ist. Während er in München noch lange von einem Teil seines Publikums und einigen Kritikern unter der dümmlichen Marke »Urviech« gehandelt wurde, haben Tucholsky und das Berliner Publikum spontan das Einmalige seiner Kunst erkannt. Valentin hat das gewußt, sonst hätte er nicht, als er den Ärger mit

dem Szenenfoto vom *Firmling* hatte, gedroht, ausgerechnet nach Berlin zu ziehen. Es ist bei der Drohung geblieben. Valentin hat München nicht verlassen. Hat er diese Stadt wirklich so notwendig gebraucht für sein Leben und für sein Werk? Hätte er an einem anderen Ort nicht das werden können, was er in München wurde, nämlich einer der größten Komiker seiner Zeit?
Die Frage ist interessant, läßt sich aber natürlich nur spekulativ beantworten. Vermutlich wäre er ein ebenso großer Komödienschreiber und Schauspieler geworden, wenn er, sagen wir, in Bochum zur Welt gekommen und aufgewachsen wäre. Es gäbe dann zwar keinen *Firmling* und kein *Brillantfeuerwerk* und auch keine *Oktoberfestszene*, dafür aber andere Stücke, die seine, wie Hausenstein es formulierte, »Mißzufriedenheit mit der Schöpfung« zum Ausdruck gebracht hätten. Denn darum ging es ihm. Das Münchner Kleinbürgertum war für ihn nur das Vehikel, diese Mißzufriedenheit zu artikulieren. In Bochum beispielsweise hätte er dieses Vehikel im Arbeitermilieu gefunden, das er nicht minder treffend dargestellt hätte als die Bevölkerung der Au. Die Welt ist der Alltag, und der Alltag ist die permanente Bedrohung. Ein solcher Alltag ist aber nicht auf München beschränkt. Er findet überall statt, München wird zur Chiffre, so wie Bochum, Berlin oder New York hätten zur Chiffre werden können.
Wie unabhängig Valentins Stücke sogar von seiner bayrisch eingefärbten Sprache sind, wurde spätestens 1977 durch das Karl-Valentin-Spektakel »Zwangsvorstellungen« am Deutschen Schauspielhaus in Hamburg klar. In dieser bislang eindrucksvollsten Valentininszenierung nach Valentins Tod wurde auf das bayrische Idiom fast völlig verzichtet. Viele Szenen wurden auf Hochdeutsch gebracht, einige auf Schweizerdeutsch, Hessisch und Schwäbisch, der Dialog *Transportschwierigkeiten* sogar auf Platt, das gerade für dieses dröge Gespräch wie geschaffen ist. Es empfiehlt sich, bei Neuinszenierungen weitmöglichst auf das Bayrische zu verzichten, da der Dialekt nur den Vergleich mit Valentins eigener Sprech- und Darstellungskunst provoziert. Darum sollten auch die Rollen, die Valentin für sich geschrieben hat, immer von einem Schauspieler verkörpert werden, der in seiner äußeren Gestalt Valentin möglichst unähnlich ist. Es wäre heute mit Sicherheit viel schwieriger, Nestroystücke aufzuführen, wenn es Filme gäbe, in denen wir sehen könnten, wie Nestroy selbst seine Rollen gespielt hat.

Mit Berliner Pressezeichnern

Am 18. April 1928 setzte das Reichsgericht in Leipzig in letzter Instanz einem Rechtsstreit ein Ende, der sich fast anderthalb Jahre hingezogen hatte. In dem erbittert geführten Prozeß ging es um die Frage, ob Valentins Szene *Im Senderaum* ein Plagiat des Sketches »Hinter den Kulissen des Rundfunks« von Ronald Jeans sei. Kontrahenten in diesem Prozeß waren aber nicht die beiden Autoren, sondern zwei Theaterdirektoren. Kläger war Hermann Freund (Pseudonym: Hermann Haller), der in Berlin in der Revue »An und aus« den Sketch von Jeans herausgebracht hatte, Beklagter war Hans Gruß, Leiter des Deutschen Theaters in München, wo die Valentin-Szene im September 1926 uraufgeführt worden war. Freund behauptete, Valentin habe ihm das Stück »gestohlen«, und erwirkte am 21. Dezember 1926 bei der 1. Zivilkammer des Landgerichts München I eine einstweilige Verfügung. Doch schon in der Widerspruchsverhandlung am 5. Januar 1927 hob das Gericht die einstweilige Verfügung wieder auf. Es half auch

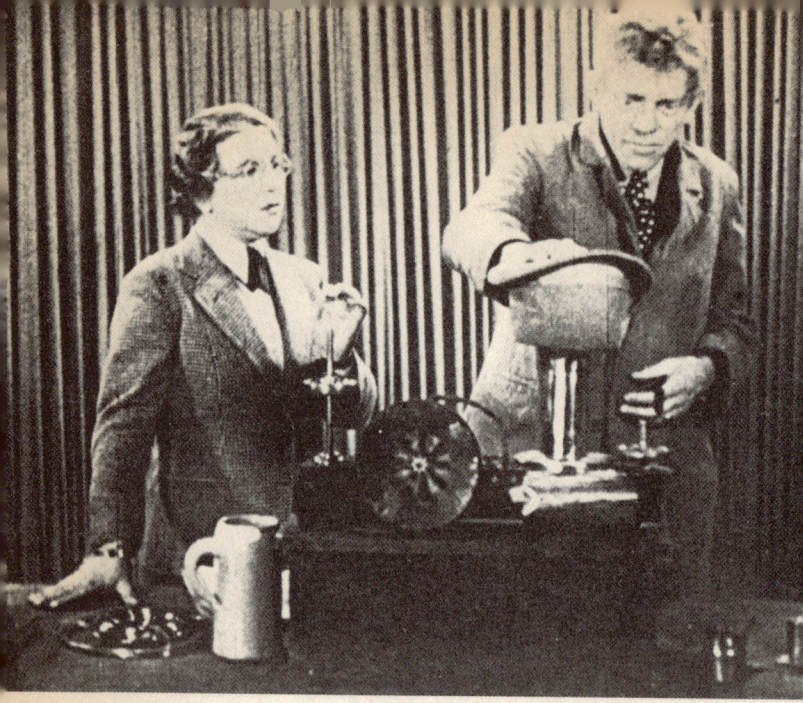

Im Senderaum

nichts, daß Freund ein Privatgutachten Ludwig Fuldas vorlegte, in dem eine »weitgehende Benutzung des Jeansschen Stückes« bestätigt wurde. Hermann Freund gab nicht auf und klagte weiter. Das Oberlandesgericht gab Hans Gruß recht, worauf Freund vor das Reichsgericht in Leipzig zog. Dort nahm man sich der Sache mit äußerster Sorgfalt an, und die Urteilsbegründung ist ein Meisterwerk literarischer Interpretation, die manchem Germanisten zur Ehre gereichen würde. Mit Intelligenz und sicherem Gespür für das Wesentliche werden die Unterschiede der angeblich so ähnlichen Stücke herausgearbeitet, um zu dem Ergebnis zu kommen, daß es sich um zwei völlig eigenständige Arbeiten handelt.

Die Angelegenheit war aber noch immer nicht abgeschlossen, denn Freund mochte sich mit dem Urteil nicht abfinden. In der »BZ am Mittag« veröffentlichte er eine wüste Polemik, in der er von skrupellosen Dieben sprach, denen man das Handwerk legen müsse. Mit keinem Wort erwähnte er, daß er einen Plagiatsprozeß geführt und durch alle Instanzen verloren hatte. Diesen Umstand wertete das Amtsgericht als straferschwerend, als Hans Gruß eine Beleidigungsklage erhob, und verurteilte Freund zu einer Geldstrafe von tausend Reichsmark.

In dieser Zeit hatte Walter Jerven mit seiner Tournee eines Kinovarietés beachtliche Erfolge. Es gelang ihm, ein Münchner Bankhaus für die Gründung einer »Karl Valentin Filmproduktion« zu gewinnen. Dr. Johannes Eckhardt von der Landesfilmbühne München wurde Produktionsleiter, Jerven war als Drehbuchautor und Regisseur vorgesehen, ebenfalls als Regisseur wurde Franz Ostermeier (Pseudonym: Franz Osten) verpflichtet, Bruder des Filmpioniers Peter Ostermeier, der 1913 oder 1914 den Valentinfilm *Der neue Schreibtisch* produziert hatte. Karl Valentin und Liesl Karlstadt wurden als Schauspieler und Autoren unter Vertrag genommen. Großer Erfolg war dieser Firma allerdings nicht beschieden. Sie produzierte nur einen einzigen Film – immerhin einen der besten Valentinfilme: *Der Sonderling*.

Der Schneidergeselle Karl Valentin, ein Einzelgänger und Sonderling, kennt nur eine Leidenschaft: Briefmarken sammeln. Sein Traum: die seltenste bayrische Briefmarke, die schwarze Einser. Die Frau des Schneidermeisters kauft von dem heimlich Ersparten das begehrte Postwertzeichen für 100 Mark und klebt es dem ahnungslosen Gesellen ins Album. Zur gleichen Zeit verschwindet aus einer Weste, die ein Kunde in die Schneiderwerkstatt gebracht hatte, ein Hundertmarkschein. Die Polizei entdeckt die schwarze Einser in Valentins Sammlung, der Schuldige scheint gefunden zu sein und wird abgeführt. Doch bald klärt sich der Irrtum auf. Valentin wird wieder entlassen. (Der Gefängniswärter: *Sie sind unschuldig.* Valentin: *Warum?*) Die Schande jedoch, im Gefängnis gewesen zu sein, erträgt er nicht. Er beschließt, aus dem Leben zu scheiden – ein Selbstmordversuch nach dem anderen mißlingt. Etwas später lädt ihn die Frau des Schneidermeisters zu einer Motorradfahrt ein, aber Valentin antwortet: *Ich bin doch nicht lebensmüde!*

Während der Dreharbeiten drang die Kunde von der Erfindung des Tonfilms nach München, und man erwog, den Film mit »Klangeffekten« und »Dialogstellen« anzureichern, aber zum Glück beließ man es bei der stummen Fassung. Am 25. Dezember 1929 war die Uraufführung.

Die Herstellung des Films hatte 38000 Reichsmark gekostet, als

Der Sonderling

Honorar für Valentin und Liesl Karlstadt waren 10 000 RM vorgesehen, zahlbar allerdings erst dann, wenn der Film seine Herstellungskosten eingespielt hatte.
Was Valentin nachträglich davon hielt, hat er 1933 in einem Brief dargelegt: *Da wir schon glücklich waren, endlich einmal filmen zu können, waren wir beide mit dem Vorschlag einverstanden, ebenso Herr Franz Osten. Der Film startete am 25. 12. 29 und läuft heute noch, nach vier Jahren in kleinen Kinos. Herr Osten und wir haben bis heute die ausgemachte Gage von diesem Film nicht bekommen, weil die Firma uns versichert, daß erst 26 000 RM eingegangen wären. Das kann auch sein, das kann auch nicht sein, denn wir haben ja nie Einsicht in die Geschäftsbücher bekommen, obwohl in dem Vertrag bemerkt ist, Herr Valentin und Fräulein Karlstadt werden von der Firma Löwenthal und Walther* [das Münchner Bankhaus, K.G.] *alle Monate benachrichtigt. Hätten wir nicht von einem Breslauer Kinobesitzer, welcher von der Firma Löwenthal & Walther den Film finanzieren wollte, 2 500 RM erhalten, so wären wir mit dem Film ganz leer ausgegangen... Ob Herr Walter Jerven, der Vermittler des Films, von Löwenthal & Walther Geld erhalten hat, entzieht sich unserer Kenntnis.*[78]
Obwohl Valentin der einzige Volkssänger war, der die Bedeutung des neuen Mediums sofort erkannt hatte, geriet ihm die Beschäftigung mit dem Film von Anfang an, erst finanziell, später oft genug künstlerisch, zu seinem Schaden. Andererseits wurde der Erfolg von Valentins Auftritten als Volkssänger von der wachsenden Popularität des Films nicht beeinträchtigt, einer Popularität, die außer ihm und Weiß Ferdl alle Volkssänger drastisch zu spüren bekamen. Mitte der zwanziger Jahre gab es in München schon siebzig Lichtspieltheater, die den Singspielhallen und Varietés heftig Konkurrenz machten. Die Arbeitslosenzahl unter den Volkssängern wuchs rapide. Der »Schwarze Freitag« (29. Oktober 1929) tat ein übriges. Die Besitzer der Lichtspieltheater reagierten sofort und verlangten von Arbeitslosen nur noch ein Drittel des regulären Eintrittspreises. Die Not im übrigen Unterhaltungsgewerbe spitzte sich dramatisch zu – und Valentin war begehrter denn je. Immer wenn er und Liesl Karlstadt auftraten, bedeutete das ein ausverkauftes Haus. Valentin war also einer der wenigen in der Unterhaltungsbranche, dem es nach wie vor gutging, was offenbar vielen Unglücklichen nicht verborgen blieb. Denn unter seiner täglichen Post fand er immer häufiger Bittbriefe, nicht nur

von Kollegen, sondern auch von anderen Arbeitslosen, die sich in ihrer Verzweiflung an ihn wandten. Valentin half, wo er nur konnte. Er verschickte Pakete mit Nahrungsmitteln, schenkte gebrauchte Kleidung her, verlieh Geld und bezahlte, wie eine von ihm erstellte Auflistung dokumentiert, allein von Anfang November bis Mitte Dezember 1932 nicht weniger als 1162 Armenspeisungen. Als es ihm Ende des Zweiten Weltkriegs und in der Nachkriegszeit dann selbst dreckig ging, fand sich niemand, der bereit gewesen wäre, ihm zu helfen.

Trotz der ständig wachsenden Arbeitslosigkeit verfügte Valentin über so viel Geld, daß er es wagen konnte, ein eigenes Theater zu eröffnen. Walter Jerven betätigte sich als Makler und fand den Goethesaal in der Leopoldstraße 46a. Valentin bat am 2. Februar 1931 bei der Polizeidirektion schriftlich um eine Konzession, die auch bewilligt wurde, obwohl er sein Gesuch sehr ungewöhnlich begründet hatte. Nicht kommerzielle Interessen, sondern der Gesundheitszustand des Antragstellers war das wichtigste Argument:

Ich erlaube mir, um die Erteilung eines Bühnenspielbetriebes gemäß § 33a der Reichsgewerbeordnung im Goethesaal, München, Leopoldstraße 46a zu bitten.

Grund dieser Bitte ist für mich die Tatsache, daß das Auftreten in Lokalen mit Konsum, in denen geraucht werden darf, sich für mich als äußerst gesundheitsgefährdend erwiesen hat und mir infolge meiner dadurch gesteigerten Asthmabeschwerden ärztlicherseits untersagt worden ist. Der Goethesaal ist ein kleines, intimes Theater ohne Konsum. Es ist dort infolgedessen für mich bedeutend leichter zu arbeiten.

Da der Konsum im Goethesaal wegfällt, nimmt das Theater eine Sonderstellung ein und hat auch sein spezielles Publikum, das im großen und ganzen nicht zum Publikum der Konsumtheater gehört. Es bedeutet mithin mein Auftreten dort keine Beeinträchtigung des Besuches der Konsumtheater. Ich möchte als Beweis dafür anführen, daß Frau Benz, deren Lokal sich in unmittelbarer Nähe des Goethesaals befindet, mir bestätigte, daß der Besuch ihres Lokals durch meine kürzlich erfolgten Gastspiele im Goethesaal (die stets ausverkauft waren) nicht im geringsten gelitten hat.

Ich beabsichtige, im Goethesaal eine spezifische Valentin-Bühne zu führen; also Programme zu spielen, die die typische Note meiner Darbietungen und derjenigen meiner Partnerin Liesl Karlstadt tragen.[79]

Um 1928

Am 2. März 1931 war Eröffnung mit *Tingeltangel*. Im April standen *An Bord* und *Im Photoatelier* auf dem Programm. Allabendlich wurde auch ein Chaplin-Film vorgeführt. Wir wissen zwar leider nicht, welcher Chaplin-Film damals im Goethesaal gezeigt wurde, doch allein die Tatsache, daß Valentin sich nicht scheute, es mit dem größten Komiker des Jahrhunderts, mit dem »einzigen Genie, das der Film hervorgebracht hat« (G. B. Shaw) aufzunehmen, zeugt von seinem unbeirrbaren Selbstbewußtsein. Valentin und Chaplin sind oft miteinander verglichen worden, doch sind ihre Gemeinsamkeiten lediglich oberflächlicher Natur: Beide spielten nur Handlungen und Personen, die ihrer eigenen Phantasie entsprungen waren, und beide taten so viel wie möglich selbst: Besetzung, Regie, Kostüme, Bühnenbild – bei Chaplin kommen noch Schnitt und Musik hinzu. Überdies waren beide Komiker hervorragende Schauspieler, die sämtliche Nuancen einer subtilen Gestik und Mimik beherrschten. Abgesehen von diesen

äußerlichen Übereinstimmungen war das Wesen ihrer Komik aber grundverschieden.
Man vergleiche zum Beispiel die Art und Weise, wie die beiden mit den Berufen zurechtkamen, die sie in ihren Stücken ausübten. Chaplin spielt in »The Kid« einen Glaser. Das Kind, das er unfreiwillig aufgenommen hat, wirft fremde Fensterscheiben ein, und kaum ist das Kind fortgerannt, kommt wie zufällig der Glaser des Wegs und behebt den Schaden. In einer Szene in »The Gold Rush« betätigt Chaplin sich als Schneeschipper. Er schaufelt den Schnee von der Haustür des Mannes, der ihn angestellt hat, einfach vor die Haustür des Nachbarn, der nun seinerseits den Schneeschipper beauftragt usw. In den beiden Stücken *Im Photoatelier* und *In der Schreinerwerkstätte* spielt Valentin einen Lehrling, dem alles, aber auch alles mißlingt. Es ist ein ständiger Kampf mit der Tücke des Objekts, der in die Katastrophe führt. Chaplin macht das Beste aus einer Situation, Valentin das Schlechteste. Chaplin beherrscht die Situation, Valentin wird von ihr beherrscht; Chaplin trickst aus, Valentin wird ausgetrickst; Chaplin meistert die Probleme, allerdings fast immer zum Schaden anderer, Valentin meistert die Probleme nicht und versagt immer zu seinem eigenen Schaden. Und noch ein Unterschied: In *Der Theaterbesuch*, *Der Umzug*, *Die Erbschaft* und in zahlreichen Dialogen spielt Valentin einen Ehemann, während Chaplin diese Rolle nur ein einziges Mal verkörpert, und zwar in »Pay Day« (1922). Sonst ist Chaplin immer der ewig Verliebte, der am Ende sein Mädchen nicht bekommt. (Die Happy-Ends in »The Gold Rush« und »Modern Times« haben einen bitteren Nachgeschmack.) Valentin stellt also jenen Zustand dar, den Chaplin anstrebt, das heißt, Valentin spart die Vorgeschichte aus und zeigt, was nach dem Happy-End kommt: der traurige Alltag, das Gefangensein in kleinbürgerlicher Konvention. Der Außenseiter Chaplin sehnt sich nach einer Welt, die keine heile Welt ist, wie Valentin demonstriert. Chaplin strebt jene Integration an, in der Valentin unentrinnbar gefangen ist. Und auch der Schluß von Chaplins »A Dog's Life« ist letzten Endes nichts anderes als eine Parodie auf die Happy-Ends früher Hollywood-Schnulzen.
In vielen Stücken, zum Beispiel *Das Christbaumbrettl*, *Das verhängnisvolle Geigensolo*, *Im Photoatelier* etc., kombinierte Valentin die auf vordergründige Effekte angelegte Dramaturgie von Laurel & Hardy mit dem Tiefsinn, mit der hintergründigen,

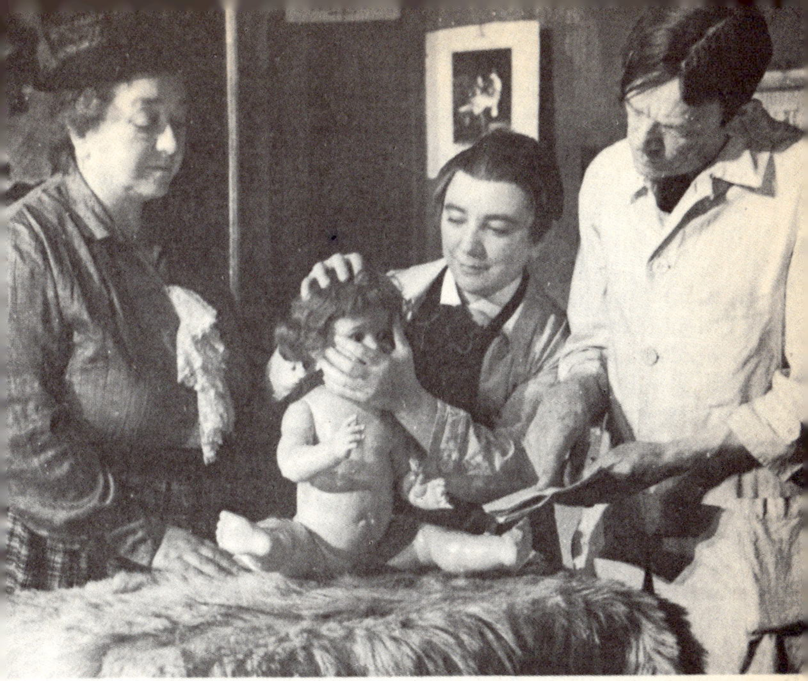

doppelbödigen Komik eines Chaplin. Laurel & Hardy, das größte Komikerpaar der Filmgeschichte, führten vor, zu welchen Gemeinheiten die Welt der Objekte fähig ist, darin Valentin nicht unähnlich, doch zählten sie nicht wie Valentin und Chaplin zu den Weltinterpretatoren.
Bereits am 30. April 1931, also knapp zwei Monate nach Eröffnung des Spielbetriebes im Goethesaal, gibt Valentin in einem lapidaren, nur aus einer Zeile bestehenden Brief an die Polizeidirektion München seine Theaterkonzession wieder zurück. Die Behörden hatten Valentin mit ihren ständig neuen, kleinlichen Auflagen in eine Nervenkrise getrieben. Vor allem die Feuerpolizei ersann immer neue Schikanen. So verlangte sie allen Ernstes die Streichung jener Szene im *Photoatelier,* in der der Gehilfe Alfons seinem Kollegen Heinrich das Ende einer glühenden Zigarette abschneidet, die dieser verbotenerweise im Atelier raucht. Das Zigarettenende fällt zu Boden, der Meister fragt, was das sei, und Heinrich redet sich raus, das sei ein Glühwürmchen beziehungsweise ein Rauchwürmchen.
Am 26. April 1931 meldete die »Süddeutsche Sonntagspost«: »Seine Nervenzerrüttung ist in erster Linie auf die zahlreichen, fortgesetzten, paragraphenhaften, kleinlichen Reklamationen zurückzuführen, mit denen die Behörden ihm die Arbeit auf seiner eigenen Bühne erschwerten.«
Valentin erholte sich erstaunlich schnell, und schon am 16. Mai war er wieder im »Kolosseum« zu sehen. Über die folgenden Monate gibt es nichts Besonderes zu berichten, ein Faktum, das für viele Lebensabschnitte Valentins gilt. Er hat ein äußerlich ruhiges, abwechslungsarmes Leben geführt und hatte panische Angst vor jeder Veränderung, vor jedem Ereignis, das auch nur scheinbar geeignet war, das Bürgerliche seiner Existenz zu gefährden. Schon kurze Reisen waren ihm ein Greuel, und jedesmal mußten sich Liesl Karlstadt und die Veranstalter die geschicktesten Überredungskünste einfallen lassen, um ihn zu Gastspielen in Wien, Zürich oder Berlin zu bewegen. Ein Angebot, in den USA aufzutreten, lehnte er ab.
Ohne Schwierigkeiten hätte er auch den Umgang mit prominenten Zeitgenossen pflegen können, doch mied er, so weitgehend wie möglich, den persönlichen Kontakt mit Leuten, die ihm seiner Meinung nach geistig überlegen waren. Jede Zustimmung, jedes Lob eines Prominenten erfüllten ihn mit Stolz, doch nach den

Vorstellungen in den Singspielhallen setzte er sich lieber zum Küchenpersonal als an den Tisch des Herrn Direktor, der möglicherweise einen berühmten Schriftsteller oder Kritiker oder Regisseur eingeladen hatte.
Relativ unbürgerlich war Valentins Beruf. In vielen Rollen, die er spielte, gab er sich der Lächerlichkeit preis. Ein Mann, über den Abend für Abend Hunderte lachen, läuft Gefahr, innerhalb seiner Familie im Lauf der Zeit an Autorität einzubüßen. Valentin ließ es erst gar nicht soweit kommen. Er untersagte seiner Familie, seine Vorstellungen zu besuchen. Nur so konnte er sicher sein, daß sein Image als autoritärer Familienvater keinen Schaden litt. Es mag sein, daß die Tochter Bertl das Verbot ein paarmal unterlaufen und ihm heimlich zugesehen hat. Aber das scheint ihre Verehrung für den Vater eher verstärkt als vermindert zu haben.
Valentins Lebensweg war nicht gerade reich an Abenteuern. Dafür war sein Seelenleben reich an Komplikationen vielfältigster Art. Da ich einerseits kein Psychologe bin und mich schon darum scheuen würde, so etwas wie eine innere Biographie zu schreiben, und es andererseits zahlreiche Arbeiten über Valentins Hypochondrie und Neurasthenie gibt, Arbeiten, die sich heftig widersprechen, sollen lediglich ein paar Beispiele Valentins schwierige psychische Struktur beleuchten.
So gibt es etwa eine Liste, die Valentin 1938 anfertigte und die die Namen aller Ärzte enthält, die Valentin seit 1915 konsultiert hat. Die Liste umfaßt nicht weniger als 88 Namen, wobei nicht verschwiegen werden darf, daß viele der genannten Personen weder studierte noch praktizierende Ärzte waren. Es ist also gut möglich, daß Valentin einige Nichtmediziner für kompetente Ratgeber hielt oder daß er seine Liste willkürlich verlängerte, um sich selbst zu bemitleiden und vielleicht auch interessant zu machen. Schließlich kommt nicht jeder Mensch auf die Idee, eine solche Liste überhaupt anzufertigen und sie für die Nachwelt aufzubewahren. Dennoch ist diese Liste in gewisser Hinsicht auch wieder unvollständig, da Valentin seine umfangreiche Korrespondenz mit pharmazeutischen Firmen nicht erwähnt.
Hierzu eine Kostprobe aus einem Valentinbrief an die Roland-Aktiengesellschaft in Essen und aus deren Antwortschreiben: »Seit 1928 nehme ich durchschnittlich außer anderen Asthmamitteln wie Glyzerinan, Asthmolsininjektionen, Räucherpulvern ectr. ectr. ein Felsolpulver ein. Das sind also bis heute (15 Jahre) 5475

Pulver. Aus diesem Anlaß erkundigte ich mich bei der Firma: Roland (Essen), ob Felsol bei Dauergebrauch eventl. Schaden bringen könnte, worauf ich folgende Erklärung erhielt: Essen, 16.9.31 --- Sehr geehrter Herr Valentin! Wir danken Ihnen für Ihre Nachricht und freuen uns, daß Ihnen Felsol gute Dienste geleistet hat. Auf Ihre Frage, ob Sie zwei Felsolpulver auf einmal nehmen können, geben wir Ihnen die Auskunft, daß von unseren Ärzten, sowohl auch von Verbrauchern sehr oft mitgeteilt wurde, daß sie zwei Pulver Felsol auf einmal oder in ganz kurzen Abständen ohne irgendwelche unangenehmen Nebenwirkungen eingenommen haben...«

Aus dem Text geht hervor, daß Valentin diesen Brief 1943 geschrieben haben muß, er zitiert also ein 12 Jahre altes Antwortschreiben, das er der Aufbewahrung für wert erachtete, obwohl es lediglich ein paar beruhigende Floskeln enthielt. Zwischendurch riß der Briefwechsel mit dieser Firma nicht ab, wie ein Schreiben vom 2.3.34 dokumentiert: »Sehr geehrter Herr Valentin! Unsere damalige Antwort, daß Felsol überhaupt unschädlich sei, besteht in jedem Falle zu Recht, ganz besonders, wenn man täglich nur 1 Stück nimmt. Wir haben erst vor einigen Tagen die Nachricht bekommen, daß ein Patient bis zu 10 Pulvern täglich nimmt und bei diesem enormen Verbrauch nicht nur keine Beschwerden, sondern im Gegenteil noch heute eine Kräftigung seines Herzens deutlich verspürt. Daraus, daß Felsol seit einiger Zeit nur noch gegen Rezept abgegeben werden darf, sind keinerlei Schlüsse zu ziehen auf die mehr oder mindere Giftigkeit des Präparates...«

Und schließlich sei noch der Anfang eines Briefes zitiert, den ein Mann namens Paul Friede am 12.2.1944 an Valentin schrieb und dessen Briefkopf ihm folgende Berufssparten zuweist: Psychologie, Hypnose, Willenserziehung. Er schreibt: »Lieber Herr Valentin! Heute erhielt ich Ihren Brief mit der Schilderung Ihrer Schluckangst und nachdem Sie persönlich nicht kommen mögen, will ich Ihnen schriftlich einen Rat erteilen.« Der Brief ist ziemlich ausführlich und im einzelnen hier nicht sonderlich interessant. Nur der Schlußsatz sei nicht verschwiegen, zeigt er doch, wes Geistes Kind dieser Paul Friede war und an welche Scharlatane sich Valentin in seiner Verzweiflung wandte: »Also auf, lieber Herr Valentin, Sie als großer Künstler nehmen Sie die Zügel in die Hand und reiten Sie wieder in das Reich der Harmonie und Gesundheit.«[80] An diesen strahlenden Mutmacher hat sich Valen-

tin offenbar mehrfach gewandt, denn er wird auch auf der besagten Liste verzeichnet.
Aber es gibt auch noch eine andere Liste, die zu erwähnen nicht unwichtig sein dürfte. Alle Biographien würden sicher zusätzliche interessante Aspekte bekommen, wenn dem Autor jeweils vollständige Verzeichnisse der Bibliotheken seines Porträtierten zur Verfügung stünden. Bei Valentin ist die Auswertung der »Bibliothek« nicht sonderlich schwierig, denn er besaß nur zwölf Bücher. Neben drei Bänden eigener Werke besaß er das Adreßbuch der Internationalen Artistik 1941/1942, ein Münchner Adreßbuch von 1870, das ihm beim Sortieren seiner Fotosammlung Altmünchner Stätten gute Dienste geleistet haben dürfte, und den bereits erwähnten Band mit Aktfotos stämmiger Frauen. Außerdem nannte er ein Bändchen über die Au sein eigen, eine Festschrift zum zehnjährigen Jubiläum der »Freien Vereinigung des XVI. und XVII. Stadtbezirks« und ein Buch mit dem Titel »Partikularistische Bliemchen aus Dresden«, das wahrscheinlich Humoristisches aus der Heimat seiner Mutter enthielt. Das Buch über ehemalige Richtstätten von A. Martin hatte sich Valentin vermutlich angeschafft, um eine Vorlage für die naturgetreue Nachbildung diverser Mordinstrumente in seinem Panoptikum zu haben. Ferner besaß er ein Buch über die Schminkkunst von Karl Schaller und eine Anthologie mit dem Titel »Perlen der pessimistischen Weltanschauung« von Theodor Ackermann, München 1886, und schließlich Kurt Schwitters »Anna Blume«. Dieses Buch hat Valentin, wie wir wissen, geschenkt bekommen, Geld hätte er dafür bestimmt nicht ausgegeben. Wenn es auch berechtigt ist, Valentin den Avantgardisten seiner Zeit zuzurechnen, so kann man doch nicht behaupten, daß er sich sonderlich für avantgardistische Kunst und Literatur interessiert hätte.
Valentins Verhältnis zur zeitgenössischen Literatur und Malerei, zu Dadaismus und Expressionismus entsprach dem des Kleinbürgers, den er auf der Bühne darstellte und der er zu einem Teil auch selbst war. Für ihn war das alles *moderner Krampf*, mit dem auseinanderzusetzen er sich weigerte, es sei denn in Form von Parodien. Um zu verdeutlichen, was Valentin parodierte, seien zum Vergleich zwei kurze Gedichte aus Schwitters »Anna Blume« zitiert:

Der reparierte Scheinwerfer

Am Rande meines Welkens bin ich sanfte Nacht
Gedicht 14

Sägen knien Regen welken Tage
Sanften fromme Tiefe sanfte Hände
Tropfen wunde Nächte nächtelang
Wunde sanfte Riesen wölben Dom.

Abend
Gedicht 25

Glut streichelt sanfte Welten Kuß
Pfiff Sonne Faden Sonne (Zeppelin)
Ich Faden Sonne Glimmerglanz
Und Glimmergluten sanftet Welt.[81]

Hier nun zum Vergleich die zweite Strophe aus Valentins *Expressionistischer Gesang:*

> *Kanapee glüht Meeresfreiheit,*
> *Lippen blau aus Abendrot,*
> *Stille Nacht in Marmelade,*
> *Edle Kunst, behüt dich Gott.*

In der ersten Strophe nimmt Valentin ausdrücklich Bezug auf die modernen Dichter und Maler, und der Untertitel zu *Das futuristische Couplet* lautet: *Ein Gegenstück zu der modernen Malerei.* Ist das parodistische Element im *Expressionistischen Gesang* noch deutlich zu erkennen, so ist *Das futuristische Couplet* eine vermeintliche Parodie, die unter der Hand zu einem »modernen Gedicht« geriet, das sich durch eine zerhackte Syntax, grammatikalisches Chaos, eine kühne Reihung grotesker Bilder und einem völligen Mangel logisch nachvollziehbarer Information auszeichnet. Die letzte Strophe lautet:

> *Wenn einmal in der Nase,*
> *Hast manchmal du in Ruh,*
> *Die Plattform in der Tasche hast,*
> *Und treibst in allem zu,*
> *So wittert aus den Mitteln,*
> *In Spanien aus und ab,*
> *Der Blumen Augenbrauen senkt,*
> *Mit Asien und in Trapp.*

Danach wird die Mitteilung nicht mehr überraschen, daß Valentin auch Lautgedichte geschrieben hat. Sein längstes Gedicht dieses Genres ist das *Chinesische Couplet,* das er ironisch in drei numerierte Strophen einteilt – das Festhalten an traditioneller Form als Sinnersatz. Hier nur eine kleine Kostprobe aus diesem langen Gedicht, das er für Liesl Karlstadt geschrieben hat:

> *Ni widi tschen lali gan demi detti*
> *La bade schon wette wett wum wum*

Die schlichteste Form des Lautgedichts ist das Alphabet. Schwitters hat ein »Alphabet von hinten« geschrieben, auch seine »Sonate

in Urlauten« endet mit einem mehrfach rückwärts rezitierten Alphabet. Dieses Gedicht ist in dem Schwitters-Band, den Valentin besaß, nicht enthalten, auch dürfte er nicht gewußt haben, daß Louis Aragon 1920 ein Alphabet von vorne geschrieben hat, das »Selbstmord« betitelt war. Die dritte Strophe von *Expressionistischer Gesang* ist eine Schwitters vorwegnehmende Schwittersparodie, ein Plagiat, bevor das Original existierte:

A - b - c - d - e - f - g - h
I - k - l - m - n - o - p
Q - r - s - t - u - v - w - x
Ypsilon - z - f - f - f (drei Pfiffe)[82]

Mit den abschließenden drei Pfiffen geht Valentin sogar noch über die »üblichen« Lautgedichte der Dadaisten hinaus.
Am 4. Juni 1932 feierte Valentin seinen fünfzigsten Geburtstag. Natürlich gratulierte auch Wilhelm Hausenstein. Der Anfang seines Briefes ist aufschlußreich, da er dokumentiert, wie sehr sich Valentin oft selbst im Weg gestanden hat.
»Ich hätte gerne der Bewunderung und Liebe, die ich für Ihre Kunst, der Freundschaft, die ich für Ihre Person empfinde, durch einen Artikel in der Öffentlichkeit Ausdruck gegeben; aber Sie haben sich so sehr gesträubt, haben es eigentlich so nachdrücklich und allgemein verboten, daß ich nicht wagte, etwas zu machen.«
Valentin hatte Publizität nicht mehr nötig, und seine Scheu vor intellektueller Interpretation seines Werks mag ihn bewogen haben, Hausenstein den geplanten Artikel auszureden. Aber warum hat er Hausenstein nicht gebeten, den fünfzigsten Geburtstag zum Anlaß zu nehmen, auf Valentins Wunsch, Filme zu drehen, nachdrücklich hinzuweisen? – Und noch etwas: Schwierigkeiten kann man am leichtesten machen, wenn man berühmt ist und Geld hat. Später allerdings, als Valentin nach dem Zweiten Weltkrieg so gut wie vergessen war und es ihm finanziell schlecht ging, konnte er sich solche Empfindlichkeiten nicht mehr leisten. Im Gegenteil. Wiederholt drängte er Hausenstein, Zeitungsartikel über ihn zu schreiben.
Wie sehr Hausenstein nicht nur den Künstler Valentin schätzte und verehrte, sondern wie gut er auch den schwierigen, leidenden Menschen verstand, zeigt folgende Stelle aus demselben Brief Hausensteins an Valentin:

»Wir alle, die wir von Ihnen eine etwas genauere Vorstellung haben, wissen, daß Ihnen das Leben nicht leicht auf der Seele liegt; wir wissen, daß die Genialität Ihrer Komik ihre Quelle in Lebensschmerzen hat, deren natürliches Gegenstück sie – diese Komik – eben ist; Ihre Komik wäre nicht so wunderbar, wenn Ihre Seele nicht so viele Wunden hätte. Man darf es wahrhaftig sagen: Sie haben das Fabelhafte Ihrer Komik mit den Nöten bezahlt, die Ihr inwendigstes Leben Ihnen auferlegt.«[83]

Nur gut, daß der Edison kein Jude war

»Und so werde München nicht nur die Stadt des Hellenismus, sondern auch die Stadt des Wachses!« sprach König Ludwig I. und wandte sich seinem Hofwachsplastiker Josef Hammer zu. Doch erst dessen Sohn Johann gelang es, Münchens Ruf als Stadt des Wachses zu festigen, galt er doch als der Erfinder der lebensgroßen Wachsfiguren. Johann Hammers Sohn hieß Emil Eduard, und ihm schließlich war es beschieden, die königliche Vision weitgehend zu verwirklichen. Seine ungewöhnlich lebensnahen Wachsfiguren mit echten Haaren, Wimpern und Augenbrauen waren Glanzstücke seines »Internationalen Handelspanoptikums«, das er 1894 in der Neuhauser Straße 1 eröffnet hatte. Emil Eduard Hammer war kgl. Universitätsplastiker und Präparator am anatomischen Institut der Universität München. Er fertigte sogenannte medizinische Modelle an, die angehenden Ärzten als Studienobjekte dienten. Hammers Modelle waren an fast allen Hochschulen der Welt zu finden. 1912 gründete er in Chicago ein Institut für anatomische Plastik, dessen Leitung bald sein Sohn Adolph übernahm, nachdem Hammer selbst wieder nach München zurückgekehrt war.
Aus einem Brief Emil Eduard Hammers vom 13. März 1934 an Karl Valentin: »... das Panoptikum müßte, wenn es in der Kunststadt München Zugkraft haben soll, hochoriginell und humoristisch ausgestaltet, mit kleinem Irrgarten, Lachkabinett, Abnormitätenbühne, Folterkammer + Verbrechergalerie etc. versehen sein. Es müßte den Namen: Karl Valentin's humorist. Wachsfiguren Kabinett (oder Panoptikum) tragen.«[84]
Hammer warnt Valentin vor den zu erwartenden Kosten und schlägt zur Finanzierung des Unternehmens die Gründung einer Gesellschaft vor. Dazu kam es bedauerlicherweise nicht, vielleicht, weil die Zeit zu knapp war, denn Valentin wollte sein Panoptikum so schnell wie möglich eröffnen, oder weil sich Valentin dem verhängnisvollen Irrtum hingab, auf Geldgeber verzichten zu können. Eröffnet wurde der Kuriositäten- und Schauerkeller, wie vorgesehen, im Keller des Hotels »Wagner«, Sonnenstraße 21–23, aber erst am 21. Oktober 1934, gut zwei Monate vor Ablauf der seit dem 1. Mai gültigen Konzession.
Inzwischen hatte sich Valentin für sein Unsummen verschlingendes Projekt längst fremde Geldgeber suchen müssen. Nachdem er

An der Theke

sein gesamtes Vermögen in das Projekt investiert und auch Liesl Karlstadts Ersparnisse verpulvert hatte, verteilte er Schuldscheine an jedermann, der bereit war, ihm Geld zu leihen, wobei er auch unsinnige Zinsforderungen akzeptierte. Er muß wahre Wunder an Überredungskünsten vollbracht haben, denn außer ihm selbst zeichneten als Unternehmer des Panoptikums ausgerechnet Liesl Karlstadt, die von Anfang an gegen das Panoptikum war, Emil Eduard Hammer, der dem ganzen Unterfangen nur eine Chance gab, wenn die Investitionen und laufenden Kosten »ganz gering« gehalten werden könnten, dennoch aber großzügig seine Arbeits-

Vor dem Kuriositäten- und Schauerkeller

kraft zur Verfügung stellte und eine Reihe grandioser Wachsplastiken anfertigte, und die Gebrüder Wagner, die als Singspielhallenleiter, Brauerei- und Hotelbesitzer in geschäftlichen Dingen sicher nicht unerfahren waren. Allerdings hatte Valentin versprochen, das finanzielle Risiko allein zu tragen.

Am Rande noch ein bezeichnendes Kuriosum: Nachdem Valentin bei der Polizeidirektion München, Abteilung Vergnügungsgewerbe, um eine Konzession für sein Panoptikum gebeten hatte, leitete die Polizeidirektion das Gesuch an die Landesstelle Bayern des Propagandaministeriums weiter, worauf die Landesstelle der Poli-

zeidirektion mitteilte, man habe gegen das geplante Panoptikum nichts einzuwenden, »soweit sich dieses Unternehmen im Rahmen des Gesetzes zum Schutze der nationalen Symbole bewegt und überhaupt damit in dem heutigen Geiste nicht in Widerspruch kommt«[85].
Da später keine Einwände von den Nazis kamen, waren sie wohl der Ansicht, das Panoptikum atme den Geist der Zeit, was nicht einmal falsch war, denn zu den Ausstellungsstücken zählten unter anderen eine Guillotine, eine Figur ohne Kopf, ein Hungerturm samt Kapuzenmann und aufgespießtem Kopf, und im anschließenden Raum befand sich eine vollständig eingerichtete Folterkammer mit Eisenketten, Schandmasken, Hellebarden, Riemenpeitschen, Streckbank, Totenköpfen, Knochen, Richtschwert, Eisenhaken, einem Morgenstern, einem Kohlebecken, Feuerzangen, Halskrausen, Richtbeil, eisernen Armfesseln etc.
Die Folterkammer war eine Anregung von Emil Eduard Hammer, die aber Valentins Phantasievorstellungen sehr entgegenkam, so daß er sie aufgriff und verwirklichte. Natürlich denkt man zunächst erst einmal an Valentins bekannte Neigung zum Sadismus. Doch ist es sicher auch nicht abwegig, in diesen Horrorteilen des Panoptikums einen Ausdruck der Bedrohung zu sehen, die Valentin angesichts des Faschismus empfand. Auch Hitchcock hat, das am Rande, wiederholt betont, er drehe seine gespenstischen Filme, um seiner Ängste Herr zu werden.
Die Schreckenskammern waren aber nur ein Teil des Panoptikums. Das Zentrum bestand aus einem Raum, in dem Valentins Lust an Nonsens und Wortspielen plastische Gestalt angenommen hatte. Da war zum Beispiel unter dem Titel *Verpfuschte Verjüngungskur* ein aus Wachs geformter Babykörper mit bärtigem Männerkopf zu bestaunen. Eine Emailleschüssel voller Wasser war mit dem bedauernden Hinweis versehen, die berühmteste Schneeplastik dieses Winters sei leider geschmolzen. Zwei Wachsbüsten stellten den Erfinder des Wannenbades und den Entdecker der Rollgerstensuppe dar. Ein Taucher, der seinen Schraubenschlüssel verloren hat, lag in voller Montur in seinem Bett. Ein Junge, natürlich aus Wachs, betätigte seine vollelektrische Nasenbohrmaschine, während ein anderer Junge auf einem Stück Theaterrasen stand, in dem eine künstliche Rose steckte: *Sah ein Knab ein Röslein stehn.* Zoologen dürfte der Fischgemsigeldackelentenelsterschlangenhasenkarpfenrollenhirschbartsaurus interessiert haben. Biologen mögen dagegen

wohl eher an der blühenden Kohlenschaufel Gefallen gefunden haben oder an der Rose, die Petroleumduft verströmte (daneben stand ein Petroleumkännchen, das nach Rosen roch). Ein Einmachglas mit Berliner Luft gehörte ebenso zum Inventar wie die Loreley als altes, zerlumptes Weib.
In den Glasvitrinen waren ausgestellt: ein Efeublatt (Evas Blattkostüm), ein Zahnstocher mit Pelzbesatz (Winterzahnstocher), ein Ei (unbemaltes Osterei), eine Schraube (die Steuerschraube), ein Strohhalm (an den der Ertrinkende sich klammert), ein liegender Stehkragen, der Stein, mit dem David den Riesen Goliath erschlug, ein alter Apfel (in den Adam biß), ein Regenwurmei, das Nest voll ungelegter Eier, ein Hosenträger (zur Zeit nicht in Betrieb), der Vesuv (nicht rauchend, da Rauchen in den Kellerräumen verboten ist), ein Felsbrocken (der Stein, auf dem Mariechen saß), ein Regenschirm (für Taucher, damit sie nicht naß werden) und vieles andere mehr.
Das Panoptikum hatte eine gute Presse, aber der Publikumserfolg blieb aus. Da die behördliche Konzession zum Jahresende 1934 erlosch, blieb das Panoptikum bis zu seiner Wiedereröffnung am 4. Mai 1935 geschlossen. Liesl Karlstadt sah ihre schlimmsten Befürchtungen bestätigt. Das Panoptikum hatte nicht nur ihr ganzes Vermögen verschlungen, sie durfte auch keine Hoffnungen mehr hegen, ihre Investitionen je zurückzubekommen, denn im Gegensatz zu Karl Valentin gab sie dem Panoptikum nicht die geringsten Überlebenschancen. Im April 1935 erlitt sie einen Nervenzusammenbruch und kam ins Krankenhaus. Genau drei Jahre zuvor hatte Liesl Karlstadt Valentin ein Foto von sich mit folgender Widmung geschenkt: »Meinem komischen Partner & Patienten Karl Valentin in nie versagender Geduld gewidmet von Liesl Karlstadt. Beruf: Nervenärztin. Nebenbeschäftigung: Komikerin.«[86]
Jetzt aber hatte Liesl Karlstadts Geduld doch versagt. Sie war selbst am Ende, und es sieht so aus, als habe der ständig mit seinen eigenen seelischen Problemen und eingebildeten und tatsächlichen Krankheiten beschäftigte Valentin nicht gerade übertriebene Anstrengungen unternommen, Liesl Karlstadt bei der Überwindung ihrer Krise zu helfen.
Valentin trat weiter im Hotel »Wagner« auf, die Rollen von Liesl Karlstadt übernahm sein Bühnenmeister Josef Rankl. Das Panoptikum wurde am 16. November 1935 endgültig geschlossen.

Wie wir bereits wissen, gab es zu der Zeit, als Liesl Karlstadt mit zerrütteten Nerven im Krankenhaus lag, Schwierigkeiten zwischen Valentin und Erich Engels, der sich immer wieder bemühte, Valentin zur Einhaltung seines Vertrages zu dem Film *Kirschen in Nachbars Garten* zu bewegen. In seinem Erinnerungsbuch protokolliert Engels einige Dialoge, die Valentin und Liesl Karlstadt, als er beide schließlich so weit hatte, vor der Kamera improvisierten. In einem dieser Stegreifdialoge spricht Valentin bereits einen Gedanken aus, der sonst, verließe man sich lediglich auf die Werkausgaben, erst in den während des Zweiten Weltkriegs geschriebenen Texten auftaucht:

LIESL: *Anständige Menschen lernt ma überhaupts nimma kenna.*
VALENTIN: *Net amal mehr unanständige.*
LIESL: *Aber Eahna kenn i scho.*
VALENTIN: *Ja mei – glauben S' mir, am besten san die Menschen dran, de wo gar net geborn wern!*
LIESL: *Ja, die hams freili guat.*
VALENTIN (tiefsinnig): *Aber des san nur wenige, die wo net geborn wern. I kenn nur geborene Menschen.*
LIESL: *Ungeborene kenn i aa net.*
VALENTIN: *Einige kenn i scho, aber nur einige!*
LIESL (melancholisch): *Waar vui besser, i waar aa net geborn!*
VALENTIN (trocken): *Vui besser!*[87]

Die Wunschvorstellung, nie geboren worden zu sein, taucht im späteren Werk Valentins noch sehr viel ernster und nachdrücklicher auf. Valentin war zwar nie das gewesen, was man einen strahlenden Optimisten nennt, seine Stücke beweisen das hinlänglich, doch hatte er in seinen früheren Texten seinem Pessimismus nie so direkt, ohne den Umweg über eine Spielhandlung, Ausdruck verliehen. Diese Dialogstelle ist ein Vorläufer der späten »unkomischen« Texte der Kriegs- und Nachkriegszeit, in denen Valentin unverblümt und unpointiert mitteilte, was er vom Menschengeschlecht hielt. Deutlicher noch als das Inventar des Panoptikums zeigt der zitierte Dialog, der vor 1933 nicht denkbar gewesen wäre, Valentins hellsichtige Beurteilung des Faschismus. Um Mißverständnisse auszuschließen, muß allerdings gesagt werden, daß Valentin alles andere als ein Widerstandskämpfer war. Dafür hatte er viel zuviel Angst. Dennoch hat er nie, auch auf der Bühne nicht, aus seiner Abneigung gegen die Hitlerdiktatur einen Hehl gemacht. Sehr deutlich wurde er, wenn es um die sogenannte Rassenlehre ging.

Während einer Probe erteilte Valentin einmal dem Kapellmeister die Anweisung, als Auftrittsmusik einen Marsch von Leo Fall zu spielen. Der Kapellmeister lehnte aus »rassischen Gründen« ab, worauf Valentin verärgert meinte: *Nur gut, daß der Edison kein Jude war, sonst könnt ma heut wieder Petroleumlampen anzündn.*
Im Dezember 1940 bestellte Valentin bei dem Verlag Gerlach & Weidlich zwei Exemplare des Buches »Wiener Volkssängertum in alter und neuer Zeit«, verfaßt von einem Autor namens Koller. Der Verlag teilte ihm postwendend mit, das Buch dürfe nicht mehr ausgeliefert werden, da der Verfasser Jude sei. Offensichtlich verstimmt, antwortete Valentin, daß das Buch auf seine Anregung hin entstanden sei, korrespondiert habe er allerdings nicht mit dem ihm unbekannten Herrn Koller, sondern mit dem Mitherausgeber, dem Wiener Volkssänger Renner. *Jedenfalls haben die beiden Herren ein Kulturdokument geschaffen! Leider haben wir heute 1940 noch kein solches in München, obwohl ich mich seit mehr als 10 Jahren darum bemühe... Vielleicht findet sich gelegentlich ein Wiener Verlag, der für München ein Kulturwerk schaffen hilft.*[88]
Es gehörte damals nicht wenig Mut dazu, einen Brief abzusenden, in dem lobend vermerkt wird, ein Jude habe ein deutsches Kulturdokument geschaffen. Wäre dieser Brief in falsche Hände gelangt, hätte das für Valentin schlimme Folgen haben können.
Ersprießlicher als die Zusammenarbeit mit Erich Engels wurde für Valentin die Zusammenarbeit mit dem Dramaturgen und Regisseur Jacob Geis, wenn das Ergebnis auch nur ein einziger Film war. *Die Erbschaft* (1936) ist der beste Tonfilm mit Karl Valentin, den es gibt. Valentin lieferte die Vorlage, die Geis zu einem ausgezeichneten Drehbuch umschrieb. Die Story ist einfach: Ein bitterarmes Lumpensammlerehepaar erhält vom Nachlaßgericht ein Schreiben, in dem ihm mitgeteilt wird, daß es eine Schlafzimmereinrichtung geerbt hat. Daraufhin läßt das Paar die alte Schlafzimmereinrichtung zu Brennholz zerhacken. Die geerbten Möbel werden angeliefert – es sind Liliputanermöbel. Der Irrtum klärt sich schnell auf. Der rechtmäßige Erbe ist ein namensgleicher Liliputaner. Der läßt die Schlafzimmereinrichtung abholen, dem Lumpensammlerpaar bleibt nur noch der Fußboden.
Der Film wurde von der Nazizensur wegen »Elendstendenzen« verboten. So verarmte Menschen, wie Valentin und Liesl Karlstadt sie in diesem Film darstellten, durfte es im Dritten Reich einfach

Die Erbschaft

nicht geben. Die Tragikomödie *Die Erbschaft* wurde erst vierzig Jahre nach ihrem Entstehen uraufgeführt.
Wer war Jacob Geis, der einzige kongeniale Filmregisseur, den Valentin je gefunden hat? Ulrich Kurowski ist dieser Frage nachgegangen. Jacob Geis wurde am 30. November 1890 in München als Sohn des Opernsängers Josef Geis und Enkel des Volkssängers Jakob (Papa) Geis geboren. Sein Jurastudium schloß er mit dem Staatsexamen ab. Um 1918 lernte er Bert Brecht kennen. Sie faßten den Plan, gemeinsam das Stück »Herr Meier und sein Sohn« zu schreiben. Zur Verwirklichung dieses Planes kam es jedoch nicht. Möglicherweise haben sich Valentin und Geis schon damals kennengelernt. Geis wurde Dramaturg am Münchner Residenztheater und nach der Aufführung von »Im Dickicht der Städte« entlassen. Brecht vertraute Geis die Inszenierung der Uraufführung seines Stückes »Mann ist Mann« an, die am 25. September 1926 über die Bühne ging. Geis, der eine »kalte Selbstverständlichkeit des

Die Erbschaft

Spiels« forderte, war ein Regisseur ganz nach Brechts Geschmack. In seinen Aufsätzen zu »Mann ist Mann« formulierte er das Ziel seiner Regiearbeit: »Den Hintersinn dieses Stückes aufzuzeigen, indem der Vordersinn möglichst deutlich vor Augen gestellt wurde.« Das hätte auch das Motto für die Regiearbeit für *Die Erbschaft* sein können. 1928 inszenierte Geis in Kassel die »Dreigroschenoper«, und ein Jahr später im Berliner Theater am Schiffbauerdamm setzte er gemeinsam mit Brecht die »Pioniere von Ingolstadt« von Marieluise Fleißer in Szene. Herbert Ihering wies auf die Ähnlichkeit der Sprache von Marieluise Fleißer mit der Karl Valentins hin. Nach 1933 arbeitete Geis kurze Zeit an den Kammerspielen, und 1935 verpflichtete ihn sein Freund Hans Albers als »persönlichen Dialogregisseur« für die deutsch-französische Filmproduktion »Varieté«. 1947 gründete Geis mit anderen die NDF (Neue Deutsche Filmgesellschaft), 1949 traf er Brecht wieder und besuchte mit ihm zusammen Hans Albers. 1950 planten sie wieder, gemeinsam ein Stück zu schreiben, ein Drehbuch nach Gogols Novelle »Der Mantel«, die Hauptrolle sollte Peter Lorre spielen, aber wieder blieb es nur bei dem Plan. Auch das folgende Projekt wurde leider nie verwirklicht: Geis schrieb das Exposé zu einer bayrischen Militärgroteske aus dem Jahr 1911: »König für eine Nacht«. Brecht schickte das Exposé an die Fleißer und schlug ihr vor, ein Drama daraus zu machen. Marieluise Fleißer lehnte ab mit der Begründung, sie verstehe zu wenig von militärischen Dingen. Geis zeichnete weiter als Verfasser oder Mitverfasser von Drehbüchern, zuletzt 1959 als Koautor bei der Verfilmung der »Buddenbrooks«. Am 22. Juli 1972 starb Jacob Geis in Grünwald bei München. Kurowski schreibt: »Jacob Geis, der grantlerische, linksdenkerische, selbstanklägerische Bayer – die Zusammenarbeit mit dem anderen Bayern, mit Valentin, mußte glücklich werden. *Die Erbschaft* ist auch technisch bemerkenswert. Die Kamera steht zuweilen sehr weit von den Vorgängen, erfaßt Räume und Straßenzüge, Einstellungen, wie wir sie aus jener Zeit eigentlich nur bei Renoir kennen. Schade, daß *Die Erbschaft* der einzige Film ist, für den Jacob Geis selbständig als Regisseur zeichnete.«[89]

Ein mit Valentin bekannter Fotograf war erkrankt, und Valentin stattete ihm einen Besuch ab. Als Valentin das Krankenzimmer betrat, mußte er feststellen, daß sich noch ein Besucher eingefunden hatte: Adolf Hitler. Der Fotograf war Heinrich Hoffmann, des Führers treuergebener Leibfotograf, der auf seine Weise den Nationalsozialismus glorifiziert hat und dafür später in den Nürnberger Prozessen zu einer Freiheitsstrafe verurteilt wurde. Das unerwartete Zusammentreffen zwischen Hitler und Valentin fand um 1937 statt. Hitler wußte, was Valentin von ihm hielt, und Valentin wußte, daß Hitler das wußte. Er wußte aber auch, daß Hitler ein treuer Anhänger seiner Kunst und früher auch ein häufiger Besucher seiner Aufführungen war. Manche Stücke, so den Einakter *An Bord*, hatte sich Hitler sogar ein paarmal angesehen. (Warum der Antialkoholiker Hitler ausgerechnet dieses Stück so schätzte, mag eine Überlegung wert sein.) Schon bald nach der Machtergreifung hatte sich Hitler, wenn auch nicht persönlich, so doch über Mittelsmänner und mit Nachdruck darum bemüht, Valentin ebenso wie andere Komiker und Humoristen für seine Zwecke einzuspannen. Einige machten freiwillig mit, einige unfreiwillig, wie zum Beispiel Theo Lingen, der mit einer Jüdin verheiratet war. Valentin lehnte ab. Wenn man bedenkt, daß Emigranten mit künstlerischen Berufen wie Maler, Schriftsteller, Komponisten, ausführende Musiker und Regisseure im Exil wenigstens einige Verdienstchancen hatten, die sprach- und damit heimatgebundenen Schauspieler dagegen so gut wie keine, dann wird man Valentins konsequentes Nein zu den Annäherungsversuchen der Nazis richtig zu würdigen wissen. Denn schließlich hätte ein generelles Auftrittsverbot, ein Berufsverbot, die Folge seiner Verweigerung sein können. Merkwürdigerweise jedoch ließ Hitler Valentin in Ruhe.

Wie verhielt sich Valentin in Heinrich Hoffmanns Wohnung, als er unvermutet Hitler begegnete? Wir wissen, daß Valentin engere persönliche Beziehungen zu hochgestellten Persönlichkeiten aus Schüchternheit oder Minderwertigkeitskomplexen vermied. Das mußte aber nicht bedeuten, daß er vor jedem Prominenten vor Ehrfurcht in die Knie sank.

Die prekäre Situation in Hoffmanns Wohnung jedenfalls hat Valentin, wie uns von Heinrich Hoffmann überliefert wurde, unerschrocken und souverän überspielt, indem er sich erst gar nicht auf ein Gespräch einließ, sondern sofort in die Rolle des Clowns schlüpfte. Heinrich Hoffmann berichtet:

»Der berühmte Komiker verhielt sich gegenüber dem ›Führer und Reichskanzler‹ mit dem gleichen Humor und der gleichen Natürlichkeit, die alle so sehr an ihm schätzten. Während dieses Besuches wollte uns Valentin in einer kleinen Privatvorführung einen Trick zeigen. Dabei schnitt er sich in den Finger. Die Wunde blutete ein wenig, und Hitler riet ihm, sich doch von meiner Krankenschwester verbinden zu lassen. Sofort legte sich Valentin auf unseren langen Speisezimmertisch, machte eine leidende Miene wie vor einer schweren Operation und ließ sich von der Schwester einen Verband von solchem Umfang anlegen, als habe er sich den halben Finger abgeschnitten.

Nachher – wir plauderten im Wintergarten, in dem eine fast lebensgroße Brunnenfigur von Professor Thorak stand – kam Valentin mit einem Arztkittel herein, den er sich von Dr. Morell hatte geben lassen. In der Hand hielt er einen Kochlöffel, mit dem er, wie mit einem Stethoskop, den Bronzeakt abhorchte. Hitler lachte mit uns über seine drolligen Einfälle und meinte, nachdem sich Valentin verabschiedet hatte: ›Er ist nicht nur ein Komiker aus Leidenschaft – er ist dazu geboren!‹«[90]

Übrigens ließ sich auch Weiß Ferdl zunächst nicht von den Nazis vereinnahmen. Später ist er in die Partei eingetreten, vielleicht nachdem er eine Einladung Hitlers auf den Obersalzberg zum Tee angenommen hatte. Weiß Ferdl war damals so aufgeregt gewesen, daß er den ganzen Nachmittag fast kein Wort gesprochen, sondern nur dagesessen und versucht hat, einen würdigen Eindruck zu machen. Nachdem er gegangen war, sagte Hitler zu Heinrich Hoffmann: »Da bin ich eigentlich sehr enttäuscht worden. Dieser Mann ist doch gar nicht originell oder witzig, ich verstehe nicht, wieso er so populär ist.«

Irgendwie hatte es sich im Lauf der Zeit herumgesprochen, daß Valentin und Weiß Ferdl, obwohl beide Gegner des Nationalsozialismus waren, in Hitlers Gunst standen, so daß immer häufiger von der Presse angebliche Valentin- und Weiß-Ferdl-Anekdoten mit antifaschistischer Tendenz kolportiert wurden. Auch das war für Valentin und Weiß Ferdl nicht ungefährlich. Valentin trat schließlich die Flucht nach vorn an und beschwerte sich schriftlich beim Reichspresseleiter Max Amann, der das Schreiben an das Propagandaministerium weiterleitete. Von dort erhielt Valentin den Bescheid, man könne der Presse schließlich nicht verbieten, Anekdoten über lebende Persönlichkeiten zu veröffentlichen, zumal sich solche Rubriken beim lesenden Publikum großer Beliebtheit erfreuten.

Warum Hitler, der Regimegegner bekanntlich rücksichtslos verfolgte, Valentin verschonte, darüber kann man nur Vermutungen anstellen. Vermutlich hatte er Spaß an Valentins destruktiver Komik, die ja nicht frei von Menschenverachtung war – trotz allen Engagements für das ärmliche Kleinbürgertum und gegen die kapitalistischen Geldsäcke, wie es zum Beispiel in dem Einakter *Der Bittsteller* zum Ausdruck kam. Abgesehen davon, daß Hitler durchaus auch Sinn für Humor haben konnte, war es vielleicht gerade Valentins treffsichere Darstellung des Kleinbürgertums, die Hitler gefallen hat, da er ja selbst diesem Milieu entstammte.

Überhaupt waren sich Hitler und Valentin, so provokativ das auch klingen mag, in einigen Merkmalen ihrer Persönlichkeitsstruktur ähnlich. Beide waren schwer zu durchschauen und schwierig im Umgang mit anderen Menschen. Sie waren extrem launisch und versuchten jede Möglichkeit auszuschöpfen, anderen ihren Willen aufzunötigen, was bei Hitler und seinen Machtmitteln natürlich ganz andere Folgen hatte als bei dem nörgelnden Familienvater und Partner Valentin. Entsprechend gering stand es mit beider Kompromißfähigkeit. Sie waren Hypochonder, ließen möglichst nichts über ihr Privatleben in die Öffentlichkeit dringen, liebten es aber, fotografiert zu werden. Und beide fühlten sich am wohlsten und völlig ungehemmt, sobald sie vor ein Publikum traten, so wie beide auch die Gabe besaßen, ihr jeweiliges Publikum, wie auch immer es strukturiert war, sofort in ihren Bann zu ziehen. Diese Feststellung gemeinsamer Charaktermerkmale darf aber nicht dahingehend mißverstanden werden, daß Valentin irgend etwas mit Hitlers Politik oder der nationalsozialistischen Ideologie gemein gehabt hätte. Sie soll lediglich eine Erklärungsmöglichkeit für Hitlers offensichtliche Vorliebe für Valentin sein, obwohl sich Valentin ihm nachdrücklich entzog, ja selbst öffentlich nicht verheimlichte, daß er ins gegnerische Lager gehörte. Man darf sagen, daß Hitlers Politik Valentin überhaupt erst zu einem politisch denkenden Menschen gemacht hat, der dann im Lauf der Zeit eine pazifistisch-sozialistische Position bezogen hat. Daraus den Schluß zu ziehen, wie Axel Hauff das getan hat, Valentin sei im Grunde überzeugter Kommunist gewesen, so eine Art verhinderter Urvater der DKP, das ist sicher unhaltbar, schon deshalb, weil sich Valentin nie theoretisch mit politischen Ideologien auseinandergesetzt hat. Den Namen Karl Marx kannte er allenfalls vom Hörensagen.

Valentin weigerte sich, die Welt, wie er sie vorfand, als gegeben hinzunehmen. Dennoch dürfte er sie im Grunde für nicht veränderbar gehalten haben. Valentin stellte, und darin war er dem Typ des Clowns nicht unähnlich, Situationen des Mißlingens dar, zeigte einen Alltag, der aus dem Leim geht, artikulierte seine, wie Hausenstein sagte, »Mißzufriedenheit mit der Schöpfung«. Er hatte keine Lösungen parat, sondern präsentierte eine Welt, von der nur festzustehen schien, daß sich der Mensch in ihr nicht zurechtfinden oder einrichten kann. In diesem Sinne trifft die allgemein aufgestellte These, Valentin sei ein Vorläufer oder Vertreter des absurden Theaters gewesen, nur bedingt zu. Denn das Wesentliche des absurden Theaters besteht ja gerade darin, jegliche Weltinterpretation zu vermeiden. Im Vorwort zu seinem Stück »Die Stühle« sagt Ionesco: »Wie könnte ich, da die Welt mir unverständlich bleibt, mein eigenes Stück verstehen? Ich warte, daß man es mir erklärt.«[91]

Karl Valentins Olympiabesuch 1936:

»Nur einen Tag zu spät und dennoch zu spät.«

Auch Beckett reagiert allergisch auf jeden Interpretationsversuch seiner Werke. Es ist meiner Meinung nach auch ein Irrtum, Becketts Romane und Stücke als Gleichnisse sehen zu wollen – Godot als den abwesenden lieben Gott oder als »Rätsel des Lebens« und die beiden Landstreicher als die geknechtete, sinnsuchende Menschheit. Die Landstreicher sind nichts weiter als Landstreicher, und Godot ist nichts weiter als jemand, auf den die beiden Landstreicher, aus welchem Grund auch immer, warten. Auch würde ich Becketts Werke nicht als »trostlos« interpretieren, sondern auch als umwerfend komisch. Becketts eigene Inszenierungen seiner Stücke am Schiller-Theater in Berlin haben unübersehbar gezeigt, daß er selbst den Akzent vor allem auf das Komische legt, eine Komik, die – und hier liegt das Gemeinsame – der Komik von Valentin oft sehr ähnlich ist.

So erklärt sich auch die Tatsache, daß Beckett bis heute ein Valentinverehrer geblieben ist. In einem Brief von 1973 schrieb er mir: »Ich habe K.V. 1937 tatsächlich in einem Café-Theater am Stadtrand gesehen und viel und voll Trauer gelacht.«

Trotzdem bleibt ein wesentlicher Unterschied in den Werken von Beckett und Karl Valentin bestehen: Während Valentin gegen die Welt aufbegehrt, ohne freilich dadurch etwas ausrichten zu können, sind Becketts Figuren in ihre Welt integriert, sie rebellieren nicht, klagen selten und scheinen sich im großen und ganzen sogar recht wohl zu fühlen. Die Welt im absurden Theater erscheint nur dem Zuschauer absurd, nicht aber den agierenden Personen, diesen ist sie Selbstverständlichkeit. Valentin jedoch stellt auch das scheinbar Selbstverständliche in Frage. Das absurde Theater stellt nichts in Frage. Und im Gegensatz zu den Autoren des absurden Theaters interpretiert Valentin die Welt, hat er so etwas wie eine Botschaft, wenn auch keine sehr erfreuliche: Die Welt ist die schlechtmöglichste aller Welten.

Der Irrtum, Valentins Stücke dem absurden Theater zuzuordnen, beruht auf der zutreffenden Beobachtung, daß Valentin einige formale Elemente des absurden Theaters vorweggenommen hat, etwa die Kreisbewegung, Stücke, die immer wieder von vorn anfangen, ewig weitergehen. Als Beispiel ein Zitat aus dem Dialog *Bei Schaja* (Schaja ist ein bekanntes Münchner Fotogeschäft). Valentin betritt den Laden und möchte eine Leica kaufen. Die Verkäuferin bedauert, zur Zeit sei keine Leica vorrätig.

VERKÄUFERIN: *Schauen Sie in vierzehn Tagen wieder her.*

VALENTIN: *Herschauen? Ich seh so schlecht. Außerdem wohne ich in Planegg, fünfzehn Kilometer von München entfernt, und so weit sehe ich nicht.*
Valentin nervt die Verkäuferin mit Wortspielen und blödsinnigen Fragen. Schließlich:
VALENTIN: *Am liebsten wäre es mir, ich hätte jetzt gleich eine [Leica] haben können, dann bräucht ich überhaupt nicht mehr zu kommen.*
VERKÄUFERIN: *Das wär mir auch das liebste, wenn Sie nicht mehr kommen würden.*
VALENTIN: *Ich soll nicht mehr kommen?*
VERKÄUFERIN: *Freilich können Sie kommen, aber doch erst, wenn wir wieder Leicas haben.*
VALENTIN: *Und wann haben Sie welche?*
VERKÄUFERIN: *Ich sagte Ihnen ja schon, schauen Sie in vierzehn Tagen wieder her!*
VALENTIN: *Herschauen? Ich seh so schlecht. Außerdem wohne ich in Planegg, fünfzehn Kilometer von München entfernt, und so weit sehe ich nicht.*
(Und so weiter und so fort)[92]
Ionescos »Die kahle Sängerin« endet mit der Regieanweisung: »Das Ganze fängt von vorne an, die gleichen Sätze werden gesprochen, während der Vorhang fällt.«[93]
Das wiederum erinnert an Valentins Einakter *Der Umzug*. Nachdem Valentin den gesamten Hausrat mühsam auf einen Handkarren gestapelt hat, fällt der ganze Kram auf die Straße, und wieder fängt er von vorne an, ebenso katastrophal ungeschickt wie zuvor, er hat nichts dazugelernt, er weigert sich, Erfahrungen zu machen, er besteht darauf, den Umständen seinen Willen aufzunötigen. Das Dilemma ist der akzeptierte Preis für seine Unnachgiebigkeit. Abschließende Regieanweisung: *Damit das Publikum nicht zweimal dasselbe sieht, wird langsam abgeblendet.*[94]
Es ließen sich noch weitere Beispiele anführen, etwa die Parallelen zwischen Becketts »Spiel« und Valentins *Die verfluchte Hobelmaschine*, beides Stücke, in denen zweimal der Text wortwörtlich wiederholt wird.
Ionesco schrieb einmal: »Man muß die gewohnte Gegenständlichkeit zerbrechen, um sie neu aufbauen zu können. Um das zu erreichen, kann man bisweilen folgendes Verfahren anwenden: man kann gegen den Text spielen.«[95] Ionesco konnte nicht wissen,

daß Valentin bereits 1940 in seinem Dialog *Streit mit schönen Worten* eben dieses Verfahren angewandt hatte. Ein Ehepaar wirft sich, brüllend vor Wut, Liebenswürdigkeiten an den Kopf. Zum Beispiel:

Sie: *A andrer Mann geht auf d' Nacht in sein Wirtshaus und kommt in der Früh heim; aber das ist ja dir alles fremd, du fühlst dich ja nur am häuslichen Herd glücklich!*
Er: *Du hockst ja auch lieber daheim bei mir!*
Sie: *Ja, wenn du es nur einsiehst!*
Er: *Du hast mir noch jede Stunde meines Lebens verschönt!*
Sie: *Du mir genauso; und wenn ich noch so betrübt war, so warst es du, der mir jeden Wunsch von den Augen absah!*[96]

In einigen Monologen ist Valentin mit der Sprache noch viel radikaler verfahren, indem er ihre Tauglichkeit als Kommunikationsmittel in Frage stellt. Die *Unpolitische Käsrede* ist an eine *Hochgeehrte Versammlung* gerichtet, über deren Zusammensetzung wir nichts erfahren und die dieses buchstäblich sinn-lose Gerede ohne zu murren über sich ergehen läßt. Das heißt, die Adressaten erwarten nicht einmal so etwas wie eine Information oder Meinung, ihnen wie dem Vortragenden geht es nicht um den Gehalt, sondern nur um das Ritual der Rede. Hier der erste Satz:

Es freut mich ungemein, daß Sie, wie Sie, wenn Sie hätten, widrigenfalls ohne direkt, oder besser gesagt, inwiefern, nachdem naturgemäß es ganz gleichwertig erscheint, ob so oder so, im Falle es könnte oder es ist, wie erklärlicherweise in Anbetracht oder vielmehr, warum es so gekommen sein kann oder muß, so ist kurz gesagt kein Beweis vorhanden, daß es selbstverständlich erscheint, ohne jedoch darauf zurückzukommen, in welcher zur Zeit ein oder mehrere in unabsehbarer Weise sich selbst ab und zu zur Erleichterung beitragen werden, ohnedem es wie ja unmöglich erscheint in bis jetzt noch nie, in dieser Art wiederzugebender Weise, ein einigermaßen in sich selbst, angrenzend der Verhältnisse, die Sie, wie Sie, ob Sie gegen sie oder für sie nutzbringend in sich selbst von vorne als gänzlich ausgeschlossen erachtet werden wird und daß ohnehin einer ferngehaltenen Verschlimmerung ein, oder ein in irgendeinen einigermaßen einzig verschwiegen ist.[94]

Meine These, Valentin sei kein Vertreter des absurden Theaters gewesen, gilt nicht für sein letztes Stück, den 1943 entstandenen kurzen Einakter *Familiensorgen*. Vordergründig betrachtet, handelt es sich um eine Parodie auf die Familiendramen, die zum Repertoire der Vorstadtbühnen gehörten. Das Bühnenbild zeigt eine bürgerliche Stube in einer Kleinstadt. Vier Personen, Vater, Mutter, Tochter und Sohn sprechen über eine ausweglose Situation, in die sie geraten sind, und streiten bald heftig über die Frage, wer von ihnen die Katastrophe herbeigeführt habe. Nur, worin diese Katastrophe, die ausweglose Situation besteht, wird nicht mitgeteilt. Das Mystische, das dem absurden Theater eignet, ist vor allem darin begründet, daß die agierenden Personen offensichtlich Eingeweihte sind, die Dinge tun und Sätze sagen, die einzig ihnen verständlich sind. Das Neue im absurden Theater ist, daß sich Publikum und Autor in derselben Lage befinden: Sie bemühen sich vergeblich, hinter ein Geheimnis zu kommen. Beckett weiß ebensowenig wie wir, wer Godot ist. Und worum es bei den *Familiensorgen* letztlich geht, blieb auch Valentin rätselhaft. Wenn uns das absurde Theater dennoch Vertrautes zu präsentieren scheint, so liegt das an den uns allen bekannten Grundmustern, derer es sich bedient. Also vergebliches Warten und Herr-und-Knecht-Verhältnis in »Warten auf Godot« und Streit und Schuldzuweisungen in *Familiensorgen*.

Familiensorgen fängt so an:

VATER *(zu Afra):* Ja, ja, daß so kommt, des hätt niemand geahnt!
AFRA: *Vater! Deine Schuld war's net! Du hast net anders handeln können.*

Die Neugierde des Publikums ist geweckt. Es weiß, daß etwas Ungutes passiert ist, daß der Vater sich in einer Zwangslage befindet oder befand und daß die Tochter Afra auf der Seite des Vaters ist. Das Stück fängt also mit einem Spannungsmoment an, und erst im Verlauf der Szene erfährt das Publikum, daß es nichts erfahren wird.

MUTTER *(kommt herein. Zum Vater):* So! Was sagst denn du jetzt dazu? Jetzt is's soweit. So hat's kommen müssen.
VATER: *Naa! Naa, Muatter, so hätt's net kommen müssen.*
AFRA: *Ja, was soll denn jetzt der Heinrich tun?*
HEINRICH: *Was i tu? Des brauch i mir net lang überlegn – i geh zum Bürgermeister nüber, und wenn der sagt: ›Laß die Sach ruhen‹, dann i laß ich s' ruhen, und wenn er sagt: ›Nimm's in d' Hand‹, na weiß ich auch, was i z' tun hab.*
AFRA: *Heinrich! Überleg dir das reiflich! Du machst unsere ganze Familie unglücklich!*

VATER: *Haha! Unsere Familie, daß i net lach! Da müaßt schon wer anders kommen als wie der Herr Bürgermeister.*
MUTTER *(zum Vater): Du redst aa vui daher, wenn der Tag lang is. Der Bürgermeister is doch der, von dem wir alles erfahrn habn.*
HEINRICH *(haut erregt auf den Tisch): Des is net wahr! Des is a Verleumdung! Man soll net über einen Menschen urteilen, wenn man nicht in die Sache eingeweiht* [!] *is.*
Dann beschuldigt Afra nacheinander die Mutter und den Heinrich, dem Bürgermeister alles verraten zu haben. Die Mutter verteidigt Heinrich und versichert, der nicht anwesende Sohn Josef habe dem Bürgermeister alles erzählt.
HEINRICH, AFRA, VATER *(erheben sich erstaunt und reißen die Augen auf): Der Josef? (Sie setzen sich wieder.)*
VATER: *Ja, seit wann ist denn der Josef wieder hier?*
MUTTER *(weinend): Seit vierzehn Tag.*
(Afra weint, Vater und Mutter trösten sie.)
Ein hundertmal gesehenes Bühnenbild, völlig »normale« Personen, keine spektakulären Regieanweisungen, die Sprache, von zwei oder drei Wortspielen abgesehen, die des Laientheaters der Vorstadt, mit Hilfe dieser sehr konventionellen Mittel – das absurde Theater bedient sich immer konventioneller Mittel, nur so gelingen ihm die Überraschungseffekte – hat Valentin unbewußt und unbemerkt an einer neuen Ära des Theaters teilgenommen. – So endet das Stück:
HEINRICH *(schreit): Tua die Afra nicht noch höher ins Unglück stürzen, als sie sowieso schon drunten ist – denn sie – und koa anderer hat doch nur unser Bestes wolln.*
AFRA *(ganz gelassen): Naa, in dem Haus hab i nix mehr verlorn. I geh. (Ab)*
HEINRICH: *Die Afra geht – na geh i aa. (Ab)*
VATER: *Wenn die zwoa gehn, na geh i aa. (Ab)*
MUTTER *(schreit weinend dem Vater nach): Vater! Du gehst auch? Dann – hab ich da herin auch nix mehr zu suchen. (Ab)*
(Bühne leer. Vorhang zu.)[96]

Ende der dreißiger Jahre trug sich Valentin mit dem Gedanken, seine Altmünchner Bildersammlung zu verkaufen. Er bat Heinrich Hoffmann, Hitler zu fragen, ob er Interesse daran habe.
Um 1925 hatte Valentin angefangen, Fotos, Postkarten und Stereoskopbilder zu folgenden Themenbereichen zu sammeln: alte

Gebäude, das heißt Abbildungen von Häusern, die schon vor 1910 abgerissen worden waren, die ältesten Münchner Vergnügungsstätten und Volkssänger und Volkssängergruppen. Ging es darum, seine Sammlungen zu vervollständigen, scheute Valentin keine Mittel, und oft genug dürfte er überhöhte Preise gezahlt haben. In allen Münchner Zeitungen veröffentlichte er Annoncen, in denen er die Leser bat, ihre Truhen und Speicher nach altem Bildmaterial zu durchstöbern. Im Lauf der Jahre nahm die Sammlung gigantische Ausmaße an, die Stückzahl der Bilder ging in die Tausende und wurde zu einer einzigartigen Dokumentation, die in dieser Vollständigkeit kein Münchner Museum oder Archiv aufzuweisen hatte.

Diese große und kostbare Sammlung zeigte am deutlichsten, wie sehr Valentin an München hing, wie abhängig er gefühlsmäßig von seiner Heimatstadt war. Das München aus der Zeit vor 1910 war die Welt, in der er sich zu Hause fühlte. Er wurde wütend, wenn irgendwo ein altes Haus abgerissen wurde, und er tobte, wenn er feststellen mußte, daß man es versäumt hatte, vor dem Abbruch wenigstens ein Foto zu machen. Valentin, lebte er heute, wäre sicher ein Sympathisant der Hausbesetzer!

Es ist bekannt, daß Valentin nur höchst widerwillig auf Reisen ging. Der Grund war nicht allein seine Angst vor Unfällen. Ein Mensch wie Karl Valentin, der schon im Alltag eine ständige Bedrohung sah, der ein überaus negatives Weltbild hatte, konnte regelrecht in Panik geraten, wenn er seiner vertrauten Umgebung entrissen war, das heißt, wenn er von dem einzigen, das ihm Halt und Orientierung gewährte, getrennt wurde. Riß man in München ein altes Haus ab, fühlte er sich persönlich betroffen. Durch jede Form der Umweltzerstörung ging ein Teil seiner heilen Welt, oder was er dafür hielt, verloren. Da er den Verlust der alten Zeit nicht aufhalten konnte, wollte er sie wenigstens mit Hilfe fotografischer Aufnahmen in der Erinnerung bewahren.

Auf jede Veränderung in München, und nicht nur baulicher Art, hat Valentin mit einer Mischung aus Wut und Resignation reagiert. Er wollte nicht wahrhaben, daß sich die Zeiten ändern. Wie anders soll man seinen Beitrag deuten, den 1926 die Redaktion der Kulturzeitschrift »Der Zwiebelfisch« von ihm zu der Frage »der geistigen Gestaltung Münchens« anforderte. Bedeutende Münchner Persönlichkeiten wurden gebeten, sich zu diesem Thema zu äußern, und zwar unter einer bestimmten

Valentin an seinem Guckkasten

Auflage: »Nicht eine Kritik Münchens soll Zweck dieser Äußerungen sein. Wir wollen positive Vorschläge oder Hinweise, die geeignet sind, zur geistigen, künstlerischen und allgemein-kulturellen Hebung Münchens beizutragen.«
Positive Vorschläge hatte Valentin nicht zu unterbreiten. Er lieferte eine gnadenlose Kritik, also genau das, was die Redaktion nicht wollte. Dennoch druckte sie seinen Beitrag ab:
München nochmal zu einer Kunststadt zu machen, ist eine Kunst, die niemand kann. München wird ›amerikanisiert‹. Der Anfang

hat schon begonnen. Die jungen Münchner wollen es ja nicht mehr anders; sie haben kein Interesse mehr an der Originalität ihrer Münchnerstadt.
Valentin schrieb sich seine ganze Wut und Enttäuschung von der Seele. Dabei erweist sich, daß der Mann, der zu Recht zur Theateravantgarde dieses Jahrhunderts gerechnet wird, der immer auf seiten der Armen und Unterdrückten stand und der nicht durch Theorie, sondern durch Beobachtung und Erfahrung später zum Linken wurde, auch ein stockkonservativer Kleinbürger war, unfähig, sich mit moderner Kunst und Literatur auseinanderzusetzen. Das ist nur scheinbar ein Widerspruch, denn in gleichem Maße, wie er die Welt als eine kaputte und menschenfeindliche empfand und darstellte, klammerte er sich an das Trugbild der »guten alten Zeit«, die für ihn identisch war mit dem München des ausgehenden 19. Jahrhunderts. Die Fortsetzung seines Artikels bestätigt das:
Ob alte bayrische Volkssitten und Gebräuche noch bestehen oder abgeschafft werden, läßt sie kalt. Im Theater wird bis zum Ekel Expressionismus gespielt. Modern amerikanische Radaumusik lockt zu perversen Tänzen – die deutschen Nationaltänze dienen nur mehr dem Spottgelächter. Die Bildhauerkunst scheint verboten zu sein – heute ladet man an irgendeinem Platz schwere Steine ab – und nennt sie dann – Denkmäler. Eingerahmte Farbenpatzen nennt man Gemälde, und zu [Franz von] Defregger und [Eduard] Grützner sagt man Kitsch.
Und wer heute behauptet, ›München sei noch Kunststadt‹, der ist auch schuld daran – daß es keine mehr ist. Motto:
Wie die Alten sungen,
so zwitschern – nicht mehr – die Jungen.[99]
Warum wollte Valentin seine mühsam zusammengetragene Sammlung verkaufen? Darüber lassen sich nur Vermutungen anstellen. Entweder er hatte angesichts der Nazi-Diktatur völlig resigniert – sollte das stimmen, wäre es nicht frei von Ironie, daß er ausgerechnet Hitler seine Sammlung zum Kauf angeboten hat –, oder er brauchte Geld, was Hoffmanns Version entspräche, oder er wollte seine Sammlung der Öffentlichkeit zugänglich machen, wofür der Umstand spricht, daß Valentin auch mit dem Münchner Stadtarchiv verhandelte. Vielleicht waren es auch alle drei Gründe, die ihn bewogen, seine Sammlung, wenigstens ihre Kernstücke, zu verkaufen.

Hitler zeigte Interesse und schreckte offenbar auch nicht vor der Preisforderung zurück: hunderttausend Mark, damals eine astronomische Summe. Hitler war bereit zu zahlen, stellte aber die Bedingung, Valentin dürfe das Geld nicht für eine Filmproduktion verwenden. Aber genau das hatte Valentin vor. Nach Aussagen von Hoffmann war Hitler der Ansicht, die Valentin-Stücke eigneten sich nicht zum Verfilmen. Hinter dieser Meinung steckte die nationalsozialistische Propagandatendenz, nur Filmlustspiele zuzulassen, die von der Wirklichkeit ablenkten. Valentin tat in seinen Stücken das Gegenteil, er wies auf die Wirklichkeit hin. Während die Nazis in dieser negativen Weltsicht Valentins, solange sie sich auf den Kleinkunstbühnen äußerte, offenbar keine große Gefahr sahen, wollten sie die Breitenwirkung über das Medium Film auf alle Fälle verhindern.

Valentin jedoch bestand weiter auf seiner Forderung und wollte von Bedingungen nichts wissen. Hitler machte einen neuen Vorschlag: dreißigtausend Mark in bar und eine lebenslängliche Rente von monatlich 1 000 Mark. Hoffmann übermittelte den Vorschlag, und Valentin antwortete: *Sagen S' dem Herrn Führer einen schönen Gruß, wenn er mir die hunderttausend Mark net auf einmal gibt, dann soll er sich sein Geld am Huat aufsteckn. I bin wie er – alles oder nichts!*[100]

Es blieb beim Nichts.

Zum Thema Hitler abschließend noch eine nicht uninteressante Marginalie. Kurz nach seinem sechzigsten Geburtstag, 1942 also, stellte Valentin eine Liste mit den Namen all jener zusammen, die ihm gratuliert hatten. An oberster Stelle steht: »Der Führer Adolf Hitler«. Auf die Postkarte, die Hitler ihm geschickt hatte, war er so stolz, daß er sie stets in seiner Brieftasche bei sich hatte, um sie jederzeit seinen Nachbarn und Bekannten zeigen zu können.

Einen Teil seiner Sammlung verkaufte Valentin 1939 an das Münchner Stadtarchiv. Ein anderer Teil zählt zum Bestand des Nachlasses, den der Kölner Theaterwissenschaftler Carl Niessen für siebentausend Mark erworben hatte, nachdem die Stadt München nicht bereit war, diese geringe Summe zu bezahlen. (Nicht die einzige Beleidigung, die in dieser Stadt dem Namen Karl Valentin posthum angetan worden ist. Schließlich wurde der Karl-Valentin-Orden auch Franz Josef Strauß verliehen.) Verschollen ist Valentins Kollektion zahlreicher Nacktfotos dicker Frauen. Obwohl Valentin mit einem eigenen Theater (Goethe-Saal) schon

Das verhängnisvolle Geigensolo

einmal schlechte Erfahrungen gemacht hatte, wollte er wieder allein Programme entwerfen, in Räumen auftreten, die er nach seinem Geschmack gestalten konnte. Da er von der Stadt München ohnehin keine Hilfe zu erwarten hatte, machte er sich selber auf die Suche. Er wurde fündig. Das Haus Färbergraben 33 (in der Nähe des Marienplatzes) hatte einen großen, aus mehreren Räumen bestehenden Keller, genau das richtige, um jene Verbindung aus Kleinkunstbühne, Künstlerkneipe und Panoptikum zu schaffen, die Valentin vorschwebte. Teile des alten Panoptikums fanden hier eine neue Heimat. Der Keller wurde renoviert, dekoriert, mit schlichten Kneipenmöbeln und einer winzigen Bühne versehen. Das Unternehmen wurde »Ritterspelunke« getauft und am 17. Juli 1939 eröffnet. Am 4. November stand die Uraufführung des *Ritter Unkenstein*, der letzten Komödie von Valentin, auf dem Programm. Der *Ritter Unkenstein* wurde ein beachtlicher Erfolg und erlebte mehr als hundert Aufführungen, zählt aber nicht zu den besten Stücken Valentins. Zwar ist es voller Wortspiele,

paradoxer Einfälle und typischer Sadismen, von daher ein unverkennbares Valentinprodukt, doch fehlt das Doppelbödige, das Metaphysische, das sonst die besten Arbeiten Valentins auszeichnet, und es fehlt jeder Ansatz eines sozialen Engagements. Mit dem Spätwerk *Ritter Unkenstein* hat sich Valentin dem Volkssängertheater stärker angenähert als mit irgendeinem seiner größeren Werke je zuvor. Die Grenze zwischen Komik und Humor ist im *Ritter Unkenstein* fließend, zuweilen gerät das Stück hart an den Rand der Militärklamotte. Es gibt eine banale und nicht einmal unglaubwürdige Erklärung aus der Feder Annemarie Fischers, Valentins damaliger Bühnenpartnerin:
»Je näher die Premiere heranrückte, desto übler wurde mir. Überall hingen die Plakate, Zeitungen und Illustrierte berichteten ausführlich über Karls neue Initiative, Inserate versprachen das Blaue vom Himmel – nur das Programm, das wir zu bieten hatten, stand überhaupt noch nicht fest.
Valentin merkte man keinerlei Lampenfieber an. Seelenruhig putzte er seine Ritterhelme, als sei das Basteln am Requisit wichtiger als das Basteln der Texte, mit großer Aufmerksamkeit widmete er sich meinen Kostümen; auch die anderen Mitwirkenden – der Sänger Otto Zagler aus Wien, der Pianist Josef Brandstetter, der nebenbei kleine Rollen spielte und die Musiknummern für das Vorprogramm mit uns einstudierte, und Peter Schmid – waren nicht in der Lage, ihn aus der Ruhe zu bringen. Martin Wegmann, der Pächter des Lokals, lief wie ein aufgescheuchtes Huhn durch unsere Vorbereitungen.
Seit unserem Gespräch auf der Theresienwiese, wo wir zu dem Entschluß gekommen waren: ›Ein Ritterdrama muß es sein!‹, hatte Karl Valentin sich nicht mehr zu diesem Thema geäußert. Zwei Tage vor der Premiere hielt ich es nicht länger aus. Ich schmiß den Pinsel, mit dem ich, auf wackliger Leiter stehend, die Kellertreppe frisch gestrichen hatte, in den Farbtopf, griff zu Papier und Bleistift und entwarf in zehn Punkten, wie meiner Meinung nach die Rittergeschichte sich entwickeln müßte. Ich las sie Valentin vor, und er nickte zu meiner Überraschung mit dem Kopf. ›Ja, so machen mir's!‹ sagte er zufrieden.«
Die Story ist höchst simpel: Der Ritter Unkenstein hat einen Todfeind, und das ist der Ritter Rodenstein. Just zu dem Zeitpunkt, da der verwegene Rodenstein die Burg des Unkenstein angreift und belagert, muß der wackere Unkenstein erfahren, daß

seine Tochter Kunigunde ein uneheliches Kind zur Welt gebracht hat. Der Vater ist ausgerechnet der böse Rodenstein. Außer sich vor Wut, befiehlt Unkenstein die Hinrichtung seiner Tochter. Recke Heinrich (Karl Valentin) übernimmt den unangenehmen Job und erwürgt die Kunigunde nur zum Schein, indem er einen Gummistrick benutzt. Nach etwas Gewölbespuk führt der 3. Akt dann endlich zum Happy-End. Dieser 3. Akt wurde allerdings erst später geschrieben und ist nie aufgeführt worden.

»Wer nun glauben würde, daß sich Valentin jetzt mit seinen Getreuen darangemacht hätte, das Stück zu schreiben und in Rollen einzuteilen, der wäre auf einem falschen Dampfer, denn nichts geschah. Der Premierenabend nahte heran, ohne daß irgend etwas unternommen worden wäre.

Ich spüre heute noch das entsetzliche Gefühl im Magen, das mich gepackt hatte, als ich damals die Bühne betrat. Zehn Jahre meines Lebens hätte ich gegeben, wenn mir dieser Auftritt erspart geblieben wäre... Wir redeten drauflos, wir improvisierten Dialoge, von denen wir hinterher kein Wort mehr wußten...

Kurz und gut – der Abend wurde ein Erfolg. Schlimm wurde nur der nächste Abend, denn weil die Premiere so gut verlaufen war, bemühte ich mich, beim zweiten Mal dasselbe zu sagen und zu machen, was ich am Vorabend gesagt und gemacht hatte, aber es wollte mir beim besten Willen nicht mehr einfallen.«[101]

Acht Wochen nach Ausbruch des Zweiten Weltkriegs schwelgt Valentin noch einmal in der »guten, alten Zeit«. Die Katastrophen, die Konflikte, die er vorführt, haben derart versöhnlichen Charakter, daß man sagen kann, im *Ritter Unkenstein* wird eine heile Welt dargestellt.

Ein Leben lang hatte Valentin Parabeln geschrieben, deren Thema eine kaputte, bedrohliche, menschenfeindliche Welt war. Warum rückte er ausgerechnet jetzt in die Nähe des humoristisch-harmonischen Genres? Die Wirklichkeit hatte sein Theater eingeholt. Der Ritterthematik hatte er sich erstmals während des Ersten Weltkriegs zugewandt[102] und zum letzten Mal kurz nach Ausbruch des Zweiten Weltkrieges, sieht man von vier Szenen zum *Unkenstein* ab, die später im Krieg entstanden sind und auch nie aufgeführt wurden. Fast scheint es, als wollte Valentin in Friedenszeiten dem Publikum demonstrieren: Seht, das ist die eigentliche Welt, der Frieden täuscht! Und in Kriegszeiten: Das war einmal unsere Welt – sie könnte noch immer so schön sein, wenn ihr nicht das aus ihr gemacht hättet, was sie jetzt ist! In den Ritterstücken spielen Militär, Kriegsgerät und Krieg natürlich eine tragende Rolle, aber der Krieg in den *Raubrittern vor München* ist humaner als der Besuch eines Weinlokals im *Firmling* oder das Weihnachtsfest im *Christbaumbrettl*. Ordnet man Valentins Werk nicht nach den Entstehungsdaten, sondern nach der Zeit der Handlung, so wird die Verklärung der Vergangenheit und die pessimistische Betrachtung der Gegenwart am augenfälligsten: Früher war der Krieg erträglicher als heute der Alltag. Barg der Krieg früher immerhin noch die Möglichkeit der Versöhnung, so existiert diese Chance in der modernen Welt nicht mehr, selbst nicht in sogenannten Friedenszeiten.

Wer war Annemarie Fischer? Eine bildhübsche Soubrette, fünfunddreißig Jahre jünger als Karl Valentin, Tochter eines Münchner Musikprofessors und von Kindheit an mit dem Volkstheaterleben vertraut. Mit acht Jahren stand sie zum erstenmal auf einer Bühne. Bereits als Backfisch war sie ständiges Mitglied des Künstlerstammtisches in Kathi Kobus' legendärem »Simpl«. Valentin verliebte sich in das junge Mädchen, und bald wurde sie seine Geliebte, was Liesl Karlstadt, die Ende der dreißiger Jahre wieder mit Valentin auftrat, nicht verborgen blieb. Es kam zu Eifersuchtsszenen. Im April 1939 sollten Valentin und die Karlstadt in Augsburg gastieren. Kaum in Augsburg angekommen, wurde Liesl Karlstadt krank und mußte in ein Krankenhaus. Valentin rief Annemarie Fischer in München an und überredete sie, für Liesl Karlstadt einzuspringen. Liesl Karlstadt zog aus dieser Beziehung ihre Konsequenzen. Sie trat erst kurz vor Valentins Tod wieder mit ihm zusammen auf.

Die »Ritterspelunke« war ein voller Erfolg. Das Panoptikum, in leicht reduzierter Form in den übrigen Kellerräumen untergebracht, war nun kein eigenes Museum mehr, sondern geschickt in den Bühnen- und Kneipenbetrieb integriert. Nach der Vorstellung pflegte Valentin persönlich das Publikum durch seine Jux- und Gruselausstellung zu führen.

Der *Ritter Unkenstein* war die zentrale, aber nicht die einzige Programmnummer. Annemarie Fischer sang Couplets, Otto Zagler hatte ein bis zwei Soloauftritte, und das Vier-Mann-Orchester unterhielt das Publikum mit populären Melodien. *Die alten Volkssänger I* und *Die alten Volkssänger II* hat Valentin eigens für das Programm in der »Ritterspelunke« geschrieben, zwei Szenenfol-

gen, deren Komik an die *Orchesterprobe* erinnert, nur daß jetzt die Dialoge mit politischen Anspielungen gespickt waren. Die politischen Witze machte Valentin, aber keiner seiner Bühnenpartner, die er nicht gefährden wollte. Hitlers Kriegspolitik griff er in kurzen, dahingenuschelten Sätzen an, die eigentlich im allgemeinen Bühnengeschehen untergehen sollten, aber jedesmal mit tosendem Applaus honoriert wurden. Ganz ungefährlich war das nicht.

Seinen Bühnenfundus, die Kostüme und Requisiten zu all seinen Stücken, hatte Valentin im Keller des »Kolosseums« gelagert. Im Februar 1940 wurde er von der Stadt München aufgefordert, sich binnen einer Woche nach einem neuen Lagerraum umzusehen, da besagter Keller zu einem Luftschutzkeller umgebaut werden sollte. Valentin packte eine grenzenlose Wut, und anstatt sich nach neuen Räumlichkeiten umzusehen, verkaufte und verschenkte er über hundert Kostüme an diverse Vereine und Theater, einige Requisiten zerhackte er zu Brennholz. Kaum hatte er sein Zerstörungswerk beendet, wurde ihm mitgeteilt, die Pläne seien geändert worden, er könne den Keller behalten. Er schreibt einen bitteren Beschwerdebrief an Oberbürgermeister Karl Fiehler und schließt: *Nun könnte ich mein Lager haben, aber ich habe keine Lagerbestände mehr und brauche auch deshalb kein Lager mehr – nur über eines staune ich, daß andere viel komischere Sachen machen können als ich selbst.*[103]

Ich will nicht von dunklen Vorahnungen sprechen, Tatsache bleibt, daß Valentin seinen Fundus nicht mehr hätte gebrauchen können. Er wollte ohnehin nicht mehr auftreten. Im Frühsommer 1940 kündigte er fristlos den Vertrag mit Martin Wegmann, dem Pächter der »Ritterspelunke«. Die letzte Vorstellung fand am 5. Juni statt. Dann zahlte er Wegmann aus. Ende November gastierte Valentin im Deutschen Theater, dann zog er sich endgültig mit seiner Familie in sein Haus in Planegg, einem Vorort Münchens, zurück. Und da geschah es ganz langsam, daß München ihn vergaß.

Aber er schrieb weiter. Vor allem Dialoge. Dialoge, die sich weder zur Aufführung noch zur Verfilmung eigneten und die obendrein alles andere als komisch waren. Schreiben zu selbsttherapeutischen Zwecken.

In einigen dieser späten Dialoge geht es um das Denunziantentum, das während des Dritten Reiches, neben dem Krieg, die gefähr-

Valentins Haus in Planegg

lichste Bedrohung der bürgerlichen Existenz war. Die Anfangssätze des folgenden Dialogs lassen den Schluß zu, daß das Gespräch schon kurz zuvor begonnen hatte:

HERR TREU: *Nicht so laut, Oskar, nicht so laut; neben dir sitzt der Herr Meier, der kommt oft in unsere Familie, nicht daß er etwas ausplaudert! Das wär mir furchtbar fatal!*

OSKAR: *Versteh, versteh, selbstverständlich! Nur ganz unter uns (lispelt lauter unverständliche Worte):* ---

HERR TREU: *Ja freilich!!! Da weiß ich ja gar nichts davon!*

OSKAR: ---

HERR TREU: *Ja, warum hast du mir denn das nicht gleich gesagt!*

OSKAR: ---

HERR TREU: *Meine Frau?*

OSKAR: ---

Aus den Reaktionen auf Oskars Geflüster erfährt man, was Oskar seinem Freund mitteilt: Seit Jahren schon empfängt die Frau des

Herrn Treu an so manchen Vormittagen einen feschen Mann in den besten Jahren. Und so endet der Dialog:
HERR TREU: *Wie? Unsere Zugeherin soll gesehen haben, wie dieser Schurke meiner Frau heimlich Geld gegeben hat? Ha, das wird ja immer toller!!! Wieviel? Hundertfünfzig Mark? Ah, ah, ah! Das ist ja kaum zu glau... Oh, ich Rindvieh ---- jetzt weiß ich alles – das war ganz sicher der Geldbriefträger!*[104]

Immer wieder variiert Valentin dieses Thema. Ein Mann und eine Frau treffen sich auf der Straße. Die Frau bezichtigt den Mann, ein Denunziant zu sein und Unwahrheiten über sie und ihre Familie zu verbreiten. *Regungslos wie eine Schaufensterpuppe* (Regieanweisung) läßt der Mann den Redeschwall über sich ergehen. Erst dann spricht er, ohne im geringsten beleidigt oder empört zu sein.
MANN: *Wer sind Sie denn eigentlich? Ich kenn Sie gar nicht!*
FRAU *(ganz erstaunt): Sind Sie denn nicht der Herr Gabler??*
MANN: *Nein.*
FRAU: *Oh, entschuldigen Sie bitte.*
MANN: *Bitte.*
(Beide gehen in entgegengesetzter Richtung auseinander.)[105]

Während in dem erstzitierten Dialog noch ein Mißverständnis zugrunde liegt, noch ein Anflug von Peinlichkeit zurückbleibt, ist hier die Denunziation derart selbstverständlich geworden, daß eine kurze Entschuldigung genügt, eine Entschuldigung, wie man sie beiläufig ausspricht, wenn man einen Fremden auf der Straße im Vorbeigehen versehentlich leicht gerempelt oder nur berührt hat.

Valentin schreibt auch wieder Gedichte. Sie geraten weniger holperig als die frühen Couplets, sind Ausdruck seines wachsenden Pessimismus. In dem Gedicht *Wenn ich einmal der Herrgott wär* träumt er davon, was er mit den Menschen machen würde, besäße er die Allmacht Gottes, und er kommt zu dem Resümee:

> *Ich ließe eine Sintflut los*
> *Und ließ sie all ersaufen.*[106]

Ich weiß nicht, ob Valentin ein gläubiger Mensch war, ein überzeugter Christ war er jedenfalls nicht. Der Herrgott wird erst im Spätwerk angerufen, und zwar mit der Bitte, die Menschheit zu vernichten, um somit die Welt zu retten. In einem anderen Gedicht ist der Herrgott eine machtlose, resignierende Figur. Die letzte Strophe eines 1943 entstandenen Gedichts lautet:

> *Die letzten Jahr, ihr lieben Leut'*
> *Ich sag's ganz ungeniert,*
> *Da ist der Herrgott selber schon*
> *Auf's schwerste deprimiert.*
>
> *Die Welt, die er geschaffen hat,*
> *So ruft er ganz empört,*
> *Wird – wenn's noch lang so weitergeht –*
> *Vom Menschen ganz zerstört.*
>
> REFRAIN: *Der Herrgott schaut oft von obn runter,*
> *Auf seine Welt, die er so wundervoll gemacht,*
> *Wenn i das gwußt hätt,*
> *Daß die Menschen das nicht schätzen,*
> *Hätt ich mir net – so viel Müh' – damit gemacht.*[107]

Valentin trat nicht mehr auf und geriet in Vergessenheit. Beinahe. So absurd es klingt, gerade jene Institution, die ihm am meisten verhaßt war, sorgte für Aufträge: das Nazi-Militär. In den letzten Kriegsjahren sollte er Monat für Monat einen Artikel für die »Münchener Feldpost« schreiben, was er auch tat. Pro Artikel erhielt er ein Honorar von 75 Reichsmark. Vorbei die Zeiten, da Valentin die lukrativsten Angebote ausschlagen konnte, vorbei auch die Zeit der Starallüren. Er war gezwungen, auch die widerwärtigsten Aufträge anzunehmen.

Die »Feldpost« war natürlich ein schlimmes Propagandablatt. Valentins Beiträge sind in zweierlei Hinsicht bemerkenswert: einerseits bewies er Mut, diese Arbeiten, in denen er aus seiner pazifistischen Gesinnung nicht den geringsten Hehl machte, überhaupt einzusenden, andrerseits ist es erstaunlich, daß sie auch veröffentlicht wurden. Man muß bedenken, daß damals jede Äußerung, die auch nur den Verdacht nahelegte, pazifistisch angehaucht zu sein, als wehrkraftzersetzend galt. Und auf Wehrkraftzersetzung stand die Todesstrafe. Es war also auch von der Redaktion der »Münchener Feldpost« mutig, Valentins Beiträge unzensiert abzudrucken. Aber vermutlich war der Redaktion bekannt, wie hoch Valentin in Hitlers Gunst stand. In einem Artikel in der »Feldpost« vom März 1942 beschließt Valentin eine Be-

trachtung über den Frühling folgendermaßen: *Soviel über den […] Frühling – was werde ich in der nächsten Nummer schreiben müssen? Ich hätte ein Thema, Herr Schriftleiter: ›Friede auf Erden‹ oder ist das noch zu früh?* Nebenbei verklickert Valentin dem Leser auch noch, daß er nur ungern für die »Feldpost« schreibe und in seiner Themenwahl nicht immer frei sei. – In einem anderen Artikel vom Oktober 1943 spricht Valentin beiläufig von Erdbeben. Durch einen absichtlichen grammatikalischen Fehler verleiht er seiner pessimistischen Weltsicht Ausdruck:

H: *Ganze Städte sind schon von Erdbeben vernichtet worden.*
M: *Ja, ja, die Naturkatastrophen können oft viele Menschen dahinraffen – ja, ja, die wenn nicht wären, dann wär es schön auf der Welt.*

In einem Dialog geht es darum, daß ein gewisser Benedikt Weber hat einrücken müssen. Valentin bezweifelt die Richtigkeit dieser Mitteilung, da er niemandem mehr glaube und alle Menschen, auch Freunde, für potentielle Lügner halte. Der Schluß dieses Dialogs aus dem Dezember 1944 lautet so:

V: *Wenn ich ihm natürlich eine Gefälligkeit erweise, kannst du ihm ja sagen – wenn du ihn wieder triffst – daß es mich freut, daß er jetzt auch Soldat ist.*
M: *Na also, freuen wird er sich darüber sicher nicht.*
V: *Ja, was denn?*
M: *A Wut wird er krieg'n auf uns zwei, daß mir noch frei rum lauf'n!*
V: *Dann sagst ihm halt, daß mir zwei auch schon Soldaten sind.*
M: *Dös glaubt uns doch der Benedikt nicht! So dumm is der net!*
V: *So??? Aber i soll scho so dumm sein und glaub'n, daß er eingerückt is!*

Bomben zerstörten sein geliebtes München, seine Heimat, und Valentin wurde, was er potentiell immer war: ein Misanthrop. Wie viele Misanthropen entdeckte Valentin in wachsendem Maße sein Herz für Tiere. Täglich unternahm er ausgedehnte Spaziergänge mit seinem Hund Bobsi, dem seit Jahren seine ganze Liebe gehörte. In seinem Garten in Planegg legte er einen Weiher an, in dem sich Fische, Frösche und Kaulquappen tummelten. Ab und zu mußte das Wasser des Weihers abgelassen und durch frisches ersetzt werden. Bei diesen Gelegenheiten unterließ es Valentin nie, die Tiere eigenhändig zu waschen. Sein Plan, im Keller ein Schwein zu halten, scheiterte am Widerstand der Familie.

Um 1935

In einer Beilage zum Fragebogen zur Entnazifizierung deutscher Schriftsteller gibt Valentin sein jährliches Einkommen zwischen 1933 und 1944 an. 1940 betrug es immerhin noch 27600 Reichsmark, in den folgenden vier Jahren sind es jeweils 800 Reichsmark. Diese Angaben dürften kaum frisiert sein. Von 1941 bis Kriegsende lebte Valentin mit seiner Familie von seinen Ersparnissen, den spärlichen Honoraren für seine »Feldpost«-Artikel und den paar Tantiemen, die der Rundfunk für immer selteneres Abspielen seiner Schallplatten zahlte. In mehr oder minder groben Briefen an die Rundfunkanstalten forderte Valentin wiederholt, seine Platten öfter zu spielen. Im Februar 1945 drohte er dem Reichssender Berlin, in der »Feldpost« eine Polemik gegen den Rundfunk zu veröffentlichen, falls man seinen Wünschen nicht endlich entsprechen würde. Der Erpressungsversuch schlug fehl. Wie groß Valentins Not war, verdeutlicht ein Brief des Präsidenten des Bezirksverbandes Oberbayern vom 5.1.1945:

»Sehr geehrter Herr Valentin!
Ich bedauere sehr, daß auch Sie wie so viele andere Volksgenossen von der Kälte betroffen und mangels Kohle frieren müssen. Ich bin leider nicht in der Lage, Ihnen helfen zu können, weil ich nicht berufen bin, in die notwendige Organisation der Kohleversorgung einzugreifen. Die Beschlagnahme Ihrer Kohlen, d.h. der gesamten Kohlenvorräte in den ausgebombten Häusern, erfolgte von der Gauleitung...«[108]
Nicht Valentins Haus in Planegg war ausgebombt worden, sondern seine Stadtwohnung, die er beibehalten hatte in der vergeblichen Hoffnung, sie bald wieder beziehen zu können. Er sehnte das Kriegsende herbei, er wollte wieder nach München ziehen, wollte neu anfangen, wollte auftreten. Er konnte nicht ahnen, daß sich sein Wunsch, wieder in der Stadt zu leben, nicht mehr erfüllen sollte.

Schlechter kann's uns nimmer gehn

Kaum war der Krieg vorbei, war Karl Valentin wieder voller neuer Pläne. Er war optimistisch wie selten zuvor in seinem Leben. München war zerbombt, aber Valentin war sicher, bald eine Singspielhalle eröffnen zu können. Die deutsche Filmindustrie existierte praktisch nicht mehr, Valentin war überzeugt, sein Filmglück sei nun endlich perfekt. Die Rundfunkanstalten wurden von den Besatzungsmächten übernommen, Valentin träumte von Nonstop-Programmen seiner Schallplatten.
Nichts klappte.
Er hatte noch knapp drei Jahre zu leben. Nach offizieller Lesart ist er an einer Erkältung gestorben. Das stimmt und stimmt auch wieder nicht. Seine Erkältung war nur ein Vorwand, von der Lebensbühne abzutreten. Der eigentliche Grund: Er war buchstäblich zu Tode enttäuscht. Seine Pläne konnte er nicht verwirklichen, und allmählich mußte er einsehen, daß er vergessen und nicht mehr gefragt war. Ende 1947 und Anfang 1948 trat er zwar noch ein paarmal auf, er bekam ein paar freundliche Kritiken, doch mußte er endlich erkennen, daß seine Karriere längst beendet war.
Kurz nach Kriegsende schrieb Valentin einen Brief an das Wohnungsamt: *Am 25. April 1944 wurde meine Wohnung in München, Mariannenplatz 4 durch Feindeinwirkung vernichtet. Ich bezog hier mein kleines Landhäuschen in Planegg und wohne seit dieser Zeit in Planegg, Georgenstraße 2. Ich bin gewillt, meine Wohnung in Planegg, zwei Zimmer und eine Küche gegen eine ebenso große in München einzutauschen – aber nur, wenn sich diese im Parterre oder höchstens im ersten Stock befindet und die Hauptsache: es müßte im Rückgebäude ein kleiner Raum sein (Parterre), in welchem ich mir meine Werkstätte einrichten kann. Ich habe auch die Absicht, in München wieder eine Singspielhalle einzurichten. Dieser Plan ist aber nur möglich, wenn ich wieder ständig in München sein kann.*[109]
Eine Wohnung für Valentin wurde nicht gefunden, die Behörde ging verständlicherweise davon aus, daß Valentin, im Gegensatz zu Zehntausenden anderer Bürger, immerhin ein Dach über dem Kopf hatte, und das »kleine Landhäuschen« in Planegg war nun so winzig auch wieder nicht, es war ein unterkellertes, recht geräumi-

ges Einfamilienhaus, zudem verkehrsgünstig gelegen, mit der Vorortbahn war man in zwanzig Minuten in der Stadt. Völlig illusorisch war der Wunsch, die Räumlichkeiten für eine Singspielhalle zu finden. München war ausgebombt, es herrschte eine katastrophale Wohnungsnot.
Aber einen Job bot die Stadt München Karl Valentin an, und er akzeptierte, weil er akzeptieren mußte. Das Jahr 1946 über war Valentin Depotverwalter der Musikinstrumentensammlung des Münchner Stadtmuseums. Vorher lag dem Stadtparlament ein Antrag vor, Valentin eine Art monatlichen Ehrensolds zukommen zu lassen, ein Antrag, der offenbar nicht genug Befürworter fand, weswegen man ihm dann diesen besseren Hausmeisterposten andiente. So konnte Valentin seine Familie und sich wenigstens ein Jahr halbwegs über die Runden bringen.
Danach stand er vor dem Nichts. Karl Valentin wurde Hausierer. In seiner Kellerwerkstatt stellte er kleine Haushaltsgegenstände aus Holz her, die er in der Nachbarschaft zu verkaufen oder gegen Lebensmittel einzutauschen versuchte. Der Münchner Feuilletonist Sigi Sommer schrieb mir: »Ich selbst habe den Herrn Fey ja Jahrzehnte lang gut gekannt und noch drei Tage vor seinem Tode mit ihm gesprochen. Für mich starb er an einem ganz gewöhnlichen Katarrh und auch an Unterernährung, denn in seiner ungeheuren Hilflosigkeit ging er mit selbstgeschnitzten Kochlöffeln, Nudelwalkern etc. zu den Metzgern seiner Umgebung und wollte ein Tauschgeschäft machen. Doch diese Herren patschten sich vor Freude auf ihre feisten Schenkel und hielten das Ganze für einen köstlichen Witz.«
Sigi Sommer ist auch der Erfinder von Valentins »letzten Worten«: »Wenn i g'wußt hätt, daß das Sterben so leicht is...« Das klingt schön und wenig glaubwürdig und war nichts weiter als eine Notlösung des Sigi Sommer, dem für seinen Valentin-Nachruf kein rechter Schluß einfallen wollte. Sigi Sommer war zwar ehrlich genug, in einem späteren Zeitungsartikel zuzugeben, daß diese »letzten Worte« nicht Valentins Mund, sondern seiner Feder entsprossen waren, doch unausrottbar hält sich die Legende von der Authentizität dieses fröhlichen Halbsatzes.
Optimismus und Pessimismus hielten sich bei Valentin in den Nachkriegsjahren die Waage. Noch wenige Monate vor seinem Tod notierte er seine Zukunftspläne, an deren Verwirklichung er aber ernsthaft nicht mehr geglaubt haben dürfte:

*a) Errichtung einer Singspielhalle, ähnlich wie Platzl, jedoch in meinem Stil und nur für zirka 300 Personen.
b) Errichtung eines Panoramas mit Münchener Bauten 1850 bis 1930.
c) Errichtung eines heiteren Museums, ähnlich der Ritterspelunke.
d) Errichtung eines eigenen Filmateliers.*[110]
Tagträume.
Valentin hätte sich nach dem Krieg als Widerstandskämpfer feiern lassen können, was ihm manche Vorteile gebracht hätte. Die Kunde, Valentin habe sich Hitlers Gunst nicht nutzbar gemacht, drang bis in die Schweiz. Ein Reporter der »Zürcher Illustrierte« interviewte Valentin und wollte von ihm Heldentaten hören. Aber Valentin wollte nicht als Held gesehen werden. Der Reporter versuchte es anders. »Aber w e n n sie, die Nazis, zu Ihnen gekommen wären, dann hätten Sie doch...?« Und Valentin antwortete: *Sie sind aber nicht gekommen.* Und dieses Frage- und Antwortspiel wiederholte sich noch dreimal.
Bei anderer Gelegenheit wurde er gefragt, ob er Parteimitglied gewesen sei. Seine Antwort: *Nein, weil sie mich gar nicht gefragt haben. Hätten sie mich aber gefragt, dann wäre ich schon beigetreten – aus Angst, wissen S', aus Angst.*[111]
Die Tatsache, daß er weder der Partei noch einer ihrer Gliederungen angehört hätte, genügte ihm nicht, sich bei der Betreuungsstelle für politisch Verfolgte zu melden.
Im Gegenteil, sich fast entschuldigend, keinen aktiven Widerstand geleistet zu haben, erklärte er 1946 in einem Zeitungsinterview, ein Komiker habe immer neutral zu sein, und wenn er im Dritten Reich von einer Zeitung aufgefordert worden sei, etwas Lustiges gegen den Churchill zu schreiben, habe er einfach gesagt: *Davon versteh i nix.*
Valentin war alles andere als neutral. Die Texte, die während des Krieges und nach dem Krieg entstanden sind, beweisen es. Obwohl seine wirtschaftliche Not ständig wuchs – er schrieb Bittbriefe, ihm Heizmaterial zuzuteilen, er wußte oft nicht, wo er die nächste Mahlzeit für sich und seine Familie herbekommen sollte –, blieb er weiterhin produktiv. Seine Dialoge, Prosatexte und Gedichte waren zum größten Teil Reaktionen auf das Kriegsgeschehen und die Nachkriegszeit. – Angeblich herrscht Nahrungsmittelnot. Valentin durchschaut den Schwindel:

> *Das was der Herrgott uns hat wachsen lassen,*
> *Das geht zuerst durch böse Wuchrershand.*[112]

Angeblich haben ehemalige Nazifunktionäre nun nichts mehr zu sagen. Valentin durchschaut den Schwindel:

> *Ein feines Auto fährt daher*
> *Und innen sitzt ein Millionär*
> *Trotzdem, daß er ein Ding da war*
> *Geht es ihm heut ganz wunderbar.*[113]

1947 entsteht der lange Dialog *Vater und Sohn über den Krieg*. Darin geht es um die unlösbare Frage, ob die Arbeiter der Rüstungsindustrie es sich wirtschaftlich leisten können, weltweit in den Generalstreik zu treten, oder ob sie gezwungen sind, gegen ihre eigenen Interessen die Kriegsgüter zu fertigen, einfach um kurzfristig zu überleben?

VATER: *... solange es solche Schwindler gibt, die die Arbeiter immer wieder anschwindeln, solange gibt es Kriege.*
SOHN: *Dann ist ja der Schwindel schuld an den Kriegen.*
VATER: *Ja, so ist es – und diesen Schwindel heißt man internationalen Kapitalismus.*

Und so endet der Dialog:

SOHN: *Wenn sich aber die ganzen Arbeiter auf der Welt einig wären, gäb's dann auch noch an Krieg?*
VATER: *Nein – dann nicht mehr – das wäre der ewige Friede.*
SOHN: *Aber gell, Vata – die werden nie einig.*
VATER: *Nie!*[114]

Dieses Zitat beweist, daß Valentins Pessimismus allumfassend war und daß sein Verständnis für die Situation der Arbeiter nicht bedeutet, daß er eine internationale proletarische Bewegung für möglich hielt. Sicher hätte er eine solche Bewegung begrüßt, hätte es sie gegeben.

Valentin schrieb weiter. Die Titel seiner Arbeiten lauten so: *Sodomah und Gomorrah, Zwei Frauen über die Atombombe, Die Geldentwertung, Schlechter kann's uns nimmer geh'n, Die jetzige Lage, Die Kriege, Erster und letzter Krieg* etc.

Immer wieder fasziniert ihn der Gedanke an eine Welt ohne Menschen. In einem Dialog vertritt er bitter-ironisch die Ansicht, die Atombombe sei eine wunderbare Sache, der Erfinder habe es nur gut gemeint. Am Schluß heißt es:

K: *Ja, san denn Sie übergschnappt, Herr Huber? Ham denn Sie in der Zeitung net glesn von der furchtbaren Wirkung, die nur eine Atombombe verursacht? Wenn 1000 Atombomben zur gleichen Zeit losgehn, da wird ja die ganze Welt in Trümmer [gelegt] und alles Leben von Mensch und Tier erloschen*
V: *Na also, Frau Meier, dann stimmt es doch – da hat uns der Erfinder der schrecklichen Waffe den ewigen Frieden gebracht.*[115]

Aber er schrieb nicht nur Dialoge und Moritaten, sondern vor allem Briefe – an das Bayerische Kultusministerium, um sich nach den Chancen für neue Filmprojekte zu erkundigen, an den Österreichischen Rundfunk (Österreichische Radioverkehrs A.G.) mit der Bitte um ein Engagement, an Wilhelm Hausenstein mit der Bitte, sich beim Bayerischen Rundfunk und in der Presse für ihn einzusetzen, an den Oberbürgermeister Karl Scharnagl mit der Bitte, ihm bei der Zuteilung von Kohlen behilflich zu sein, an den Bayerischen Rundfunk mit der Bitte, regelmäßig seine alten Schallplatten zu senden.

Valentin erhielt eine Absage nach der anderen. Besonders verbitterte ihn, daß der Bayerische Rundfunk offenbar nichts mehr von ihm wissen wollte. Die alten Schallplatten seien nicht mehr zeitgemäß, teilte man ihm mit. Er solle Manuskripte mit aktuellen Späßen einreichen. Man verlangte also von einem der bedeutendsten Autoren und Selbstinterpreten seiner Zeit Manuskripte zur gefälligen Begutachtung und Zensur vorzulegen, ohne sich daran zu erinnern, daß Valentin am liebsten improvisierte.

In dieser ganzen Angelegenheit spielte der damals 26jährige Helmuth M. Backhaus, Leiter der Abteilung Kleinkunst bei Radio München, eine recht unrühmliche Rolle. Er erklärte sich lediglich bereit, Valentin hin und wieder in seiner Sendung »Zehnerl-Kabarett« unterzubringen.

Sehr geehrter Herr Doktor Backhaus, schrieb Valentin am 24. Juni 1946, *frage zum letzten Male an, ob mir die Leitung des Radio München pro Monat einmal eine Viertelstunde zur Sendung von 4 Schallplatten genehmigt... Beim Zehnerl-Kabarett mitzuwirken, habe ich keine Lust. Wenn man ›auswärtigen‹ Humoristen wöchentlich 40 Minuten Zeit einräumt, so könnte man doch einem bayrischen Münchner wenigstens pro Monat 15 Minuten bewilligen. – Sollte ich wieder einen Fehltritt getan haben, zeichne ich mit aller Hochachtung Ihr Karl Valentin.*[116]

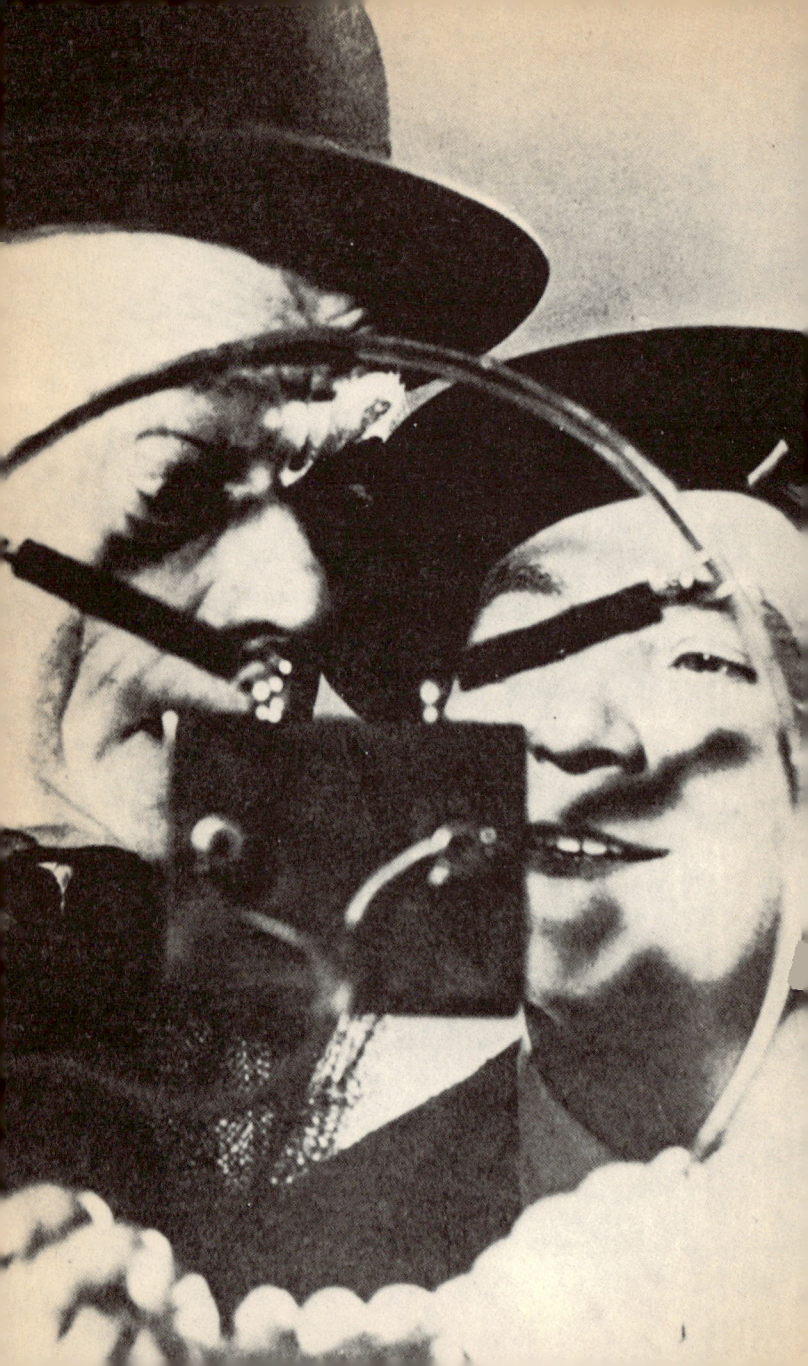

Aber der Valentin-Fan Kurt Wilhelm hatte auch noch ein Wort zu sagen. Er setzte es durch, daß Valentin im Rundfunk wieder zu hören war und räumte 1982 in einem autobiographischen Essay mit der Legende auf, die Amerikaner seien schuld an Valentins Radiopech gewesen. »... 1946 habe ich viele Sendungen mit ihm gemacht. Zuerst hab ich mich kaum getraut, aber er war einfach großartig mit einem jungen Spund wie mir... Dann haben wir also Sendungen gemacht unter dem Titel ›Es dreht sich um Karl Valentin‹. Er hat die verbindenden Texte teils geschrieben, teils mühsam improvisierend erarbeitet. Und er hat auch neue Szenen geschrieben, in denen ich sein Partner sein durfte.«
Jeden Monat wurden eine Stunde lang neue und alte Valentin-Szenen ausgestrahlt – die Platten hatte Kurt Wilhelm aus den Trümmern des großen Sendesaals gerettet. »Nach 5 Monaten mußten wir aufhören. Nicht weil die Amerikaner dagegen waren, denen war es wurscht, nein – die bayrische Bevölkerung war gegen den Valentinschen Humor. ›Aufhören mit dem Schmarrn – schickts den Deppen hoam – wir wollen Weiß Ferdl hören – wir wollen in dieser Zeit was wirklich Lustiges‹, war die Resonanz auf unsere Arbeit... Daß der Valentin selber gedacht hat, die Amis hätten ihn abgelehnt, lag daran, daß man ihm die Wahrheit nicht sagen wollte. Wir wollten ihm die Enttäuschung ersparen, daß seine Landsleute ihn erledigten. Die Amis aus Preußen haben die Verantwortung für diese mildtätige Unwahrheit auf sich genommen. Auch das war ihnen wurscht.
Aber der Valentin hat trotzdem geweint, als man es ihm mitteilte. Vor Wut, vor Trauer und sicher auch vor Hunger.«[117] Aber vielleicht hat er auch geweint, weil er die Wahrheit ahnte. In einem Brief vom 25. Oktober 1947 an den Volksliedersammler Kiem Pauli heißt es u. a.: *Ich habe meine lieben Bayern und speziell meine lieben Münchner genau kennen gelernt. Alle andern mit Ausnahme der Eskimos und der Indianer haben mehr Interesse an mir als meine ›Landsleute‹*. Und am Schluß schrieb er: *Dem Menschen kann man's nicht verübeln, wenn er von seinen Landsleuten nix mehr wissen will.*[118] Und mit »dem Menschen« meinte er sich selbst.
Dennoch trat er wieder auf. Vom 11. bis 15. Dezember 1947 gastierte er im »Bunten Würfel«. Er hatte noch sieben Wochen zu leben. In der ersten Januarhälfte 1948 war er im »Simpl« zu sehen – Liesl Karlstadt war inzwischen wieder seine Partnerin – und ab

22. Januar erneut im »Bunten Würfel«. Die Tage zwischen den Gastspielen verbrachte er meist im Bett, in dem vergeblichen Bemühen, eine Erkältung auszukurieren. Aber ein neuer Anfang war gemacht, er gönnte seinem Körper, der kaum noch über Widerstandskräfte verfügte, keine längere Ruhepause. Er hatte ermutigende Kritiken und Zuschriften erhalten.
Am 31. Januar stand er zum letzen Mal auf einer Bühne. Am 5. Februar schrieb er den Schwestern Erika und Annemarie Fischer:
konnte gestern mein Versprechen nicht halten und Euch beide in den Simpl abholen. Von neuem habe ich mich erkältet und ging gleich nach dem bunten Würfel um 8 Uhr ins Bett – Nicht bös sein. Vor meiner Abreise am Montag Früh werde ich euch, wenn es mir besser geht noch mal besuchen [.]
Alles Gute

Karl Valentin[119]

»Vor meiner Abreise am Montag Früh.« Es ist nichts über Reisepläne oder -verpflichtungen bekannt. Bekannt ist nur, daß Valentin an diesem Montag starb. Es war der Rosenmontag 1948.
Ungeklärt ist auch die Frage, was Valentin am 4. Februar im »Bunten Würfel« tat, sein Gastspiel war ja bereits seit vier Tagen beendet. Möglich, daß das Gastspiel verlängert worden ist, belegen aber läßt sich das nicht. Ungewöhnlich ist auch die Schlußformel »Alles Gute«. Dieser Wendung bediente sich Valentin im allgemeinen nur in Geburtstags- oder Neujahrsbriefen. In Annemarie Fischers Erinnerungsbuch, das an Zitaten nicht gerade arm ist, wird besagter Brief nicht einmal erwähnt. – Man könnte also an der Authentizität dieses letzten Briefes zweifeln, würde für seine Echtheit nicht die Handschriftensammlung der Stadtbibliothek München bürgen.
Zwei Tage nach seinem Tod, am 11. Februar 1948, es war der Aschermittwoch, wurde Karl Valentin auf dem Waldfriedhof in Planegg beerdigt. An seinem Grab sprachen ein Geistlicher, ein Abgesandter des Photohauses Schaja und ein Mitglied der internationalen Artistenloge, aber kein Vertreter der Stadt München oder der Münchner Theater.
Valentin war schon vor seinem Tod vergessen – um viele Jahre später wiederentdeckt zu werden als einer der größten Komiker unseres Jahrhunderts.

Anmerkungen

Veröffentlichte Valentinzitate wurden dem Band »Alles von Karl Valentin«, Piper Verlag, München 1978, im folgenden AKV genannt, entnommen, unveröffentlichte Valentinzitate Typoskripten (T), die Frau Bertl Valentin-Böheim dem Verfasser geschenkt hat und die jetzt dem Piper Verlag gehören.

1 Aus: *Funkreportage: Interview mit Karl Valentin*, 1945 (T). Nicht zu verwechseln mit *Funkreportage*, AKV, S. 269ff.
2 AKV, S. 91–161. Die von Bertl Valentin-Böheim bearbeitete Fassung, erschienen in der Reihe Piper-Präsent, ist stellenweise stark modifiziert.
3 ebd., S. 105.
4 ebd., S. 110.
5 ebd., S. 130.
6 Bertl Valentin: »Du bleibst da, und zwar sofort! Mein Vater Karl Valentin«, München 1971, S. 44f.
7 AKV, S. 393.
8 ebd., S. 577.
9 ebd., S. 387.
10 ebd., S. 23f.
11 Erwin und Elisabeth Münz (Hrsg.): »Geschriebenes von und an Karl Valentin«, München 1978, S. 103.
12 AKV, S. 148.
13 Zitiert nach Bertl Valentin, a.a.O., S. 17ff.
14 ebd., S. 19ff.
15 Münz, a.a.O., S. 31.
16 Aus: »Das Karl Valentin Buch«, München 1932, S. 124. In dem dort wiedergegebenen Programmzettel heißt es, Charles Fey habe den Apparat, »dem er durch langjährige Übung idyllische Weisen, Militärmärsche, Grammophon-Imitationen, Schlachten-Potpourris etc. entlockt«, 1902 erfunden. Die Legende zu dieser Reproduktion lautet: »Auszug aus dem Programm des Jahres 1902«. Wenn Valentin den Apparat 1902 erfunden hat und im selben Jahr damit aufgetreten ist, kann er schlecht »langjährige Übung« hinter sich gehabt haben. Die von mir genannten Daten sind einer nicht zur Veröffentlichung bestimmten fragmentarischen Autobiographie Karl Valentins entnommen, die an Detailfreudigkeit und Genauigkeit nicht zu übertreffen ist. Frau Böheim gewährte mir Einblick in dieses Fragment, das heute wahrscheinlich dem Stadtarchiv München gehört.
17 *Gespräche über Rundfunksendungen*, 1945 (T).
18 AKV, S. 378.
19 ebd., S. 540.
20 Brief an Xaver Terofal zu dessen 75. Geburtstag am 20.1.1937. Münz, a.a.O., S. 213.
21 Bertl Valentin, a.a.O., S. 68f.
22 AKV, S. 335.
23 ebd., S. 26.
24 *Die Moritat vom Orgelmann*. Anweisung: *Nach der Melodie ›Verlorenes Glück‹* (T).

25 Wilhelm Hausenstein: »Die Masken des Komikers Karl Valentin«, München 1980, S. 17 u. 18.
26 Zitiert nach Max Puntila: »Die Äpfel des Pegasus«, München 1972, S. 15f.
27 »Film 77«, No 3 (= Karl Valentin Fundsachen 3), S. 102.
28 Zitiert nach der Hörfunksendung: »Das Leben beim Wort genommen. Wortteile von Liesl Karlstadt« von Josef Müller-Marein. Mit freundlicher Genehmigung des NDR.
29 Theo Riegler: »Das Liesl Karlstadt Buch«, München 1961, S. 71.
30 Rudolf Bach: »Die Frau als Schauspielerin«, Tübingen 1937, S. 71.
31 Zitiert nach: Riegler, a.a.O., S. 57.
32 Zitiert nach: Michael Schulte/Peter Syr (Hg.): »Karl Valentins Filme«, München 1978, S. 92.
33 Müller-Marein, a.a.O.
34 Irina Quaas: »Die zwanziger Jahre in München (Film). Historischer Überblick in pädagogischer Sicht«. Zitiert nach Schulte/Syr, a.a.O., S. 212.
35 AKV, S. 279f.
36 Klaus Pemsel: »Karl Valentin im Umfeld der Münchner Volkssängerbühnen und Varietés«, München 1981, S. 94.
37 ebd., S. 141.
38 AKV, S. 505f.
39 Pemsel, a.a.O., S. 39f.
40 ebd., S. 142.
41 AKV, S. 473.
42 ebd., S. 478f.
43 ebd., S. 340.
44 Lion Feuchtwanger: »Erfolg«, Hamburg 1956, S. 219f.
45 Erich Engels: »Philosophie am Mistbeet. Ein Karl-Valentin-Buch«, München 1969, S. 84.
46 Viktor Mann: »Wir waren fünf«, Konstanz 1949, S. 336.
47 Münz, a.a.O., S. 49f.
48 AKV, S. 373f.
49 ebd., S. 304.
50 ebd., S. 298f.
51 *Der Kunstradfahrer* (T).
52 AKV, S. 303.
53 »Telegramm-Zeitung« vom 20.8.1931. Zitiert nach Münz, a.a.O., S. 158.
54 »Wer ist Karl Valentin?«, Aus: »Münchner Sonntags-Anzeiger« vom 30.8.1931.
55 Klaus Völker: »Brecht-Chronik«, München 1971, S. 21 ff.
56 Bertolt Brecht: »Gesammelte Werke«, Frankfurt 1967, Bd. 15, S. 39.
57 »Film und Fernsehen«, 4/75.
58 Bernhard Reich: »Im Wettlauf der Zeit«, Berlin 1970. Zitiert nach »Fundsachen 3«, S. 122.
59 Hausenstein, a.a.O., S. 50.
60 Brecht, a.a.O., Bd. 16, S. 750.
61 Kurt Horwitz: »Erinnerung an Karl Valentin«, in: »Neue Zürcher Zeitung« vom 16.11.1958.
62 ebd.
63 AKV, S. 292.

64 ebd., S. 351.
65 ebd., S. 64f.
66 (T).
67 Brecht, a.a.O., Bd. 1, S. 381.
68 AKV, S. 318.
69 Bertolt-Brecht-Archiv, Reg. Nr. 1379/13.
70 Rudolf Frank: »Spielzeit meines Lebens«, Heidelberg 1960, S. 271.
71 AKV, S. 632ff.
72 ebd., S. 353.
73 »Valentin im Gespräch mit Liesl Karlstadt«, ca. 1946 (T).
74 *Vater und Sohn,* Juli 1946 (T).
75 Zitiert nach Münz, a.a.O., S. 99.
76 AKV, S. 549.
77 Zitiert nach Münz, a.a.O., S. 99.
78 Zitiert nach ›Zelluloid‹, 2/78, S. 61.
79 Pemsel, a.a.O., S. 45 ff.
80 Alle Briefzitate aus: Münz, a.a.O., S. 229, 277.
81 Kurt Schwitters: »Anna Blume und ich. Die gesammelten Anna Blume-Texte«, Zürich 1965, S. 49 und S. 80.
82 Alle Gedichtzitate aus: AKV, S. 170–173.
83 Hausenstein, a.a.O., S. 72f.
84 Münz, a.a.O., S. 184.
85 ebd., S. 187.
86 ebd., S. 168.
87 Engels, a.a.O., S. 33f.
88 Brieforiginal im Deutschen Literaturarchiv Marbach.
89 Ulrich Kurowski: »Jacob Geis«, in: Fundsachen 2, S. 67f.
90 »Heinrich Hoffmanns Erzählungen«, in: »Münchner Illustrierte« vom 25.12.1954.
91 Eugène Ionesco: »Theaterstücke«, Neuwied 1959, S. 115.
92 AKV, S. 266f.
93 Ionesco, a.a.O., S. 39.
94 AKV, S. 543.
95 Ionesco: »Ganz einfache Gedanken über das Theater«, in: »Die Nashörner«, Zürich 1960, S. 93.
96 AKV, S. 238.
97 ebd., S. 56f.
98 ebd., S. 625f.
99 »Über die ehemalige Kunststadt München«, in: »Der Zwiebelfisch. Zeitschrift über Bücher, Kunst und Kultur«, 20. Jahrgang 1926/27, Heft 1, S. 47.
100 Hoffmann, a.a.O.
101 Annemarie Fischer-Grubinger: »Mein Leben mit Karl Valentin«, Rastatt 1982, S. 162f.
102 *Der Herzog kommt* (AKV, S. 284f.) und *Aus guter alter Zeit* (AKV, S. 607f.), beide Stücke entstanden 1916.
103 Münz, a.a.O., S. 246.
104 *Mein Freund Oskar,* 1941 (T).
105 *Sind Sie nicht der Herr Gabler?,* Mai 1943 (T).
106 AKV, S. 183.

107 *Der Herrgott schaut oft von oben runter,* 1943 (T).
108 Münz, a.a.O., S. 284.
109 Bertl Valentin, a.a.O., S. 166 ff.
110 ebd., S. 167.
111 »Fundsachen 1«, S. 127.
112 *Malz-Schieber,* 1947 (T).
113 Zitiert nach Axel Hauff: »Die einverständigen Katastrophen des Karl Valentin«, in: »Argument-Sonderbände AS 3«, Berlin 1976.
114 AKV, S. 273 f.
115 *Dialog zwischen Valentin und Karlstadt,* um 1946 (T).
116 Münz, a.a.O., S. 300.
117 Aus: »Was sag'n jetzt Sie zum Karl Valentin?«, München 1982.
118 Münz, a.a.O., S. 317.
119 ebd., S. 323.

Zeittafel

1882	4. Juni Geburt von Valentin Ludwig Fey, der sich später Karl Valentin nannte, in der Münchner Vorstadt Au.
1888–1896	Besuch der Volks- und später der Bürgerschule.
1897–1899	Lehrzeit in der Schreinerei Hallhuber.
1899	Gisela Royes, Valentins spätere Frau, wird im Hause Fey als Dienstmädchen angestellt.
1902	Dreimonatiger Besuch einer Münchner Varietéschule. Valentins Lehrer ist der Komiker Hermann Strebel. 1.–6. Oktober Gastspiel im Varieté Zeughaus in Nürnberg. 7. Oktober Tod des Vaters. Valentin übernimmt zusammen mit seiner Mutter die Speditionsfirma »Falk & Fey«.
1903	Valentin beginnt einen Musikapparat zu bauen.
1905	19. Oktober Geburt der ersten Tochter (Gisela).
1906	Verkauf der Firma »Falk & Fey«. Der Musikapparat wird fertiggestellt.
1907	Valentin nennt sich Charles Fey und geht mit dem Musikapparat auf eine Tournee, die ihn bis nach Berlin führt und ein totaler Mißerfolg wird. Nach einigen Monaten kehrt Valentin nach München zurück.
1908	Beim Baderwirt trägt Valentin den Monolog *Das Aquarium* vor und hat Erfolg. Josef Durner engagiert ihn an seine berühmte Volkssängerbühne im »Frankfurter Hof«.
1910	21. September Geburt der zweiten Tochter (Berta).
1911	Valentin lernt im »Frankfurter Hof« Liesl Karlstadt kennen und überredet sie, seine Partnerin zu werden. Am 31. Juli heiratet er Gisela Royes.
1912/13	Valentin dreht seinen ersten Film *(Karl Valentins Hochzeit)*
1914	Die ersten Entwürfe zu *Tingeltangel* (= *Orchesterprobe, Das komische Orchester* etc.) entstehen.
1914–1918	Valentin wirkt in über 120 Lazarettvorstellungen mit.
1915	4. Dezember *Sturzflüge im Zuschauerraum* (Wien–München)
1915/16	Valentin ist Direktor des Kabaretts Wien–München im Hotel »Wagner«.
1918	8. August *Die komische Kapelle* (im »Annenhof«)
1920	1. Januar *Theater in der Vorstadt* (= erweiterte Fassung von *Die komische Kapelle;* im »Charivari«). 16. November *Oktoberfestschau* (im »Charivari«).
1922	1. April *Musical-Clowns* (= *Die verhexten Notenständer*), 1. Juli *Das Christbaumbrettl,* 9. Dezember *Der Firmling* (alle im »Germaniabrettl«)
1922 od. 23	Erich Engel und Bertolt Brecht drehen mit Karl Valentin, Liesl Karlstadt, Erwin Faber, Kurt Horwitz und Blandine Ebinger in den Hauptrollen den surrealistischen Film *Mysterien eines Frisiersalons.*
1923	24. Januar Tod der Mutter. 1.–31. März Gastspiel in Wien. 1.–15. Juni Gastspiel in Zürich. 15. November–15. Dezember Gastspiel in Wien.

1924	1. April *Die Raubritter vor München* (in Kammerspiele). September/Oktober Gastspiel in Berlin (in Neues Operettenhaus).
1925	1. Januar *Der Bittsteller* (in »Bonbonnière«). 13. Juni *Die beiden Elektrotechniker* (= *Der reparierte Scheinwerfer;* in »Cherubin«).
1926	5. Mai *Brillantfeuerwerk oder ein Sonntag in der Rosenau* (in Deutsches Schauspielhaus). 1. September *Rundfunkszene* (= *Im Senderaum;* in Deutsches Theater).
1927	7. Juni *Im Photoatelier* (im »Apollo«).
1928	14. Januar–28. Februar Gastspiel Berlin (Kabarett der Komiker, wo er auch bei allen künftigen Berliner Gastspielen auftritt). 23. August *Mondraketenflug* (im »Kolosseum«).
1929	Walter Jerven dreht mit Karl Valentin in der Hauptrolle den Film *Der Sonderling.* Ab 1. November bis
1930	15. Januar Gastspiel in Berlin. 3. November *An Bord* (im »Kolosseum«).
1931	28. Februar – Valentin eröffnet ein eigenes Theater, den Goethe-Saal in der Leopoldstraße. Die Feuerpolizei schikaniert Valentin derart, daß er schon am 24. April das Theater wieder schließt.
1934	21. Oktober Eröffnung des »Panoptikums« in den Kellerräumen des Hotels »Wagner«.
1935	16. November Schließung des »Panoptikums«. Vorläufiger Bruch mit Liesl Karlstadt. Ab 30. November bis
1936	28. Januar Gastspiel in Berlin. – Im Sommer entsteht in München unter der Regie von Jacob Geis Valentins bester Tonfilm. *Die Erbschaft* wurde aber von der Nazizensur wegen »Elendstendenzen« verboten.
um 1937	Valentin begegnet Hitler zufällig in der Wohnung des Fotografen Heinrich Hoffmann.
1938	1. Mai *Der Umzug* (in Deutsches Theater).
1939	17. Juli Eröffnung der »Ritterspelunke« im Färbergraben 33, einer Mischung aus Kneipe, Panoptikum und Kellertheater. 4. November *Ritter Unkenstein.* Karl Valentins neue Partnerin ist die junge Soubrette Annemarie Fischer.
1940	Schließung der »Ritterspelunke«.
1941	Valentin zieht sich mit seiner Familie in sein Haus in Planegg zurück.
1943	Valentin schreibt sein letztes Theaterstück, den Einakter *Familiensorgen.* Bis Kriegsende verfaßt er regelmäßig Artikel für die »Münchner Feldpost«.
1945/46	Valentin stellt in seiner Werkstatt kleine Haushaltsgegenstände her, die er in der Nachbarschaft und in Kaufläden gegen Lebensmittel einzutauschen versucht.
1946	Die Hörfunkserie »Es dreht sich um Karl Valentin« wird wegen Protestbriefen aus Hörerkreisen nach der fünften Folge wieder eingestellt.
1947	11.–15. Dezember Gastspiel im »Bunten Würfel«.
1948	Bis 15. Januar Gastspiel im »Simpl«, 20.–31. Januar im »Bunten Würfel«. Am 9. Februar stirbt Valentin an einer Erkältung. 11. Februar Beisetzung auf dem Waldfriedhof in Planegg.

Filmographie

Der Kuß [Fragment] (um 1913)
Karl Valentins Hochzeit (1913)
Die lustigen Vagabunden (1913)
Karl Valentin privat und im Atelier (1913 und später)
Der neue Schreibtisch (1913 oder 1914)
Mysterien eines Frisiersalons (1922 oder 1923)
Karl Valentin und Liesl Karlstadt auf der Oktoberfestwiese (1923)
Mit dem Fremdenwagen durch München (1929)
Karl Valentin als Musikal-Clown (1929)
Karl Valentin und Liesl Karlstadt (um 1929)
Der Sonderling (1929)
Der Feuerwehrtrompeter (1929 oder 1930)
Die verkaufte Braut (1932)
Im Photoatelier (1932)
Orchesterprobe (1933)
Es knallt (1934)
Der Theaterbesuch (1934)
Im Schallplattenladen (1934)
Der verhexte Scheinwerfer (1934)
So ein Theater (1934)
Der Firmling (1934)
Der Zithervirtuose (1934)
Kirschen in Nachbars Garten (1935)
Beim Nervenarzt (1936)
Die karierte Weste (1936)
Beim Rechtsanwalt (1936)
Musik zu zweien (1936)
Ein verhängnisvolles Geigensolo (1936)
Straßenmusik (1936)
Donner, Blitz und Sonnenschein (1936)
Die Erbschaft (1936)
(Nicht identifiziertes Fragment aus dem Münchner Stadtarchiv; wahrscheinlich 1936)
Der Antennendraht, auch: Im Senderaum (1937)
Die Nacht der Amazonen (1938)
Sparfilm I und II (1937 oder 1938)
In der Apotheke (1941)

Verschollene Filme
Erbsen mit Speck, auch: Ein Teller Erbsensuppe (zwischen 1914 und 1918)
Der Kinematograph (1920)
Zirkus Schnabelmann (1920 oder 1921)
Die Schönheitskonkurrenz (um 1920/1922)
Der dritte Schlüssel (um 1921)
Drei Stunden im Himmel (um 1921)

Udet-Film (um 1922)
Verfilmte Anekdoten (um 1922)
Die harten Köpfe (1922 oder 1923)
Orchester- und Fliegerszene(n) (1923)
Die Schreinerwerkstätte (1928 oder 1929; möglicherweise nur eine »Tonfilmimitation«, bei der die Schauspieler hinter einer Glasscheibe agierten und die Stimmen von einem Lautsprecher übertragen wurden)
Fernkino (1929)
Die verhexten Notenständer (1931)
Snip, der springende Punkt (1933)
Der Geizige, oder: Der Geizhals (1934)
Der Bittsteller (1936)
Kohlenreklame (1937)
Ewig dein (1937 oder 1938)
Valentins Wochenschau, oder: Valentins humoristische Wochenschau (1939 oder später)

Diskographie

Mono- und Dialoge: Der Notenwart / Zeuge Winkler / Maskenball der Tiere / Mir hat geträumt / Kurz und bündig / Sonderbarer Appell / Loreley / Semmelknödeln / Schwieriger Kuhhandel / Radfahrer und Verkehrsschutzmann / Wo die Alpenrosen blüh'n
    Ariola, 30 cm, Athena 70652 KW, Piper, 30 cm, Nr. 3

Buchbinder Wanninger / Die alten Rittersleut. Vortrag: Karl Valentin, Liesl Karlstadt
    Teldec, 17 cm, Telefunken U 45352

Der Ententraum / Der Spritzbrunnen-Aufdreher / Feuerwerk / Radlerpech. Sprecher: Karl Valentin, Liesl Karlstadt
    Polydor, 17 cm, 21107

Das Lied vom Sonntag / Hasenbraten / Beim Arzt / Der neue Buchhalter / Der Trompeter von Säckingen / Die alten Rittersleut' / Buchbinder Wanninger / Die Brille / Vor Gericht / In der Apotheke / Am Fußballplatz / Die vier Jahreszeiten. Sprecher: Karl Valentin, Liesl Karlstadt
    Teldec 30 cm, 621232 AF (⌹ 4.21232 CH)

Verkehrsordnung / Der Schäfflertanz / Beim Zahnarzt / Der überängstliche Hausverkäufer / Silberne Hochzeit / Theaterbesuch / Der Vogelhändler / Trompetenunterricht / Heiratsannonce / Im Hutsalon / Was ist hier passiert / Klapphornverse. Vortrag: Karl Valentin, Liesl Karlstadt
    Ariola, 30 cm, Athena 71088 KW

Trompetenunterricht (»und andere Lachstücke«): Verkehrsordnung / Der Schäfflertanz / Beim Zahnarzt / Der überängstliche Hausverkäufer / Silberne Hochzeit / Theaterbesuch / Der Vogelhändler / Heiratsannonce / Im Hutsalon / Was ist hier passiert / Klapphornverse. Sprecher: Karl Valentin, Liesl Karlstadt
    Piper, 30 cm, Nr. 5

Der verlorene Brillantring / Teppichklopfen / Familienangelegenheiten der Frau Huber. Sprecher: Karl Valentin, Liesl Karlstadt
    Polydor, 17 cm, 21120

Im Schallplattenladen / Radfahrerpech / Beim Feuerwerk / Die Uhr von Löwe. Sprecher: Karl Valentin
    Electrola, 17 cm, E 40077

Der Zufall / Der Diebstahl / Beim Taucher auf der Oktoberwiese / Das Aquarium / Karl Valentin geht mit seiner Mutter ins Theater / Liesl Karlstadt singt chinesisch. Sprecher: Karl Valentin, Liesl Karlstadt
    Electrola, 30 cm, Odeon O 73564

Münchener Originale (I)
  Die Brille / Der Hasenbraten / In der Apotheke / Vor Gericht. Sprecher: Karl Valentin, Liesl Karlstadt
    Teldec, 17 cm, Telefunken UX 4604

– (III)
    Telefunken, 17 cm, UX 4760

Kabarett und Chansons der Dreißiger Jahre: Der Trompeter von Säckingen u.a.
    Teldec 6.41908 AJ

Valentin: Das große Erinnerungs-Album (1):
Des Freundes Brief / Geistreiche Verse / Herr Heidenreich / Übertragung a. d. Hölle / Sprachenforscher / Bum-Bum / Polit. Ansichten / Im zoologischen Garten / Wappenkunde am Stammtisch / Histor. Begebenheiten / Ohrfeigen / Die gestrige Zeitung / Zitherstunde / Schwierige Auskunft / Üble Gewohnheiten / Vereinsrede / D. Fremden / Im Heuboden / Jagdsport / Wahre Freundschaft
Karl Valentin, Liesl Karlstadt, Sprecher
    Teldec, 2 × 30 cm, 6.28015 DP (⌹ 4.24493/94 CH)

Valentin: Das große Erinnerungs-Album (2):
D. eiserne Ofen / Geht in d. Wälder / Wer uns getraut / D. Hunderl / Hohes Alter / Mein Freund Oskar / D. Steilwandfahrer / D. Mutter / D. 4 Jahreszeiten / Karl Valentin tanzt nach d. Schrift / D. Weihnachtsgeschenk / D. Bräutigam in Uniform / Verein d. Katzenfreunde / D. Liliputaner / D. verfluchte Hobelmaschine / D. Vergeßlichkeit / D. Kalorienmangel / Klarinetten-Unterricht / D. Lied vom Sonntag
Karl Valentin, Liesl Karlstadt, Heinrich Hauser, Irene Kohl, Sprecher
Teldec, 2 × 30 cm, 6.28028 DP

Karl Valentin – Liesl Karlstadt: Der Notenwart / Zeuge Winkler / Maskenball der Tiere / Mir hat geträumt / Kurz und bündig / Radfahrer und Verkehrsschutzmann / Wo die Alpenrosen blüh'n / Verkehrsordnung / Der Schäfflertanz / Beim Zahnarzt / Der überängstliche Hausverkäufer / Silberne Hochzeit / Theaterbesuch / Der Vogelhändler / Trompetenunterricht / Heiratsannonce / Im Hutsalon / Was ist hier passiert? / Klapphornverse
Ariola, 2 × 30 cm, 89555 XBW

Auswahlbibliographie

I. Werkausgaben, Auswahlsammlungen, Bildbände
Originalvorträge. München 1926.
Liesl Karlstadt, Originalvorträge von Karl Valentin. München 1926.
Das Karl Valentin Buch. Erstes und einziges Bilderbuch von Karl Valentin über ihn und Liesl Karlstadt mit Vorwort und ernsthafter Lebensbeschreibung und Bildunterschriften von ihm selbst sowie zwei Aufsätzen von Tim Klein und Wilhelm Hausenstein. München 1932. Neuausg. München 1975.
Das Brillantfeuerwerk. München 1938.
Valentiniaden. Ein buntes Durcheinander. München 1940.
Karl Valentins Lachkabinett. Acht Stegreifkomödien. Hg. und erläutert von Gerhard Pallmann. München 1950.
Der Knabe Karl, Jugendstreiche. Hg. von Gerhard Pallmann. Berlin 1951.
Panoptikum. Neun Stegreifkomödien. Hg. von G. Pallmann. München 1952.
Karl Valentin's gesammelte Werke. München 1961.
Die Raubritter vor München. Szenen und Dialoge. München 1963 (dtv 165).
Sturzflüge im Zuschauerraum. Der gesammelten Werke anderer Teil. Hg. von Michael Schulte. München 1969.
Monologe, Dialoge, Couplets und Szenen. Hg. von Joachim Schreck. Berlin (Ost) 1973.
Das große Karl Valentin Buch. Hg. von Michael Schulte. München 1973.
Riesenblödsinn. Eine Auswahl aus dem Werk. Frankfurt/M. 1975 (Fischer Taschenbuch 1606).
Der reparierte Scheinwerfer. Szenen und Dialoge. München 1975 (dtv 1108).
Karl Valentins Filme. Alle 29 Filme, 12 Fragmente, 344 Bilder, Texte, Filmographie. Hg. von Michael Schulte und Peter Syr. Neuausg. München 1982 (dtv 1785).
Alles von Karl Valentin. Monologe und Geschichten, Jugendstreiche, Couplets, Dialoge, Szenen und Stücke, Lichtbildreklamen. Hg. von Michael Schulte. München 1978.
Hochachtungsvollst Karl Valentin Komiker, gewesenes Kind. 39 Valentiniaden, gesammelt zur Ergötzung des Publikums. München 1982.

II. Übersetzungen
Karl Valentin: Cabaret satirique. Paris 1976.
Karl Valentin: Tingeltangel. Piccolo biblioteca 106. Milano 1980.

III. Untersuchungen, Materialien
Achternbusch, Herbert: Neues von Ambach. In: Karl Valentins Filme. München 1978.
Ders., Logo Togo. In: Konkret 6/1982.
Bach, Rudolf: Liesl Karlstadt. In: Die Frau als Schauspielerin. Tübingen 1937. S. 79–88.
Blei, Franz: Karl Valentin. In: Zeitgenössische Bildnisse. München 1960.
Brecht, Bertolt: Karl Valentin. In: Schriften zum Theater 1. Gesammelte Werke, Bd. 15. Frankfurt/M. 1967, S. 39.

Buschor, Ernst: Museumsdirektor Karl Valentin. In: Karl Valentin's Gesammelte Werke. München 1961.

Dietl, Eduard: Der Vater unseres Jahrhunderts oder: der unbekannte Karl Valentin. In: Clowns. München 1967, S. 54–74.

Engel, Erich: Philosophie am Mistbeet. Ein Karl-Valentin-Buch. München 1969.

Feuchtwanger, Lion: Der Komiker Hierl [d.i. Karl Valentin] und sein Volk. In: Erfolg. Hamburg 1956, S. 219–227.

Fischer-Grubinger, Annemarie: Mein Leben mit Karl Valentin. Rastatt 1982.

Frank, Rudolf: Spielzeit meines Lebens. Heidelberg 1960, S. 270–271.

Graf, Oskar Maria: München verlor etwas Unwiederbringliches. Zum Tode des großen Komikers Karl Valentin. In: An manchen Tagen. Frankfurt/M. 1961, S. 348–354.

Gritschneder, Otto: Karl Valentin vor dem Reichsgericht. Münchner Stadtanzeiger vom 8.2.1980.

Gronenborn, Klaus: Karl Valentin – Komiker und Medienhandwerker. In: Zelluloid 4/1978.

Hauff, Axel: Die einverständigen Katastrophen des Karl Valentin. In: Argument-Sonderbände AS 3/1976.

Hausenstein, Wilhelm: Karl Valentin, der große Komiker. In: Das Karl Valentin Buch. München 1932, S. 12–20.

Ders.: Die Masken des Münchner Komikers Karl Valentin. München 1948. Neuausg. München 1980 (dtv 1510).

Henscheid, Eckhard: ›Ja, ich bin ja so sprachlos!‹ Wahnsinn im Bürgerkleid des Schlachthausviertels oder Karl Valentin als Onomatopoet. In: Frankfurter Rundschau (Beilage Zeit und Bild) vom 5.7.1980.

Hesse, Hermann: Nürnberger Reise. Frankfurt/M. 1953, S. 232–233.

Hoferichter, Ernst: Jahrmarkt meines Lebens. München 1963, S. 142–149.

Horwitz, Kurt: Erinnerung an Karl Valentin. In: Neue Zürcher Zeitung vom 16.11.1958.

Ders.: Karl Valentin in einer anderen Zeit. In: Sturzflüge im Zuschauerraum. Der gesammelten Werke anderer Teil. München 1969.

Kerr, Alfred: Karl Valentin. In: Die Welt im Drama. Berlin 1954. Zitiert nach 2. Aufl. 1964, S. 524–525.

Klein, Tim: Der Komiker Karl Valentin. In: Das Karl Valentin Buch. München 1932.

Kuh, Anton: Der Vorstadt-Hypochonder oder Von Raimund bis Karl Valentin. In: Münchner Neueste Nachrichten vom 31.8.1927.

Kurowski, Ulrich (Hg.): Karl Valentin Fundsachen 1. Film 1/1976.

Ders.: Karl Valentin Fundsachen 2. Film 2/1977.

Ders.: Karl Valentin Fundsachen 3. Film 3/1977.

Mann, Viktor: Wir waren fünf. Konstanz 1949, S. 336–337; S. 393–394.

Mayer, Hans: Karl Valentin. In: Bertolt Brecht und die Tradition. Pfullingen 1961, S. 27–29.

Münz, Erwin und Elisabeth (Hg.): Geschriebenes von und an Karl Valentin. München 1978.

Paul, Arno: Valentin ohne Valentin. Vom produktiven Widerspruch, Karl Valentins Stücke ohne ihren Autor zu spielen. In: Die Weltwoche vom 6.4.1977.

Pemsel, Klaus: Karl Valentin im Umfeld der Münchner Volkssängerbühnen und Varietés. München 1981.
Piper, Reinhard: Nachmittag. München 1950, S. 66–69.
Polgar, Alfred: Karl Valentin. In: Auswahl. Prosa aus vier Jahrzehnten. Reinbek 1968. S. 338–339.
Riegler Theo: Das Liesl Karlstadt Buch. München 1961.
Scheugl, Hans und Schmidt, Ernst: Karl Valentin, der Dialektiker des Humors. In: Film 12/1967 und Film 1/1968.
Schulte, Michael: Karl Valentin in Selbstzeugnissen und Bilddokumenten. rowohlts monographien 144. Reinbek 1968.
Schwimmer, Helmut: Karl Valentin. Eine Analyse seines Werkes mit einem Curriculum und Modellen für den Deutschunterricht. München 1977.
Schygulla, Hanna: Karl Valentin. In: Das große Karl Valentin Buch (außer in der 1. Auflage von 1973).
Valentin, Bertl: ›Du bleibst da, und zwar sofort!‹ Mein Vater Karl Valentin. München 1971.
Was sag'n jetzt Sie zum Karl Valentin? Meinungen und Erinnerungen. München 1982.

Register

Ackermann, Theodor 154
Albers, Hans 169
Amann, Max 172
Aragon, Louis 158

Bach, Rudolf 49f., 61
Backhaus, Helmuth M. 206
Beckett, Samuel 82, 176, 177, 180
Benn, Gottfried 45
Böheim, Berta 10f., 13, 20, 21, 27, 29, 36, 77, 151
Brandstetter, Josef 187
Brecht, Bert 54, 60, 64, 72, 77, 87, 88, 90, 104–123, 124, 167ff.
Broch, Hermann 128

Chaplin, Charles 13, 64, 65, 68, 105, 113, 147ff.
Churchill, Winston 204

Defregger, Franz von 184
Diefenbach, Karl Wilhelm 15
Dürrenmatt, Friedrich 72
Durner, Josef 36, 72

Eberl (Weinwirt) 27
Ebinger, Blandine 107
Eckhardt, Dr. Johannes 143
Edison, Thomas Alva 167
Eichheim, Josef 104
Engel, Erich 64, 66, 106f.
Engels, Erich 66ff., 90, 165, 166
Engert (Karikaturist) 40
Erlacher, Franz 28

Faber, Erwin 107
Falckenberg, Otto 50, 124
Fall, Leo 166
Fellini, Federico 129
Ferdl, Weiß 74f., 145, 172, 209

Feuchtwanger, Lion 89
Fiehler, Karl 192
Fischer, Annemarie 56, 189, 190, 210
Fischer, Erika 210
Fleißer, Marieluise 168, 169
Flemisch, Karl 72, 94, 129
Franckenstein, Erwin Georg Heinrich Karl Bonaventura Klemens Freiherr von 133
Frank, Bruno 50
Frank, Rudolf 124
Freund, Hermann 141ff.
Friede, Paul 153
Fritz, W. 30
Fulda, Ludwig 142

Gauthier, Marguerite 50
Geis, Jacob 65, 166ff.
Geis, Jakob 167
Geis, Josef 167
George, Stefan 38
Gert, Valeska 104
Goebbels, Joseph 63, 85f.
Goethe, Johann Wolfgang von 16, 84
Goetz, Kurt 85
Gogol, Nikolaj V. 169
Gondrell, Adolf 56
Greiner, Ludwig 28f.
Grützner, Eduard 184
Gruß, Hans 141ff.

Halbe, Max 38
Haller, Hermann s. Freund, Hermann
Hammer, Adolph 160
Hammer, Emil Eduard 160, 161f., 163
Hammer, Johann 160

Hammer, Josef 160
Hardy, Oliver 148, 150
Hase, Annemarie 107
Hasse, O.E. 46, 50
Hauff, Axel 173
Hausenstein, Wilhelm 36f., 89, 100f., 110, 111, 132, 140, 158f., 173, 206
Hebbel, Friedrich 46
Henning, Magnus 56
Heuss, Theodor 100
Hirschfeld, Georg 53
Hitchcock, Alfred 163
Hitler, Adolf 90, 165, 169, 170, 172f., 181, 184f., 195, 204
Höhnle, Alois 66
Hoffmann, Heinrich 169, 170, 172, 181, 184f.
Horwitz, Kurt 104, 105, 107, 112f., 116

Ihering, Herbert 168
Ionesco, Eugène 173, 177f.

Jean Paul 132
Jeans, Ronald 141f.
Jerven, Walter 107, 126, 143, 145, 146
Junker, August 66

Kandinsky, Wassily 38
Kapp, Wolfgang 104
Karlstadt, Liesl 13, 21, 46, 47–63, 65, 66, 67, 72, 77, 92, 94, 98, 100, 104, 105, 107, 113, 119, 120f., 126, 129, 137, 143, 145, 146, 150, 161, 164, 165, 166, 209
Kempner, Friederike 43
Kerr, Alfred 77
Klee, Paul 38
Knappertsbusch, Hans 77
Kobus, Kathi 40, 190
Krauss, Werner 112
Kurowski, Ulrich 167

Langdon, Harry 68f.
Langen, Albert 38
Laurel, Stan 68f., 148, 150
Lingen, Theo 87, 170
Lorre, Peter 169
Ludwig I., König 160

Maaßen, C.G. 40
Macke, August 38
Mann, Heinrich 38
Mann, Thomas 38, 77, 90, 169
Mann, Viktor 90
Mannheim, Dora 49, 104
Marc, Franz 38
Marlowe, Christopher 105, 124
Martin, A. 154
Marx, Karl 173
Maxstadt, Karl 30ff., 34f., 49, 90
Molierè 85
Morell, Dr. 170
Mühsam, Erich 38, 40
Müller, Georg 38
Müller, Moritz 17
Münchner Originale aus der Au
 der »Benimelber« 15
 der »Flinzerl-Schneider« 15
 der »narrische Maxl« (Max Wörl) 15
 der »fahrende Sägfeiler« 15
 der »Steyrer Hans« 15
Murnau, Friedrich Wilhelm 104

Nestroy, Johann Nepomuk 140
Niessen, Carl 185

Ondra, Anny 157
Ophüls, Max 50, 65
Osten, Franz s. Ostermeier, Franz
Ostermeier, Franz 143, 145
Ostermeier, Peter 143

Pauli, Kiem 209
Pemsel, Klaus 76f., 78, 81
Pfitzner, Hans 42

Picasso, Pablo 42
Piper, Reinhard 38
Polgar, Alfred 54, 77
Prévot, René 40

Raffé, Rolf 66
Rankl, Josef 164
Raupach, Ernst 42 ff., 46
Reich, Albert 14
Reich, Bernhard 110
Reimann, Hans 136
Reinhardt, Max 50, 51
Renoir, Jean 169
Reventlow, Franziska von 38
Riegler, Theo 49, 60
Ringelnatz, Joachim 40
Robitschek, Kurt 135 f., 137
Royes, Gisela s.a. Valentin, Karl 13, 19 f., 21
Rückert, Georg 113, 131

Sacco, Ricardo 94
Sandrock, Adele 69
Schaller, Karl 154
Scharnagl, Karl 206
Schiller, Friedrich von 50, 77 f.
Schlieffen, Graf Alfred von 6
Schmid, Peter 187
Schreck, Max 104
Schwitters, Kurt 154 f., 156 f.
Shaw, George Bernard 147
Smetana, Friedrich 50, 51, 65
Sommer, Sigi 202
Steinrück, Albert 112
Sternheim, Carl 45
Stolz, Robert 135
Strauß, Johann 51, 133 f.
Strebel, Hermann 22
Strehler, Giorgio 123

Thoma, Ludwig 8
Thorak, Josef 170
Tucholsky, Kurt 77, 136, 139

Valentin, Karl
 Eltern und Vorfahren 6, 7, 8, 9, 12, 16, 18, 20, 22, 24, 28, 36
 Geburt 6 f.
 Geschwister 7, 8
 »Jugendstreiche« 8, 9, 10, 13, 16, 18, 29
 Kindheit und Schulzeit 18
 Lehre und Schreinerhandwerk 18 f., 202
 Liebe, Heirat und Ehe 13, 19 f. – s.a. Royes, Gisela
 Töchter 21, 67 – s.a. Böheim, Berta
 Alpensängerterzett 72 f., 92, 117
 Am Heuboden 87
 An Bord 61, 82, 83, 113, 147, 169
 Antennendraht, Der s. *Im Senderaum*
 Aquarium, Das 30
 Architekt Sachlich 29
 Aus guter alter Zeit 130
 Beim Nervenarzt (F) 49
 Bei Schaja 176 f.
 Bittsteller, Der 13, 26, 60, 81, 113, 172
 Braut, Die verkaufte (F) 50, 51, 65
 Brillantfeuerwerk oder ein Sonntag in der Rosenau 12, 60, 80, 81, 113, 129, 130, 131 ff., 140
 Christbaumbrettl, Das 99, 104, 148, 190
 Clownsduett s. *Notenständer, Die verhexten*
 Couplet, Chinesisches 156
 Couplet, Das futuristische – Ein Gegenstück zu der modernen Malerei 156
 Dichter und Bauer s. *Tingeltangel*
 Ehescheidung vor Gericht 53, 120 f.

Erbschaft, Die (F) 65, 66, 81, 87, 166 ff.
Familiensorgen 87, 179 ff.
Feuerwehrtrompeter, Der 13
Firmling, Der 28, 59, 61, 81, 82, 99 ff., 110, 112 f., 137, 140, 190
Geigensolo, Ein verhängnisvolles 112, 148, 186
Geldentwertung, Die 205
Gesang, Expressionistischer 156
Großfeuer 61, 80, 87 f., 118 f., 130
Hasenbraten, Der 82
Herzog kommt, Der 130
Hobelmaschine, Die verfluchte 177
Ich bin ein armer magerer Mann 30
Im Gärtnertheater 30
Im Photoatelier (F) 71, 129, 139, 147, 148, 149, 150
Im Schallplattenladen (F) 110
Im Senderaum 61, 77 f., 137, 141 ff.
In der Apotheke 59, 112
In der Schreinerwerkstätte 148
Jahreszeiten, Die 34
Käsrede, Unpolitische 179
Karl Valentin als Musikal-Clown (F) 73
Karl Valentins Hochzeit (F) 71, 113
Karl Valentin und Liesl Karlstadt auf der Oktoberwiesn s. *Oktoberfest, Das*
Kirschen in Nachbars Garten (F) 66, 68, 69, 165
Krieg, Erster und letzter 205
Kriege, Die 205
Kriegsmoritat 90
Kriegsprolog 90
Kriegsschnaderhüpferl 90
Kuhhandel, Schwieriger 87
Lage, Die jetzige 205
Landgendarm, Der schneidige 30
Lied vom Sonntag 34
Loreley, Die 32
Moritat vom Orgelmann 34
Musiker, Der nervöse s. *Tingeltangel*
Mysterien eines Frisiersalons (F) 64, 65 f., 66, 106 ff.
Notenständer, Die verhexten 61, 114, 115, 117, 118, 139
Ohrfeigen 82
Oktoberfest, Das 82, 105, 106, 140
Orchester, Das komische s. *Tingeltangel*
Orchesterprobe, Die s. *Tingeltangel*
Raubritter vor München, Die 61, 68, 80, 116, 117, 126–131, 190
Reiter, Schwerer 81
Ritter Unkenstein 13, 56, 60, 129 f., 186 ff., 190
Rundfunkszene s. *Im Senderaum*
Scheinwerfer, Der reparierte 30, 61, 137, 155
Schlechter kann's uns nimmer geh'n 205
Schreibtisch, Der neue (F) 71, 143
Sie und Er s. *Oktoberfest, Das*
Sodomah und Gomorrah 205
Sonderling, Der (F) 64, 65, 113, 143 ff.
Streit mit schönen Worten 179
Sturzflüge im Zuschauerraum 61, 92, 93
Theater in der Vorstadt s. *Tingeltangel*
Theaterbesuch, Der 61, 71, 82 ff., 148
Tingeltangel 24, 54, 61, 71, 81,

93 ff., 110, 112, 117, 123, 135 f., 137, 139, 147, 178, 192
Transportschwierigkeiten 87, 140
Umzug, Der 27, 71, 177
Vagabunden, Die lustigen (F) 71
Vater und Sohn über den Krieg 205
Volkssänger, Die alten I. u. II. 190 f.
Zithervirtuose, Der (F) 24
Zwei Frauen über die Atombombe 205

Völkers, Klaus 105

Wagner, Hans 92, 162, 164
Wedekind, Frank 40
Wegmann, Martin 187, 192
Wellano, Elisabeth s. Karlstadt, Liesl
Wenninger, Otto 94, 129
Wilhelm, Kurt 209
Wörl, Max 15

Zagler, Otto 187, 190

Fotonachweis

Frontispiz: Archiv Michael Schulte

Aus: Au, Giesing, Haidhausen, herausgegeben durch die Stadt München, 1954
S. 14, S. 17 oben und unten

dpa
S. 122, S. 152

Keystone Pressedienst
S. 201, S. 203

Sammlung Menningen
S. 69 oben und unten, S. 162

Archiv Piper
S. 10

Pressefoto Willy Pragher
S. 55, S. 57, S. 62, S. 75, S. 79, S. 91, S. 96 oben und unten, S. 97 oben und unten,
S. 137, S. 138 oben, S. 149 oben und unten, S. 171, S. 174/175, S. 178, S. 198

Interfoto Rauch
S. 12, S. 31, S. 37 links oben, S. 73, S. 118, S. 168

Archiv Michael Schulte
S. 7, S. 9, S. 11, S. 20, S. 21 oben, S. 23, S. 26, S. 29, S. 37 links unten, S. 43, S. 51,
S. 70, S. 86, S. 93, S. 102, S. 117, S. 127, S. 132, S. 141, S. 155, S. 157, S. 188,
S. 196, S. 207, S. 208

Stadtmuseum München
S. 33

Bilderdienst Süddeutscher Verlag
S. 18, S. 21 unten, S. 37 rechts oben und rechts Mitte, S. 39, S. 83, S. 95, S. 106,
S. 131, S. 135, S. 147, S. 186, S. 191, S. 193, S. 211

Peter Syr
S. 65, S. 84, S. 96 Mitte, S. 97 Mitte, S. 101 oben und unten, S. 108/109 (9 Fotos),
S. 111, S. 114/115 (5 Fotos), S. 142, S. 144 (3 Fotos), S. 167

Ullstein Bilderdienst
S. 35, S. 41, S. 48, S. 52, S. 134, S. 138 unten, S. 161, S. 183

Knaur

Biographien

David, Janina
Ein Stück Fremde
Erinnerungen an eine Jugend.
224 S. [2331] (L)
Ein Stück Himmel
Erinnerungen an eine Kindheit.
224 S. [2307]
Ein Stück Erde
Das Ende einer Kindheit.
208 S. [1143]

Dünser, Margret
Highlife
Die Frau, die mit ihrer »V.I.P.-Schaukel« Millionen Fernsehzuschauer faszinierte, schildert in diesem Buch ihr Leben, ihren Alltag, ihre Begegnungen.
462 S. [760]

Flickenschildt, Elisabeth
Kind mit roten Haaren
96 S. mit 8 Abb. [320]

Feuchtwanger, Marta
Nur eine Frau
352 S. mit Abb. [2340]

Goll, Claire
Ich verzeihe keinem
256 S. [673]

Hermann, Brigitte
Elisabeth
Eine großartige Biographie, die auf bisher nicht zugänglichen Dokumenten basiert. 672 S. mit 32 s/w-Abb. [2314]

Mailer, Norman
Marilyn Monroe
Eine sprachgewaltige Liebeserklärung Mailers an den unvergessenen Star. 392 S. mit 100 weltberühmten Fotos. [429]

Walker, Alexander
Greta Garbo
Ein Porträt mit bisher nie gezeigten Fotos.
368 S. mit 250 s/w-Abb. [2316]

Malraux, Clara
Das Geräusch meiner Schritte
25 Jahre lang teilte und beeinflußte Clara Malraux das wechselvolle Leben von André Malraux. Hier erzählt sie ihre Lebensgeschichte.
336 S. [2327]

Mills, Bart
Tina Turner
Vom Country-Girl zur Rock-Lady. Die erste und einzige Biografie über den Superstar 1985 in der Soul- und Rockszene.
192 S., 47 Abb. [2346]

Palmer, Lilli
2mal Lilli
Die beiden autobiographischen Bestseller Lilli Palmers in einem Band: »Dicke Lilli – gutes Kind« und »Der rote Rabe«.
480 S., 32 S. Bilder [1163]

Parth, Wolfgang W.
Goethes Christiane
Ein Lebensbild. Die Geschichte der Frau, die achtundzwanzig Jahre an Goethes Seite gelebt hat: Christiane Vulpius.
368 S. mit 5 s/w-Abb. [2321]

Peters, H.F.
Die rote Jenny
Ein lebendiges Portrait der Jenny von Westphalen, das darüber hinaus den Aufbruch in eine neue Zeit und ein neues Bewußtsein einbringt.
192 S. [2345]

Pulver, Corinne
Madame de Staël
Das Portrait einer Frau, die ein Beispiel für eine originelle und intelligente Emanzipation wurde. 335 S., 52 Abb. [2303]

Rofheart, Martha
Ich, Kleopatra
Ein historischer Roman um eine geheimnisvolle Frau, stolze Herrscherin und Beherrscherin der mächtigsten Männer ihrer Zeit. 272 S. [735]

Seward, Desmond
Marie Antoinette
Der Lebensweg einer der tragischsten Frauengestalten, die die Geschichte kennt.
272 S. [2323]

Stassinopoulos, Arianna
Die Callas
Die aufschlußreichste Biographie der Callas, eine fesselnde und überzeugende Lektüre.
336 S. mit 15 s/w-Abb. [2315]

Stern, Bert
Marilyn's Last Sitting
Bert Stern war der letzte Photograph, dem Marilyn Monroe – sechs Wochen vor ihrem Tod – einen Termin gewährte.
256 S. mit zahlr. Abb. [2328]

Tolstoi, Tatjana
Ein Leben mit meinem Vater
263 S. mit zahlreichen Fotos. [721]

Troyat, Henri
Die große Katharina
512 S. [2309]

Ullmann, Liv
Wandlungen
304 S. [568]

Ullrich, Luise
Unterwegs zu mir
Australische Impressionen. Ein ungewöhnliches Buch, von und über eine Frau, die es schaffte, ihr Schicksal zu meistern.
192 S. mit 14 Abb. [2333]

Biographie

Taschenbücher

Band 2318
352 Seiten
mit zahlreichen
Abbildungen
ISBN 3-426-02318-0

Gustaf Gründgens war zweifellos die schillerndste Figur des deutschen Theaters in diesem Jahrhundert. Gefeiert und über den Tod hinaus geehrt wegen seiner kompromißlos genialen Theaterarbeit, ist seine Rolle im Dritten Reich selbst unter seinen Bewunderern noch heute umstritten. Unvergeßlich geblieben sind Gründgens' Rolleninterpretationen zwielichtiger Charaktere wie Franz Moor und Hamlet, vor allem aber sein Mephisto. Sie setzten Maßstäbe, die bis heute unerreicht sind. Über den anderen Gründgens, den Artisten auf dem politischen Drahtseil, wird wieder gerätselt und, oft abenteuerlich, spekuliert, seit anläßlich seines 80. Geburtstags Klaus Manns »Roman einer Karriere« aus dem Jahr 1936 wiederveröffentlicht wurde.

Biographie

Knaur ®
Taschenbücher

Band 2317
432 Seiten
mit zahlreichen
Abbildungen
ISBN 3-426-02317-2

Als Boleslaw Barlog die Generalintendanz des Schiller-Theaters, des Schloßpark-Theaters und der Schiller-Theater-Werkstatt übernimmt, gehört es zu seinen dringendsten Anliegen, das Vakuum, das das Dritte Reich nicht nur im Berliner Kulturleben hinterlassen hat, wieder aufzufüllen. Binnen kurzem macht Barlog sein Publikum mit der Entwicklung der internationalen Dramenliteratur vertraut. Er liebt das moderne Theater, wenn auch nicht das modernistische. Seinen Schauspielern und Regisseuren aus jenen Tagen gedenkt Barlog in liebevollen Porträts: Bertolt Brecht, Gustaf Gründgens, Fritz Kortner, Martin Held und viele andere, deren Namen unvergessen sind.

Biographie

Taschenbücher

Band 2315
336 Seiten
mit zahlreichen
Abbildungen
ISBN 3-426-02315-6

Es begann wie im Märchen vom häßlichen Entlein: Die junge Cecilia Sophia Anna Maria Kalegoropoulos war ein dickliches, nicht besonders hübsches und recht unbeholfenes Mädchen. Doch sie hatte ein Geheimnis – ihre Stimme – und dazu einen eisernen Willen. Mit der Offenbarung eines großen Temperaments und einer persönlichen und künstlerischen Präsenz sondergleichen wurde aus dem scheinbaren Mauerblümchen der gefeierte Opernstar und Mittelpunkt der internationalen Musikszene. Aus dem Mädchen mit dem langen Namen wurde kurz »die Callas«.

Knaur

Janina David

Ein Stück Himmel

Erinnerungen an eine Kindheit

Die Kindheit der Janina David begann heiter und wohlbehütet im Schoß einer bürgerlichen Familie. Doch die Familie David lebte in Polen und war jüdisch. Es kam das Jahr 1939, der Krieg, die deutsche Invasion. Die gefahrvolle Rückkehr aus der Provinz nach Warschau, die Bombardierung der Stadt, die Flucht aus den Ruinen zerstörten mit einem Schlag die friedliche Welt des Kindes. Und bald schon erlebt die Neunjährige Schlimmeres als Zerstörung, Obdachlosigkeit und Hunger. Mit Schikanen zuerst, dann mit immer größerer Brutalität erfolgt die Trennung der jüdischen von der übrigen Bevölkerung. Bis die Entrechteten und Enteigneten schließlich ins Getto gesperrt werden, wo der Himmel nur noch ein fernes Stück Blau über den Hinterhöfen ist. So sehr Eltern und Verwandte auch bemüht sind, das Mädchen zu schützen, Janina ahnt doch aus vielen Einzelheiten ein Grauen, dessen ganzes Ausmaß sie nicht begreifen kann.

Unsentimental genau, ja zuweilen mit Humor, schildert Janina David das Leben im Getto, beschreibt sie Menschen, die uns unvergeßlich anrühren.

Als Knaur-Taschenbuch erhältlich
Band 2307 · 240 Seiten

Knaur

Janina David

Ein Stück Erde

Das Ende einer Kindheit

Aus dem Warschauer Ghetto, von dessen Schrecken sie im ersten Teil ihrer Erinnerungen »Ein Stück Himmel« erzählt hat, ist Janina David gerettet. Doch bewahrt sie das Leben nicht vor neuer Gefahr und auch nicht vor der Einsamkeit. Getrennt von Vater und Mutter, die sie niemals wiedersehen wird, muß sich die dreizehnjährige Janina in einer feindlichen Umgebung zurechtfinden, bis sie in der geschlossenen Gemeinschaft eines Klosters untertauchen kann. Doch die sich abzeichnende Niederlage der Deutschen, die zunehmenden Fliegerangriffe und die zurückflutenden deutschen Soldaten, läßt auch diesen scheinbar geschützten Ort unsicher werden, und wieder ist Janina auf der Flucht.

Als sie nach dem Ende des Krieges endlich wieder aus ihrem Versteck auftauchen kann, klammert sie sich an die Hoffnung, wie viele andere ihrer Mitschülerinnen, eines Tages ein Lebenszeichen der Eltern zu erhalten. Doch ein Dokumentarfilm über die KZs, in dessen Vorführung sie zufällig hineingerät, lehrt sie, daß ihr Hoffen vergeblich bleiben wird. Sie ist allein zurückgeblieben, ihre Kindheit ist endgültig zu Ende.

Als Knaur-Taschenbuch erhältlich
Band 1143 · 208 Seiten

Biographie

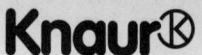

Taschenbücher

Band 2301
352 Seiten
mit zahlreichen
Abbildungen
ISBN 3-426-02301-6

1825 wurde Ludwig I. König von Bayern. Bis heute lebendig geblieben ist er vor allem als Musenfürst und als Förderer der Künste. Er machte aus München »eine Stadt, die man gesehen haben mußte«. Hervorragende Künstler wie Klenze, Gärtner, Schwanthaler und Cornelius standen in seinen Diensten und haben die weitreichenden Pläne, die Ludwig vielfach schon als Kronprinz während seiner frühen Aufenthalte in Italien gefaßt hatte, ins Werk gesetzt.
Ludwig I. – ein weltoffener, volkstümlicher König – geriet im Revolutionsjahr 1848 durch die Machtgelüste seiner Vertrauten Lola Montez in eine Kabinettskrise. Noch im gleichen Jahr legte er die Krone nieder.

Biographie

Taschenbücher

Band 2314
672 Seiten
mit zahlreichen
Abbildungen
ISBN 3-426-02314-8

Elisabeth von Österreich, die Kaiserin wider Willen, hat nur wenig mit dem Publikumsliebling »Sissi« gemeinsam. Hier tritt die bisher unbekannte Elisabeth hervor, in aller Eigenständigkeit und Tragik – eine großartige Biographie, die auf früher nicht zugänglichen Dokumenten basiert.
Mit dieser grundlegenden Biographie hat Brigitte Hamann der hochbegabten und scharfsichtigen Frau zum erstenmal Gerechtigkeit widerfahren lassen.

Biographie

Taschenbücher

Band 2310
128 Seiten
mit zahlreichen
Abbildungen
ISBN 3-426-02310-5

Selten war ein geschichtliches Drama so mit persönlicher Leidenschaft verknüpft: Horatio Admiral Nelson, einer der größten Helden Englands, dessen Ruhm sich mit jeder Seeschlacht steigert, der den endgültigen Sieg gegen Napoleons Flotte schließlich mit dem Leben bezahlt – und zugleich auch der seinen Gefühlen erlegene Liebhaber von Emma, der Frau eines anderen. Zwei leidenschaftliche Kämpfe durchziehen und bestimmen sein Leben: der glorreiche Feldzug für seine Nation und der von Heimlichkeit und Pein umdüsterte Kampf eines Herzens, das wider alle Regel von Vernunft und Gesellschaft nicht entsagen will.